浙江省哲学社会科学规划课题成果（课题编号：12JCJY18YB）
绍兴文理学院出版基金资助

越文化视野下的
蔡元培及其美育思想

马芹芬 著

中国社会科学出版社

图书在版编目（CIP）数据

越文化视野下的蔡元培及其美育思想/马芹芬著 . —北京：中国社会
科学出版社，2017.9

ISBN 978 - 7 - 5203 - 0879 - 3

Ⅰ.①越… Ⅱ.①马… Ⅲ.①蔡元培(1867 - 1940)—美育—
思想评论 Ⅳ.①G40 - 014

中国版本图书馆 CIP 数据核字（2017）第 210414 号

出 版 人	赵剑英	
责任编辑	周晓慧	
责任校对	无　介	
责任印制	戴　宽	

出　　版	中国社会科学出版社	
社　　址	北京鼓楼西大街甲 158 号	
邮　　编	100720	
网　　址	http://www.csspw.cn	
发 行 部	010 - 84083685	
门 市 部	010 - 84029450	
经　　销	新华书店及其他书店	

印　　刷	北京明恒达印务有限公司	
装　　订	廊坊市广阳区广增装订厂	
版　　次	2017 年 9 月第 1 版	
印　　次	2017 年 9 月第 1 次印刷	

开　　本	710×1000　1/16	
印　　张	17	
插　　页	2	
字　　数	256 千字	
定　　价	76.00 元	

目　　录

导言 ……………………………………………………………………（1）

第一章　关于越文化精神的基本阐释 ……………………………（3）

　　第一节　勇猛刚毅的胆剑精神 …………………………………（5）

　　第二节　柔韧智慧而不乏仁德的文化精神 ……………………（11）

　　第三节　理性务实、勤劳节俭的文化精神 ……………………（17）

　　第四节　开放包容与开拓创新的文化精神 ……………………（25）

　　第五节　优美的山水风光和丰富的艺术精神 …………………（32）

　　第六节　兴学重教的风尚和深厚的历史文化底蕴 ……………（38）

第二章　越文化视野下蔡元培的生活 ……………………………（52）

　　第一节　蔡元培在越地的成长历程 ……………………………（52）

　　第二节　蔡元培与越地山水之情 ………………………………（67）

　　第三节　蔡元培与越地教育文化 ………………………………（83）

　　第四节　蔡元培与越地名贤文化 ………………………………（97）

　　第五节　蔡元培与越地民俗艺术 ………………………………（121）

第三章　越文化视野下蔡元培的人格精神 ………………………（138）

　　第一节　越文化视野下蔡元培救国为民的爱国情怀 ………（139）

　　第二节　越文化视野下蔡元培自由包容的博大胸怀 ………（152）

　　第三节　越文化视野下蔡元培务实理性的处世风格 ………（164）

　　第四节　越文化视野下蔡元培刚柔兼济的人格精神 ………（183）

第四章 越文化视野下蔡元培的美育思想 ………………… （199）

　第一节　越文化视野下蔡元培美育思想的哲学渊源………（200）

　第二节　越文化视野下蔡元培美育思想的形成与发展……（211）

　第三节　越文化视野下蔡元培美育思想的基本特征………（221）

　第四节　越文化视野下蔡元培美育思想的当代价值………（247）

参考文献 ………………………………………………………（263）

后记 ……………………………………………………………（266）

导　言

　　蔡元培，浙江绍兴人，原籍诸暨陈蔡，中国近代民主革命家、教育家，中国近代美育的积极倡导者和践行者。在素有"鉴湖越台名士乡"之称的绍兴，虽然"士比鲫鱼多"，但是像蔡元培这样生于斯、长于斯、成名于斯，且深爱着斯的越地名士却为数不多。据统计，在《绍兴名士》中收录的绍兴文化史上最有代表性的 15 位文化名人中，发现纯粹绍兴土著的名士有贺知章，杨维桢、徐渭、刘宗周、章学诚、秋瑾、蔡元培七人，占了 46.7%；可以算绍兴土著，但文化血脉中程度不同地带上其他区域文化成分的，有王充、陆游、王阳明、张岱、鲁迅五人，占 33.3%；纯粹移民身份者，有范蠡、王羲之、谢安三人，占 20%。可见，从绍兴文化创造主体之主体——精英人物的组成来看，十分纯粹的绍兴土著出身，先天文化血缘中基本没有异域文化因子的只占不到一半，如果把父亲籍贯在绍兴但生于外地的绍兴人后裔，如清初的张竹坡，近代的朱自清、周恩来等加上，纯粹绍兴土著出身的比例还要小。① 而蔡元培却是为数不多的纯粹的越地名士。

　　辜鸿铭曾说："要估计一个文明，我们必须要问的问题是，它能够产生什么样子的人（What hupe of humanity），什么样的男人和女人。事实上，一种文明所产生的男人和女人——人的类型，正好显示出该文明的本质和个性，也即显示出该文明的灵魂。"② 辜鸿铭把文化对人的意义看成是首要的，这是不无道理的。因为人创造文化，同

---

①　潘成玉：《中华文化格局中的越文化》，人民出版社 2010 年版，第 19—20 页。

②　辜鸿铭：《中国人的精神》，海南出版社 1996 年版，第 93 页。

时文化也创造人。"对每一代人（或个人）而言，要成为文化的创造者，必须先成为文化的创造物。"①

因此，蔡元培等越地名士在成为越文化的创造者之前，他们也是越文化的创造物。一方面，他们思想和人格精神的形成会受越文化精神的影响，另一方面，他们又为越文化注入了新内容，充实和丰富了越文化的精神内涵。

查阅相关文献资料，我们发现，研究越地名士与越文化之关系的论文、论著已有不少。如关于鲁迅与越文化的研究文章和著作已颇为丰硕，这些研究从各个方面阐释了鲁迅及其文章风格与越文化之间的关系，如陈越主编的《越文化视野中的鲁迅》，那秋生的《鲁迅与越风》，王晓初的《鲁迅：从越文化视野透视》等。此外，关于陆游、周作人、郁达夫、茅盾、许钦文等与越文化之关系的研究文章和著作也已不少。其中，论著有鲁雪莉的《许钦文传论：越文化视野中的乡土作家》，研究论文有《郁达夫与吴越文化》《论茅盾小说与吴越文化》《茅盾与吴越文化》《地域文化背景与作家的文学个性差异——吴越文化视域中的鲁迅与茅盾》等。但研究蔡元培与越文化之间关系的论著还不曾出现，研究文章也很少见到。而蔡元培作为一名纯粹的越地土著名士，其思想精神的形成自然离不开越地山水自然和历史文化的哺育。鉴于此，本书拟从越文化入手，对蔡元培在越地的生活作一梳理，并在此基础上重点分析越文化精神对蔡元培人格精神及其美育思想所产生的影响，以不断开拓蔡元培与越文化之间关系的研究范畴。

---

① 朱志勇：《越文化精神论》，人民出版社2010年版，第11页。

第一章　关于越文化精神的基本阐释

越文化的发展演进已有几千年的历史。在漫长的历史发展过程中，越文化经历了越族文化到越地文化的转变，越文化的主体经历了从越地越族人到越地汉族人的转变。因此，关于越文化的概念有各种不同的说法。一般认为，越文化是一个区域文化的概念；但也有学者认为，越文化是一种民族文化。2012年在绍兴召开的区域文化学术研讨会上，有学者提出："越文化在其主要涵摄上，不是一个地域文化概念，而是一个民族文化的概念。所以，所谓越文化，指的是古代越族所创造的文化。"①

这些观点都有一定的道理。因为不管是民族文化，还是区域文化，都是由生活在某个民族或区域的人群共同创造并为他们共同享有的文化。所以，从其文化形成之始看，越文化是于越民族创造的文化。但随着历史的发展，于越民族因各种原因而迁徙于世界各地。迁徙到世界各地的越族成员，其文化思想很可能已被异域文化所同化。但在越族人最初聚居的地方，这种民族文化却被沉淀下来，并随着历史的发展演进而不断发展变化，最终成为一种区域性的文化。可见，越文化在其形成之初更多的是一种民族文化，但在历史演进过程中，随着越文化主体实现了由越地越族人向越地汉族人的转变，越地文化也实现了由越族文化到越地文化的转变。因为此时的"越地文化并不只是越族文化的传承和嬗变。越族文化是越地文化的一个源头，另一个源头是中原文化，二者在秦灭越国后的第一次移民潮期间交汇，共

---

① 周幼涛：《越文化与区域文化研究》，区域文化学术研讨会论文，绍兴，2012年11月，第273页。

同形成了越地文化"①。因此，我们这里所说的越文化是指越地文化，它是由古代越族人和中原移民共同在越地创造形成的一种区域文化。

那么，越地又是指哪些地方呢？越地在其漫长的历史发展过程中，逐步形成了怎样的区域文化精神呢？对于这些问题，越文化研究的专家们已有不少研究成果。本书在吸收前人优秀成果的基础上，对越文化的概念和精神作一简单梳理，以便更好地把握蔡元培与越文化之间的关系。

首先，越地的概念范围是随着历史的发展而不断变化的。它最初是指越族人生活的地方。而"越族先民主要分布在钱塘江以南，大致生活在宁绍平原上，其中心是今绍兴地区"②。因此，有学者认为，越文化作为一种区域文化，其核心区是"以绍兴为中心的方圆一百公里左右的地区"，亦称"越中"。"越文化的基本区是古越国领土比较稳定的区域，大致相当于今浙江省。"而"越文化的边界区是越文化基本区周围的地区，它曾属于古越国的版图，也曾属于其他诸侯国的版图"③。按这样的划分标准，蔡元培自幼正好出生并成长于越文化的核心区，即越中地区。虽然蔡元培外出做官以后，随着其活动圈子的不断扩大，其心中的故乡概念也有所扩大，但这是他成名以后的故乡概念，其实对蔡元培人格思想产生重要影响的还是他自幼生活的故乡绍兴。因此，本书拟以越文化的核心区——"越中"地区为范围来考察越文化精神，阐释古老的越族人民及其历史移民在越中地区创造的文化精神。

关于"越中"地区，清代吴悔堂在其所著方志《越中杂识·越中图识》中解释道："绍兴府在浙江省城东南一百三十八里，东西广二百九十里，南北袤四百四十七里。依江濒海，山秀水清，风景常新，英贤辈出。属邑八：山阴、会稽、萧山、诸暨、余姚、上虞、嵊、新昌。东至宁波府慈溪县界，西至杭州府钱塘县界，南至金华府义乌县界，北至大海，东南至台州府天台县界，西南至杭州府富阳县界，西

---

① 朱志勇：《越文化精神论》，人民出版社 2010 年版，第 21 页。
② 同上书，第 126 页。
③ 同上书，第 2 页。

北至杭州府钱塘县界，东北至宁波府慈溪县界。濒海之邑凡五：山阴、会稽、萧山、余姚、上虞是也；濒浙江之邑一，萧山是也。"根据吴悔堂先生的描述，越中地区坐陆靠山，依江濒海，风景秀美。这一地形特征和山水风景对越地民俗文化和区域人格的形成产生了重要影响。

第一节　勇猛刚毅的胆剑精神

关于越地的人格精神，鲁迅先生曾说："浙东多山，民性有山岳气，与湖南山岳地带之民气相同。"① 潘成玉先生则称之为"山性""石气"②。这些说法不仅是对越地区域人格的一种精当概括，也包含了对越地地理环境和文化发展关系的体悟。俗语道："一方水土养育一方人。"自然环境作为无法选择的对象，从一开始就大致规定了这个地区人们的生产和生活方式，进而决定了他们的精神取向和发展基调。因此，一个地方有怎样的自然环境，这个地方就有怎样的生存方式和文化精神。"虽然在文明的进程中，自然环境对人的影响程度在一定意义上呈现递减趋势，但不可能消失，人毕竟是自然的存在物。"所以，"各地文化精神之不同，穷其根源，最先还是由于自然环境有分别，进而影响其生活方式，再由生活方式影响到文化精神"③。可见，自然环境对地域文化精神的形成有着重要影响。那么，越中地区的自然山水环境对越地文化精神有何影响呢？

首先，越地多山。从大的范围看，越中地区的山自西南向东北方向扩展延伸，排成四列：第一列是西北边的龙门山脉，它是富春江和浦阳江水系的分水岭；第二列为会稽山脉，它是越中山水的骨骼。此山脉介于浦阳江和曹娥江水系之间，山势自西南向东北延伸，逐渐变低，最后没入萧绍平原，成为散落在平原上的一座座小丘。第三列是四明山脉，介于上虞区、嵊州市、余姚市之间。第四列为大盘山和天

① 徐梵澄：《星花旧影——对鲁迅先生的一些回忆》，《鲁迅回忆录》下册，北京出版社 1999 年版，第 1317 页。

② 潘成玉：《中华文化格局中的越文化》，人民出版社 2010 年版，第 64 页。

③ 钱穆：《中国文化史导论》，商务印书馆 1994 年版，第 2 页。

台山，介于新昌县、宁波市和天台地区之间。从小的范围看，一列列大山散落成一座座高俊秀丽的山峰，这样的山峰在越中地区可谓是鳞次栉比。山，有着万壑峥嵘的磅礴气势，有着云蒸霞蔚的壮阔，有着烟雾缭绕的幽远，在清澈澄净中透出清新灵秀，在茂林修竹和松石香兰的秀丽山色中散发着清幽芳香，展示着刚硬坚强和耿直不屈的品节。所以，山不仅是越地先民最早的生活栖息之地，而且是越文化精神的孕育之地。越地先民长期栖息于多山的环境里，山的"石气"以及"松风""竹节"潜移默化地作用于越地先民，就形成了一种像山石那样挺拔强悍、质朴峻烈、刚硬正直的人格精神，一种面对灾难困境时励志图强、绝处求生、慷慨复仇的"胆剑精神"[①]。

其次，越地不但多山，而且多水。多水环境在给越地先民带来智慧和食物的同时，也给他们带来了众多灾难。刚毅坚强的"山岳气"反映在越民身上，就是一种与洪水海浪勇敢搏击的抗争精神。

当古越大地面临洪水肆虐的时候，大禹继承父业，跋山涉水，栉风沐雨，劳身焦虑，胼手胝足，三过家门而不入，终于平息洪水，给人民带来安定的生活环境。大禹治水，与天地斗争，平定九州，可谓勇气超人。

面对茫茫大海，生活在沿海的古越先民与惊涛骇浪进行着生死较量。他们的抗争既反映了古代越地险恶的生存环境，也反映了古越人敢于抗争、善于斗争的英勇品质。

古越人的勇猛刚毅不仅体现在与自然山水的抗争上，也体现在与异族人类的抗争上。据陈桥驿先生的观点，距今15000年以前，假轮虫海退使中国东部沿海平原空前扩大，今天的宁绍平原、杭嘉湖平原和舟山群岛在当时曾连成一片。但距今五六千年前，随着最后一次卷转虫海侵的发生，古越部族的生存空间大大缩小了。海水涨到会稽山、四明山的山麓线，海平面一直扩展到会稽山腹部的平水镇。因此，古越人不得不纷纷出走，其中一支迁徙到了会稽、四明山地，其余则迁徙他乡，有的甚至漂洋过海，远渡异域。传说于越先民在迁徙山地的过程中，是以尸堆成山、血流成河为代价的。为进驻山地，他

---

① 潘成玉：《中华文化格局中的越文化》，人民出版社2010年版，第63页。

们与山地土著人大战；进驻山地后，土著人的偷袭骚扰，于越先民的不时回击，也从未间断过。在肉搏血战和刀光剑影中，古越人凭着勇武强悍的抗争精神，为自己在四明、会稽山地争得一席生存之地。

在山中，没有了宜人的气候，没有了肥沃的土地，有的是坚硬瘠薄的土质，遮天蔽日的林木，以及毒蛇猛兽的出没。深处荒山野岭的"越人断发文身，以避蛟龙之害"①。面对艰险的生活环境，传说中的古越人"山行而水处，以船为车，以楫为马，往若飘风，去则难从，锐兵任死"②。此乃"越之常性"。这说明古越人把勇猛无畏、视死如归的精神倾向作为一种常态。这种文明的因子流淌在一代一代越人的血液中，到越王勾践时代，越人将"锐兵任死""轻死易发"的强悍精神发挥到了极致。

吴越争霸时期，虽然越国国势日强，但北部强吴的存在严重威胁着越国的生存。越国与吴国，"三江环之，民无所移，有吴则无越，有越则无吴"（《国语·越语上》）。二者之间不容并存。对国力相对较弱的越国来讲，形势更为严峻。夫椒之战，越国被打败，吴王夫差将越国推向了覆亡的危险境地。但就是在这样濒临亡国的绝境下，越王勾践卧薪尝胆，发奋图强，最后消灭强吴，成就一代霸业。古越人强悍好勇、轻死易发的刚强蛮风，经过吴越征伐的培育，创造出"三千越甲可吞吴"的神话，这充分表明越人的骁勇善战、强悍异常。战国时期，中原人视越人为猛虎，可见越人之勇猛已闻名于世。③

在漫长的历史变迁中，越民这种强悍好斗的勇武之气逐渐形成了一种尚武好剑的古越民风。越剑是这种精神品质的载体和表征。《汉书·地理志》载："吴越之君皆好勇，故其民至今好用剑，轻死易发。"《越绝书》卷十一载："赤堇之山破而出锡，若耶之溪涸而出铜。雨师扫洒，雷公击橐，蛟龙捧炉，天帝装炭，太一下观，天精下之。"这些神奇的描述，反映出古越民族对剑的原始崇拜。"当越人的好剑轻死与民族的复仇精神叠加在一起的时候，那种强悍和野蛮之

---

① 班固编撰：《汉书·地理志》（第八下），中华书局1959年版，第1669页。
② 袁康、吴平辑录：《越绝书》，上海古籍出版社1985年版，第58页。
③ 朱志勇：《越文化精神论》，人民出版社2010年版，第131页。

气少了，而多了一种高拔、阔大的气象与境界"①。这种勇猛、刚烈的古越之风，在勾践复国的神话般的奇迹面前，演绎成一种"慷慨以复仇，隐忍以成事"的越文化精神。

所谓"慷慨以复仇"就是指处在"绝处"和"死地"中的越地人，不会束手待毙，而是奋起反抗，拼死一搏的精神。② 大禹为民除害，敢于与洪水作生死搏斗；越王勾践面对亡国的危险境地，敢于与吴王斡旋。这种强悍、豪蛮的品质，千百年来传承不断，成为一地之风气。这种风气反映在越地士大夫身上，则形成了一种傲骨嶙峋、敢于挑战权威，敢于与恶势力作斗争的不屈精神。

会稽太守马臻为民造福，敢于不顾豪强劣绅的反对，主持修建鉴湖水利工程，哪怕被处以极刑也在所不惜。东汉王充敢于以惊世骇俗的言论，批判当时官方的谶纬学说，将古代唯物主义推向了新的高峰。陆游面对国土的沦陷，敢于用慷慨激昂的诗句鞭挞投降派，号召人民起来抗战。沈炼嫉恶如仇，敢于弹劾权臣严嵩。王阳明敢于同程朱理学叫板，独创阳明学说。刘宗周，性格耿直，敢于直言，敢于忤逆权贵，甚至敢于忤逆崇祯皇帝。尽管最后被革职为民，但当北京陷落、崇祯自缢之际，刘宗周徒步荷戈，来到杭州，督责巡抚黄鸣骏发丧讨贼。当南京陷落，潞王投降之后，宗周绝望以极，绝食而死。

祁彪佳，为官清廉有为，敢于直言谏诤，虽屡遭权贵弹劾，但他绝不屈服。清兵入关，祁彪佳坚持抗清，不屈不挠。面对清王朝的礼聘，祁彪佳断然拒绝。当清兵渡钱塘江后，祁彪佳绝食三天，留下绝命词"含笑入九泉，浩气留天地"，自沉于寓园梅花阁池中。

王思任，山阴人，抗清忠臣。1645 年清兵攻陷南京，奸臣马士英称皇太后制，逃奔至浙江。王思任撰文痛骂马士英奸相，并义正词严地指出"越乃报仇雪耻之国，非藏垢纳污之地"。清朝统治者带着礼物，企图诱降。王思任将大门紧闭，大书"不降"二字，决不与清统治者合作，最后亦绝食而亡。

明亡之际，绍兴府余姚的朱舜水，清兵占领浙江之后，他出入浙

---

① 朱志勇：《越文化精神论》，人民出版社 2010 年版，第 131 页。
② 同上书，第 115 页。

东义军诸部，积极参与抗清事业。四次东渡日本借兵，以图恢复明室，大事未成，最后流亡日本，绝不事清。

在清代，黄宗羲敢于抨击封建君王的专制统治，大胆提出"为天下，非为君；为万民，非为一姓"的民主启蒙思想，成为清初三大启蒙思想家之一。

而当国家和民族处在生死存亡的危急关头，越文化之"慷慨之气"便燃烧成为一股舍身救国、义无反顾的爱国主义烈火。

明嘉靖三十三年（1554），倭寇侵入柯桥，执乡民姚长子为向导，姚长子将之引入绝境，并设法传信官兵来歼。"贼知为所给，杀长子，剖其尸。贼百三十馀人尽歼。"

嘉靖末年，"浙兵"群体疾风暴雨般驰骋于东南沿海，粉碎了倭寇的侵略，后又扬威于长城沿线，捍卫了北国边防。

清顺治五年（1648），萧山七都沈村乡民沈烈士、张锯匠起义反清，以两人之力打退上千清兵的围剿，直至力竭而亡。"北骑曰：'自入关以来，未曾见此好蛮子。若再得十数人，江东非吾有矣。'退至新坝，侦探数日，闻沈、张二人死，不信，再迟数日，得确信，始纵骑上山，沈村一带，掳掠如洗。"[①]

在太平天国时期，诸暨人何文庆在家乡组织民众，成立"莲蓬党"，积极响应太平军起义。1861年，太平军大举进入浙江时，何文庆率8000人加入太平军，先后转战新昌、天台、镇海和绍兴，与中外反动势力浴血奋斗，成为越地人崇拜的英雄。有民谣曰："诸暨何文庆，眼睛似铜铃，眉毛似扦秤，起腿八百斤，攻上麻雀岭，从此天下立大名。"在1862年12月底的"绍兴保卫战"中，太平军和绍兴民众一道，打死侵略军头目勒伯勒东、达尔第福等人，谱写了反帝反封建的光辉篇章。

正是在这一地域文化背景下，在近代社会，越地涌现了一大批勇猛无畏、极富胆剑精神的仁人志士。蔡元培就是这批仁人志士的引领者。也许有人会说，蔡元培温文尔雅，用胆剑精神来形容他未必合适。其实不然，蔡元培虽性情温和宽厚，但也不乏刚毅坚强的胆剑精

---

① 张岱：《石奎书后集》，中华书局1959年版，第321—322页。

神。这一点拟在第三章展开具体论述。

在蔡元培等绍籍进步知识分子的引领下，近代越地名士表现出来的慷慨大义最为光彩夺目。1904 年 11 月，蔡元培、陶成章等人在上海成立"光复会"这一重要的革命团体，蔡元培任会长，陶成章为副会长。1905 年出生于绍兴封建士绅家庭的徐锡麟，加入光复会，成为活动的积极分子。他和陶成章、秋瑾等通过在绍兴创办的大通学堂，发展会党成员，培养和积蓄革命力量。绍兴成为光复会本部的活动中心。为开展革命活动，他与秋瑾约定在皖、浙两地同时举行起义。后因泄密，起义失败，徐锡麟被俘剜心。在生命的最后关头，他看到陪斩学生朱蕴山等人时，向监斩官严厉指出："杀恩铭者我一人尔，学生童年何知，系之何也，累及无辜不仁也。"同时急切地对学生发表临终演说："满虏必灭，汉族必兴，我今天在安庆洒下一滴血，将来安庆要开无数之花。推翻虏廷，光复华夏，为期不远。"当他听到自己将被挖取心肝时，仰天大笑："为革命可身分万片，区区心肝何所顾惜。"徐锡麟临刑前大义凛然，视死如归，用自己的壮言烈行对越文化之胆剑精神作出了近代以来最为出色的诠释。

出生官僚地主家庭的秋瑾，出嫁到湖南首富之家，本可以享尽荣华富贵，但她毅然献身革命，参加光复会，把个人安危置之度外，随时准备以身许国。她在致友人的信中说："中国妇女还没有为革命流过血，请从我秋瑾开始吧。"她以自己的行动践行了"金瓯已缺终须补，为国牺牲敢惜身"的庄严誓言。徐锡麟在安庆殉难之后，王金发劝她离开绍兴，暂避风头。她没有接受王金发的规劝，毅然表示："我怕死就不会出来革命，革命要流血才会成功。如满奴将我绑赴断头台，革命成功至少可以提早五年。牺牲我一人，可以减少后来千百人的牺牲，不是我革命的失败，而是革命的成功。"为了革命，她甘愿自我牺牲，希望"以死唤起国人"，为同胞们树立为国捐躯的榜样。

在近代绍兴，除徐锡麟、秋瑾之外，还有陶成章，还有义无反顾投身反清斗争的翰林编修蔡元培，有被誉为"骨头是最硬的，没有丝毫的奴颜和媚骨"的鲁迅先生，有为捍卫其《新人口论》而公开向陈伯达、康生等声明"我虽年近八十，明知寡不敌众，自当单身匹马，出来应战，直至战死为止""决不后退半步"的马寅初，等等。这就是越地名士绵延几千年的勇猛刚烈与不屈不挠的人格精神。这种勇武不屈的胆剑精神是越地先民在险山恶水中逐渐锤炼而成的。它"既是中华民族顽强不屈'脊梁'精神的具体体现，更是越地人民战胜一切艰难险阻，创造出悠久辉煌的越文化的内在力量"①。

第二节　柔韧智慧而不乏仁德的文化精神

越地河流众多，湖泊纵横，水域面积广，水流形式丰富多样。有源于一列列山脉的山间小溪，如小舜江、若耶溪、剡溪等。有山间小溪汇聚而成的大江大河，如浦阳江、长乐江、澄潭江、新昌江、黄泽江等，它们历经重重阻挡，汇入幽远绵长的曹娥江。四列山脉孕育了千万条涓涓溪流，它们百折不挠，勇往直前，东流入海。除此之外，还有星罗棋布、纵横交错的湖泊，有人工开凿的京杭大运河和从杭州经绍兴、宁波直达东海的浙东运河，把这些大江、湖泊连成一体，形成了一个水量丰沛的庞大水体。难怪宋代诗人陆游发出了"稽山何巍巍，浙江水汤汤"的感叹。水是一切生命之源，也是民族文化之源。自古以来，水与水乡人们的文化精神有着密切的联系。

面对滚滚东流的江水，孔子站在泗水之滨，发出"逝者如斯夫，不舍昼夜"（《论语·子罕》）的感叹，而老子盛赞"上善若水。水善利万物而不争，处众人之所恶，故几于道。居善地，心善渊，与善仁，言善信，正善治，事善能，动善时。夫唯不争，故无尤"。认为人世间最高尚的品德就应当像水那样。它滋润万物而不与万物相争；别物争着处上，它却甘居卑下的地位。水这种"不争""处下"的崇高品德接近于道。也只有像水那样与万物无争，人生才不会有烦恼，这是一种人生的智慧。

对此，孔子也有类似说法，"夫水者，启子比德焉。遍予而无私，似德；所及者生，似仁；其流卑下，句倨皆循其理，似义；浅者流行，深者不测，似智；其赴百仞之谷不疑，似勇；绵弱而微达，似

---

① 潘成玉：《中华文化格局中的越文化》，人民出版社2010年版，第61—68页。

察；受恶不让，似包；蒙不清以入，鲜洁以出，似善化；至量必平，似正；盈不求概，似度；其万折必东，似意。是以君子见大水必观焉尔也。"（《孔子集语》引《说苑·杂言》）。孔子不仅感受到流水奔腾不息的进取精神，而且悟出流水中所蕴含的智慧和仁德。认为水遍布天下，给予万物，并无偏私，犹如君子的道德；所到之处，万物生长，犹如君子的仁爱；水性向下，随物赋形，犹如君子的高义；浅处流动不息，深处渊然不测，犹如君子的智慧；奔赴万丈深渊，毫不迟疑，犹如君子的临事果决和勇毅；渗入曲细，无微不达，犹如君子的明察秋毫；蒙受恶名，默不申辩，犹如君子包容一切的豁达胸怀；泥沙俱下，最后仍然是一泓清水，犹如君子的善于改造事物；装入量器，一定保持水平，犹如君子的立身正直；遇满则止，并不贪多务得，犹如君子的讲究分寸，处世有度；无论怎样的百折千回，一定要东流入海，犹如君子坚定不移的信念和意志。正因为水能够启发君子来比照自己的德行修养，所以君子见到大水一定要仔细观察。可见，孔子不满足于纯粹的观赏自然，而是试图探究水与人类道德精神的内在联系，认为水的许多特征与儒家的伦理道德有着十分相近的特征，因而水为孔子和儒家的"智者""君子"所喜爱。这样，孔子顺理成章地把水的形态、性能与人的性格、意志、知识、道德联系起来。水成了儒家文化的道德之水、人格之水。

由上可见，中国古代两位伟大的哲人都把水与人结合起来考察，赋予水以人格化的智慧和道德。的确，水是最富智慧的。她至柔，却柔而韧，柔而有骨，柔而能胜刚强，能以"天下之至柔，驰骋天下之至坚"。石头不能阻挡她前进的步伐，刀剑不能砍断她的身躯，她执着进取。为了投入大海那宽广的怀抱，为了寻找更广阔的天地，她穿过泥土，绕过山石，汇进小溪，流入江河，奔向大海。夜以继日，年复一年，永不后退，永不停歇。她历经多少阻隔，多少诱惑，即使山峦层叠，百转千回，她东流入海的意志不曾有丝毫动摇，雄浑豪迈的脚步不曾有片刻停歇；浪击溪石，纵然粉身碎骨也决不退缩，一波一波前赴后继，一浪一浪奋勇搏杀，终将溪石撞个百孔千疮。即使是崖头的滴水，也是日复一日，年复一年，咬定目标，不骄不躁，以千万次的"滴答"声，在顽石上凿出一个个窟窿，这就是水坚韧不拔的进取精神。除此之外，水还有甘愿处下、曲包一切的博大胸怀。她拥有万丈深渊，却静默不测，藏而不露，显示出超群的智慧和识见。

同时，水有着高尚的品德。水滋润万物而不争，淡泊宁静，谦卑低调。管子说："水是万物之源。"世间万物只有得到她的滋润才得以生存，所以论功勋，水当得起颂辞千篇，丰碑万座，有着丰厚的炫耀资本。可她却始终保持一种平常心态，不仅不张扬，反而"和其光，同其尘"，哪儿低就往哪儿流，哪里洼就在哪里聚，甚至愈深邃愈安静。谦卑、低调、宁静、温和而达观！她不汲汲于富贵，不慽慽于贫贱，不管置于瓷碗还是置于金瓯，她始终一视同仁。不管器物是歪是斜，她始终坚守公平正义，堂堂正正，光明磊落。她总是默默地流淌着，忍辱负重，任劳任怨，能尽其所能地贡献自己的力量去滋润别人，却从不与别人争功争名争利。

正因为水有着如此优秀的品质，老子称"上善若水"；孔子盛赞："水有五德，有德、有义、有道、有勇、有法，君子遇水必观。"长期处于水环境中的越地人民，他们终日与水为伴，终日在水中劳作嬉戏，他们熟悉而且深谙水性，自然也就能从水中获得众多的人生智慧和启示，他们的精神气质和文化品格潜移默化地融入了水的精神特质。所以，"越地多水的生存环境不仅在一定程度上影响了越地人民的生产和生活方式，而且也潜移默化地影响了越地人民的精神气质和文化品格"[1]。这种影响主要包括两个方面，那就是越地"尚智"和"崇德"的精神风尚。

首先，水柔韧灵活、明慧深邃的智性长期作用于越地人的思维活动，培养了越地人崇尚智慧、讲究方法、温和低调、刚柔兼济的精神品质。早在神话时期，大禹就是智慧的象征。他的父亲鲧治水以失败而告终，大禹继承父亲的治水事业之后，他没有盲目行动，而是认真总结其父治水失败的教训，改进治水方法，改"堵"为"疏"，最后治平洪水，使人们得以休养生息。大禹也就成为人们心目中智慧的化身。而越王勾践更是一位能屈能伸、充满智慧的人物。一则他有慧眼识人才的能力。文种、范蠡、计然都是外地人，但他识得他们的能

---

[1]　潘成玉：《中华文化格局中的越文化》，人民出版社2010年版，第68页。

力，敢于重用他们。二则从与吴国的几次交战中也能见出他的智慧与谋略。公元前496年，越王允常死，其子勾践继位。吴国起兵攻越。吴越两军战于檇李（今浙江嘉兴南）。吴国的军队阵列整齐严肃，越王勾践派敢死队冲锋失败后，改用罪人在阵前集体自杀，在吸引吴军注意力的同时，越将挥戈刺伤吴王阖闾，吴军败退，阖闾死于途中，其子夫差继位。在这次战争中，面对吴强越弱的形势，越王勾践巧妙地运用计谋和策略，成功实现以弱克强的目的。再次，从勾践与夫差的较量看，越王勾践更是一位能隐忍、识时务、懂谋略的君王。阖闾兵败身亡之后，吴王夫差为报父仇，出动精兵攻打越国。夫椒一战，越军大败。越王勾践仅剩五千人马，被吴军包围于会稽山。面对亡国的险境，越王勾践明智地接受文仲、范蠡的建议，厚赂吴王夫差的宠臣伯嚭，向吴王求和，忍辱图存。在太宰伯嚭的极力怂恿下，吴王答应越国的请求，允许求和，但越国必须臣服于吴国，并要勾践入吴为奴三年。为了复国图存，越王勾践忍辱负重，带着夫人和范蠡入吴为奴。每天早上喂马擦车，以备夫差田猎、游玩；晚上栖身于石屋，为夫差的父亲阖闾守灵三年。面对伍子胥要求吴王杀了勾践的建议，勾践装出顺从卑贱、忠心耿耿的样子，不让吴王察觉半点矫饰做作。夫差病了，勾践甚至为其尝溲辨疾。夫差感动万分，以为勾践真心屈服了，三年后便如期放他回国。勾践回国后，卧薪尝胆，不忘会稽之辱。在国内，勾践亲自耕田，夫人亲手织布，食不加肉，衣不重彩，礼贤下士，赈贫恤死，深得民心，让越国尽快富强起来。同时送美人给吴王夫差享乐，让他日益腐化堕落；送礼物给奸臣伯嚭，让他在夫差面前为自己说话，挑拨夫差和伍子胥的关系，以致吴王错杀忠臣伍子胥，政治日趋腐败。公元前482年，乘吴王夫差参加黄池之会，与中原诸侯歃血为盟之际，越王勾践率兵攻进吴都，俘虏太子友。夫差闻讯，急忙从北方撤军回国。但吴军因长途跋涉，疲劳不堪，无法抵抗越军的进攻。夫差只得派伯嚭携带丰厚的礼物去越国求和。越王勾践估量眼下还不能灭掉吴国，就答应同吴国讲和。公元前478年，越国再次攻打吴国。两国军队在笠泽夹水对阵。夜里，越军两小队兵卒或左或右，击鼓呐喊，佯攻吴军两翼。吴军分兵防御，而越国三军主力暗暗涉水，猛攻吴国中军，吴国大败。公元前473年，越军第三次大规模进攻吴国，将夫差包围在姑苏山上。吴王夫差向越王勾践求和。勾践说："请夫差迁到甬江以东，让他管理一百户人家。"夫差羞愧交加，对勾践说："我真没脸见子胥呀？"最后，夫差拔剑自刎，吴国灭亡。这时，越国已成为地跨江、淮的东方大国。中原各国都听越国号令，周元王正式派人赐给勾践祭肉，命他为霸主。此后，勾践为长期称霸中原，迁都琅琊（今山东诸城市）。直到战国中期，越国才被楚国打败。

由上可见，在越国存亡的紧急关头，勾践能够适时作出痛苦而明智的决策；在勾践复国过程中，善于利用伯嚭和伍子胥之间的内部矛盾，懂得在隐忍中成就大事业；在国家危亡之际，不冒进，不泄气，而是在求得生存机会的同时，不断发展和壮大自己，最后成就霸业，成为中国古代谋略史上的经典人物。越地先民就是这样运用他们灵活的头脑，精明的识见，超群的智慧和惊人的谋略，迎来了越国由小到大、由弱到强的鼎盛时代。

虽然对于勾践隐忍以成事的做法，也有人认为其失去了做人的气节，但其实不然。勾践信奉的是"小不忍则乱大谋"的警语。他的"隐忍"是要求人们克制自己，把愤怒藏在心底，不诉说，不显露，韬光养晦，等待时机，蓄势待发。他的"隐忍"不是为了求"和"，不是为了活命，而是为了复国，为了于越民族的重新复兴。所以，表面上勾践忍辱负重，内心深处却是桀骜不驯。忍辱只是他东山再起、成就霸业的一种策略和手段。正如《史记·伍子胥列传赞》所说的："方子胥窘于江上，道乞食，志岂尝须臾忘郢邪，故隐忍就功名，非烈丈夫孰能致此哉！"可见，在司马迁看来，"隐忍"并非懦夫之所为，而是烈丈夫之所为。所以，越王勾践的隐忍不是气节的丢失，而是一种智慧和胆魄的体现。勾践及其谋士们复国、强国的谋略，不仅成为后人学习的典范，而且沉淀为一种崇尚智慧和谋略的区域文化精神。这种区域文化精神是越文化最为典型、影响最为深远的精神特质。

其次，水滋润万物而不争的品德长期地作用于越地的人们，在越地形成了一种崇尚道德的优良传统。这种传统美德在越地名士身上体现得尤为突出。他们志存高远，为了民族国家无私奉献，乃至牺牲生命亦在所不惜，体现出强烈的爱国主义情怀。

越地这种尚德传统可以追溯到禹舜时代。舜，传说中的远古帝王，五帝之一。相传，他的父亲瞽叟及继母、异母弟象，多次想害死他：让舜修补谷仓仓顶时，从谷仓下纵火，舜手持两个斗笠跳下逃脱；让舜掘井时，瞽叟与象却下土填井，舜掘地道逃脱。事后舜毫不嫉恨，仍对父亲恭顺，对弟弟慈爱，深得百姓赞誉。舜因品德高尚，孝顺谦让，人们都愿意靠近他居住，他到哪里，人们都愿意追随，因而"一年而所居成聚（聚即村落），二年成邑，三年成都（四县为都）"。他的孝行感动了天帝。舜在历山耕种，大象替他耕地，鸟儿代他锄草。帝尧听说舜非常孝顺，又有处理政事的才干，把两个女儿娥皇和女英嫁给他；让九名男子侍奉于舜的左右，以观其德；又让舜职掌五典，管理百官，负责迎宾礼仪，以观其能。皆治，乃命舜摄行政务。此说在《二十四孝》第一孝中有载："虞舜，瞽瞍之子。性至孝。父顽，母嚚，弟象傲。舜耕于历山，有象为之耕，鸟为之耘。其孝感如此。帝尧闻之，事以九男，妻以二女，遂以天下让焉。"舜登上帝位之后，选贤任能，举用"八恺""八元"等治理民事，放逐"四凶"，任命禹治水，完成了尧未完成的盛业。此外，舜还巡狩四方，整顿礼制，减轻刑罚，统一度量衡。要求人民"行厚德，远佞人"，"直而温，宽而栗，刚而毋虐，简而毋傲"，孝敬父母，和睦邻里。在他的治理下，政教大行，八方宾服，四海咸颂舜功，因而《史记·五帝本纪》称"天下明德皆自虞帝始"。

而大禹为民治水，三过家门而不入的故事更是代代相传。为治平洪水，大禹与新婚不久的妻子涂山氏分别，踏上治水的道路。他第一次路过家门口，正逢妻子生产，听到儿子呱呱坠地的声音，大家劝他进去看看，他怕耽误治水，没有进去。第二次经过家门时，他的儿子正在他妻子怀中向他招手，这正是工程紧张的时候，他只是挥手打了个招呼，就走过去了。第三次经过家门时，儿子已长到十多岁了，跑过来使劲把他往家里拉。大禹抚摸着儿子的头，告诉儿子，水未治平，没时间回家，又匆忙离开。大禹三过家门而不入的故事体现了大禹仁民爱物、公而忘私的高尚品德，一直被视为圣人人格的典范。

越地圣贤的高尚品德和人格精神，正是越地爱国志士的精神动力。因此，越地圣贤的高风亮节代代相传。唐代名臣虞世南，唐太宗盛赞其德行、忠直、博学、文辞、书翰为"五绝"。贺知章的文章道德，也为当世所称颂。南宋时期，陆游一生抗金，是越地著名的爱国主义诗人。临终之前，仍心念中原失地，留下千古不朽的绝笔诗《示儿》。明代的王阳明刚直不阿，直言敢谏，曾被刘瑾投入监狱，在龙场受尽折磨，但他对朝廷依然赤胆忠心，矢志不改。明末儒学大师刘宗周为官清廉，一身正气。为了明朝的兴盛，上疏百余次，力陈政弊，痛劾奸党，规劝皇帝，三次被削职为民，而家中不改儒生之旧，"敝帏穿褥，瓦灶破缶"。清兵入关，潞王降清，杭州失守，绍兴势危，刘宗周推案痛哭，绝食而卒，死前还张口举目，大书"鲁"字，询问鲁王监国之事，可谓"忠心耿耿"。

中国近代史上著名的抗英民族英雄葛云飞，山阴天乐乡（今杭州萧山）人。年少时敬仰岳飞，对"文臣不爱钱，武臣不惜死"的名言尤其赞赏。1840年，英军侵占定海，葛云飞奋力搏斗，多次击退敌军进攻。最后敌军调集兵力，集中进攻定海，处境危急。三总兵（葛云飞、王锡朋、郑国鸿）联名飞书向镇海大营告急，但大营怀疑是夸大敌情，拒发救兵。在英军的疯狂进攻下，总兵王锡朋、郑国鸿先后阵亡。英军步步进逼，葛云飞发射大炮极力回击，率领二百多名士兵，杀入敌阵。面临十几倍于己的敌人，葛云飞取出印信，向随身亲兵交代完毕后，他拔出两口佩刀，左右开弓，英军纷纷倒地。后来，葛云飞被枪弹击中左眼，被刀劈去右边半个面部，他仍忍着剧痛继续抗战。最后连中四十多发枪弹，终因伤势过重，倚崖身亡，壮烈殉国。

在近代社会中华民族处于生死存亡的危急关头，绍兴的仁人志士纷纷走向革命前列，以身许国，涌现出一位位充满浩然正气和爱国主义情怀的越地名士。这种温和柔韧、重智尚德的地域文化思想在蔡元培身上体现得尤为明显。而这离不开稽山鉴水的滋养，离不开越文化精神的熏陶。

第三节　理性务实、勤劳节俭的文化精神

所谓理性，就是按照事物发展的规律和自然进化原则来考虑问题和处理事件，通过符合逻辑的推理来获得行动的理由、意见和结论。

因此，理性的人遇事不冲动，不慌乱，能做到"泰山崩于前而面不改色"；理性的人不凭感觉行事，而是认识全面，在对于事物的前因后果作出充分预测和分析基础上，择取最佳方案进行操作或处理，使事件达到预期的效果。而所谓务实就是讲究实际、实事求是、踏实勤奋、不事浮夸。

一 越文化理性务实精神的源头

在越文化中，这种理性务实的精神由来已久。大禹，面对父亲治水失败被杀的结局，当他被舜任命继承父业继续治水的时候，他没有冲动，也没有慌乱失措，而是欣然接受这项艰巨任务。接受任务后，他冷静分析和总结父亲治水失败的原因，并从中汲取教训。经客观分析后，大禹开始另辟蹊径，理性思考治水的各种方法，最终择取改"堵"为"疏"的治水方案。治水方案确立之后，大禹胼手胝足，踏实勤奋地专注于治水事业。最后，经过努力，大禹治水取得成功，成为闻名古今的治水英雄。

越王勾践，面对吴国强大的攻势，面对亡国的险境，他和群臣们没有乱了方寸，而是对形势作出冷静的思考和分析，抗拒不但不会带来胜利，只会给人们带来更多灾难，使国土遭受更大的毁坏；屈辱臣服，不但可使百姓暂时避免战乱之苦，而且能为越国赢得积聚力量的时间和实现复兴的机会。经过理性分析勾践通过伯嚭说服吴王同意越国臣服的要求，带着夫人和范蠡等人踏上了赴异国为奴的屈辱之路。在吴国，他饱受凌辱，但理智告诉他，为了渡过危机，他得隐忍一切。只有这样屈辱地隐忍着，不辞辛劳、毫无怨言地接受奴役，才能赢得吴王的信任，才有回国的可能，才能实现报仇复国的宏愿。正是在这种理性精神的支撑下，越王勾践和他的群臣们才得以忍受那艰难屈辱的非人生活。三年为奴期满，勾践成功回国，他和他的大臣们没有丝毫懈怠，而是卧薪尝胆，使自己的国家日益强大，最终实现消灭强吴、振兴越国的宏愿。

所以，古越人是理性的，也是务实的。他们深知要生存，就得自我强大；要自强，就得发展自己；要发展自己，就得踏实勤奋。只有踏踏实实地发展自己，不断积聚力量，强大自己，才能获得生存权和话语权。所以，越地人不事浮夸，崇尚理性，主张实干，重视实效。这种理性务实、踏实勤劳的文化精神薪火相传，延续至今。

二　孕育越文化理性务实精神的土壤

越文化理性务实精神的形成是多方因素综合影响的结果。首先是越地自然生存环境的影响。几千年前，越地的自然环境十分恶劣。海侵时期，沿海地区的平原被吞没，生活在宁绍平原的越地先民退居山地。坚硬瘠薄的山地容不得他们有半点的偷懒，艰难的生存环境使于越先民懂得只有付出劳动才能有所收获。海退时期，虽然平原又开始露出海面，但此时形成的平原不再是肥沃的土壤，而是泥泞不堪的湖沼平原，土地已被严重的盐碱化，植物难以生长，滩涂沼泽开发艰难。这种严酷的生存形势使得越地先民养成了勤劳务实、朴素节俭的优良品质。

越地不但自然环境恶劣，而且自然灾害频繁出现，这使他们明白了一个残酷的现实，那就是辛勤的劳动不一定能得到丰硕的成果，险恶多灾的自然环境往往导致劳动成果的不稳定。有时，一年的劳动成果眼看就要收获，然而一群野兽的出没，或一批虫鸟的出现，就会将之破坏殆尽，此时他们只能从头再干。有时，眼看自己的家园建设就要落成，一场山洪或风暴就会让它毁于一旦，此时他们只好重起炉灶。据统计，"从公元前494年到公元1911年，计2405年，其中，全省内各地有水灾发生的共有741件。从公元前190年到公元1911年，计2101年，其中全省内各地有旱灾发生的共有546年"[1]。可见，越地的自然地理条件并没有为越人提供优越的生存环境，与北方许多文化区域相比，这里的人面临着各种自然灾害和生活资料匮乏的窘境。但一场场自然灾害在带给他们种种灾难的同时，也使他们获得锤炼。环境的险恶，生存的艰难，使于越先民懂得要生存，就得抗争；要发展，就得劳动。因此，越地人的勤劳勇敢，与其他地区相比，有过之而无不及，堪称国人的楷模。为适应恶劣的自然环境，为抵御频

---

[1]　浙江省社会科学联合会主编：《浙东学派与浙江精神》，浙江古籍出版社2006年版，第263页。

发的自然灾害，他们与自然环境和自然灾害进行顽强斗争。在这一斗争过程中，越地人民形成了理性干练、勤劳务实的优秀品质。

其次是农业、手工业和商业的发展，强化了越民理性务实、勤劳俭朴的文化精神。自秦汉以来，越地的种植业一直以水稻为主物；至东晋南朝时期，越地已经成为中国重要的稻米产区；唐中期以后，越州成为最富庶的地区之一。诚如杜牧所说："越州机杼耕稼衣食半天下"。南宋时期，越地集中了大量的北方移民。这些弃家破产来到南方的迁徙者，为了获得衣食，重建家园，他们必须格外勤劳。这样，艰辛的农业劳动使越地人深知一分耕耘一分收获的道理，知道生活有赖于辛勤劳作和点滴累积。久而久之，就培育了越地人勤奋踏实、务实事功的文化精神。

而纺织、丝绸、酿造、制铜、锡箔、陶瓷等手工业的发展，不仅促进了越州商业的繁荣，使绍兴的商人遍布全国，而且在手工业和商业活动中，更使越地人感悟出清谈玄想的弊害，领略到真做实干的益处。诚如章太炎所说，务实是"国民常性，所察在政事日用，所务在工商耕稼，志尽于有生，语绝于无验"①，这话用在越地人身上，是最恰当不过的。因此，农业、手工业和商业的发展，强化了越文化的勤劳务实的理性精神。

三 越文化理性务实精神的体现

如上所述，大禹、勾践等历史圣贤已经从源头上为越文化注入了理性务实的基因。这一文化基因在漫长的历史发展进程中，代代相传，历久弥新。如王充的《论衡·薄葬》云："事莫明于有效，论莫定于有证。"认为对一件事情最好的证明就是看其是否有效，对一个理论最好的检验就是看其是否有证据。可见，王充重视的就是实效和实证。陆游在《冬夜读书示子聿》中写道："古人学问无遗力，少壮工夫老始成。纸上得来终觉浅，绝知此事要躬行。"这是陆游写给他小儿子的一首诗作。诗作不仅强调学习中持之以恒的重要性，而且强调了社会实践的重要性，从书本上学到的东西总觉浅近，要想真正弄

---

① 汤志钧编：《章太炎政论集》下册，中华书局 1977 年版，第 689 页。

懂还得靠亲身实践。明代思想家王守仁倡导"君子之学，唯求其是"的"求是"学风。在知与行的关系上，强调要知，更要行，提出"知行合一"，互为表里，不可分离。明末清初的黄宗羲受阳明"知行合一，知行并进"思想的影响，提出了"学贵履践，经世致用"的观点。可见，越地理性务实的文化精神不仅源远流长，而且被越地名士代代传承和发展，已在越地深深扎根。

越文化理性务实精神外化在越民身上，就是一种客观冷静的处世态度；踏实勤奋，主张实干的处世作风；强调实用，重视实效的处世目的；以及低调节俭的生活作风。这一思想精神在越地社会生活的各个方面均有体现。

首先，体现在思想上，就是经世致用思想的盛行。经世致用是浙东学派重要的学术取向。《辞源》中对"经世"的解释为"治理世事"，强调要有远大理想抱负，志存高远，胸怀天下；"致用"解释为"尽其所用"，强调要理论联系实际，脚踏实地，注重实效。"经世致用"就是主张学问必须有益于国事的学术思想。因此，所谓"经世致用"就是关注社会现实，面对社会矛盾，并用所学知识解决社会问题，以求达到国治民安的实效。这一思想体现了中国传统知识分子讲求功利的务实思想以及"以天下为己任"的情怀。

经世致用思想在越地源远流长。南宋时期，以吕祖谦为代表的金华学派主张明理躬行，学以致用，反对空谈心性，开浙东学派之先声。以陈傅良、叶适为代表的永嘉学派和以陈亮为代表的永康学派，把经世致用之学与功利之学结合起来，对理学的空谈，作了猛烈批评。三者合称浙江学派，亦称"浙学"。"浙学"反对空谈心性的程朱理学，注重研究经世致用的事功之学，提倡学术结合实际，对明清浙东学派的产生具有重要影响。

明末清初，顾炎武、黄宗羲、王夫之等在总结明亡教训的基础上，深感明季学风的空疏不实，对国家、民族造成了极大的灾难，要求学术反虚就实，提出务必以实用为宗。这种以实用为宗的学风，就是他们提倡的经世致用的新学风。

越地在黄宗羲等人的积极倡导下，经世致用之学大兴，形成了一个颇有影响的学派，那就是以黄宗羲、万斯大、万斯同、邵廷采、全祖望、章学诚、邵晋涵等为代表研究经学兼史学的经史学派。因学派中的这些代表人物均为浙东（今宁波、绍兴）一带人士，故称"浙东学派"。而黄宗羲则是该学派的创始人和奠基者。

全祖望，清代学者、文学家，鄞县（浙江宁波）人。他上承清初黄宗羲经世致用之学，勤奋攻读，博通经史，为清代浙东史学名家。邵晋涵，清代著名学者，史学家、经学家。浙江余姚人。他博闻强识，涉猎百家，无书不读，尤能追本求源，实事求是。

章学诚为浙东史学的殿军。他的《文史通义》，以史意为宗旨，不仅继承了浙东史学注重史学研究的优良传统，而且在史学领域创立了尚意史学的理论体系，对清代史学发展作出了巨大贡献。他在《上尹楚珍阁学书》一文中说："学诚读书著文，耻为无实空言，所述《通义》，虽以文史标题，而于世教民彝，人心风俗，未尝不三致意，往往推演古今，窃附诗人之义焉。"可见，他研究史学是为了扶持世教，匡正人心，主张"史学所以经世"，"作史贵知其意"，并把自己的史学理论，用于编撰方志的实践中，梁启超把他誉为中国"方志之祖"。

除黄宗羲开创的浙东学派及其后继者提倡经世致用之学外，明清之际浙江余姚的学者和教育家朱舜水，积极提倡"实理实学、学以致用"，认为"学问之道，贵在实行，圣贤之学，俱在践履"。所以，朱舜水论学问，以实用为标准。所谓实用者，一曰有益于自己身心，二曰有益于社会。他对明朝的八股取士深恶痛绝。明亡以后，他东渡日本，他的经世致用思想对日本的文化思想产生了重要影响。

晚清，随着民族危机和封建统治危机的日益加深，在浙东学派"经世致用"思想的影响下，近代绍兴出现了一批以民族利益为重，以振兴中华民族为己任，有强烈的社会责任感的爱国志士。他们目光如炬，气度恢宏，胸怀宽广，慷慨激昂，成为革命大潮中的弄潮儿，为中国的近现代革命和民族振兴作出了巨大的贡献。所以，经世致用、理性务实的文化精神反映在越地名士的身上，不再是普通人眼中的眼前利益或个人利益，而是一种"知行合一"的实践精神，一种为国家、为民族乃至为人类利益作出奉献的无私精神。这是一种大智慧，一种最高境界的智慧。他们为了民族和国家的利益，怀抱理想，既可以忍辱负重，坚忍不拔，做到隐忍以成事；也可以面对强敌，英勇抗争。对此，南宋状元王十朋在《会稽风俗赋》中，以"慷慨以复仇，隐忍以成事"一语对越地民风做了很好的概括。

其次，体现在经济上，越地有重视发展实业的优良传统，以致出现了越商这样的大商帮。在中国古代社会，历代统治者都奉行重农抑商的基本政策，认为农业是本，商业是末，商人投机倒把，不劳而获，一直被看作重利轻义的奸诈之人。但在越地经济发展进程中，却一直坚持农商并重的思想。这不仅使越地的商业经济得以繁荣发展，而且催生了一批带有浓重越文化印记的商人群体。据《史记》载，中国最早的大商人是越国的"陶朱公"范蠡。他帮助勾践复国之后，急流勇退，辞官下海，经商贸易，成为中国商人的鼻祖。在范蠡的商品经济思想中，最主要的风格是不尚虚功，追求实利。他的商业理论和商业行为使重商的价值观深深扎根并渗透到越民的骨子里面，对后世的越商具有重要的启迪意义。

从阳明心学到浙东学派，其基本思想都是"经世致用""义利兼容""工商皆本"的思想，重商思想一以贯之。如王阳明认为士、农、工、商"其归要在于有益于生人之道，则一而已"，并进一步提出"古者四民异业而同道，其尽心焉一也"，把传统观念中一直被视作"贱业"的工商业摆到与士同等的水平（《节庵公墓表》）；认为商人"虽经日作买卖，不害其为圣为贤"（《传习录拾遗》），可见他对商业行为的充分肯定。清代以黄宗羲为代表的浙东学派以"切于民用"为标准，从反对"重本抑末"的传统经济伦理观念着手，对关乎国计民生的"本"和"末"作了新的界定，提出了"工商皆本"的经济思想，为发展商品经济提供了思想武器。

在"富民"观念上，浙东学派认为，富民是为了强国，强国首先要富民；只有民富才能国富，他们把富民放在第一位，提出"夫富在编户，而不在府库"的富民观念，这显然是符合时代进步要求的。

在"义利"观念上，浙东学派反对空谈义理，主张义利统一。其"义利观"是与重实利讲功效的社会要求联系在一起的。认为人应尽其所能为社会服务，但社会对个体的地位和权利也不应漠视，基本确立了与商品经济发展要求相一致的义利观。

浙东学派的这种经济观、富民观、义利观，由于切合商品经济的发展要求，因而从明清以来一直对浙东社会有着深刻的影响。这种观念世代相传，几乎成为浙江人的文化自觉，而强调个体、能力、功利，注重实际，重视发展实业也成为浙江人文精神的重要表征。

所以，受越文化中"经世致用""义利兼容""工商皆本"等思想的长期浸染，越地的老百姓有着强烈的市场意识，有着浓厚的务工经商传统。而越商更是思路开阔，务实低调，肯吃苦，敢冒风险，敢为人先，成为浙商中继宁波帮之后势力最强的地缘性商人群体，他们以强烈的创业精神与杰出的经营能力书写了越地经济的辉煌篇章。

最后，体现在生活上，主要表现为对勤俭务实精神的积极倡导。越地人不喜欢玄思遐想，而喜欢实干，踏实勤奋，讲究成本，讲究实效。他们总是运用自己的智慧，想方设法实现利益的最大化。在生活上低调节俭，"不显山、不露水"是他们所赞赏的。①

总之，理性务实的精神表现在越地人的生活中，就是对勤劳务实的崇尚，对实利实效的追求，以及对节俭低调的倡导。一切从务实、致用的原则出发，讲究实惠，排斥浮华，是越地人的精神特性。

也许有人会说，越地理性务实的文化精神在蔡元培身上体现得并不明显。其实不然。经世致用、理性务实、低调节俭的思想品格在蔡元培身上时有体现。早年，蔡元培主张学以致用，有所作为。进入翰林院发现清廷已腐朽不堪，毅然走出朝廷，回家乡兴办教育。到国外接触了西学之后，蔡元培积极汲取有利于中国发展的新思想、新学说，积极倡导美育，重视美育实践，充分发挥美育的社会功能。而蔡元培一生所崇尚的就是朴素简单的生活，勤劳俭朴的越文化精神在其身上得到了充分展示。正因为蔡元培有这种理性务实、勤劳俭朴的精神品质，所以蔡元培对待外部事物，不管是古代的还是现代的，不管是中国的还是西方的，只要有利于社会发展的，他都不排斥，都能认真学习，取其精华，去其糟粕，并充分发挥它们的长处和优点。也正因为蔡元培有这种理性务实的精神，所以面对外来事物时，他都能敞开胸怀，用开放的姿态、包容的心态去接受它，学习它。

---

① 朱志勇：《越文化精神论》，人民出版社 2010 年版，第 107 页。

第四节　开放包容与开拓创新的文化精神

清代大学者顾炎武在《肇城志》卷四《绍兴府》中说："东环娥江，北绕大海，襟海带江，浙江一大都会。"《绍兴府志》卷七《山川志四》云："府境北边海，所属五县，萧山去海二十里，山阴去海四十里，会稽去海二十里，上虞去海六十里，余姚去海四十里。"可见，从整体地形上看，西南依山，东北连海，地形由西南向东北方向逐级倾斜，呈现出极其开放的姿态。从越州内地看，江河溪流沿山而出，湖泊运河绕山连江，把越地山水连成一片。因此，在越地，你可以摇着乌篷船，或背拉着纤绳，穿梭在纵横交错的江河湖泊；你也可以泛起一叶扁舟，漂洋过海，来回于世界各地；你还可以看见，一条条溪流敞开胸怀，汇集了千万条由会稽、四明等山奔流而下的涓涓细流；一条条大江大河汇聚了巨大的水量之后，滚滚东流，流入那无边无垠的大海。这就是越地开放式的山川地形，以及能容纳百川的江河湖海。越地人长期生活于这个百脉贯通和曲包一切的水环境中，为越地区域人格带来了宽广博大的胸襟和勇敢顽强的开拓创新精神。

一　越文化的开放包容性

越文化的开放包容性首先体现在对外来人员的态度上。只要于越地发展有利的，越地人都能以开放的姿态、博大的胸襟去包容接纳它。具体体现在以下几个方面：

1. 对异族移民不持偏见，不加排斥。在历史上，越人凭着负山临海的有利地形，丰富肥沃的土地资源，英勇善战和峻烈任死的强悍精神，使一个弱小的于越民族一跃成为春秋霸主。这对于秦王朝的统治的确是一个心腹之患。所以，秦始皇统一全国后，上会稽，祭大禹，立石刻，颂秦德，以安抚和威慑越人。同时，为防备越人抗秦，秦始皇对越地实施了两项政策：其一是在原吴越旧境置会稽郡，改大越为"山阴"；其二是强迫迁徙，使越、汉杂处。对此，《越绝书》卷八载："政更号为秦始皇帝，以其三十七年，东游之会稽，道度牛渚，奏东安、丹阳、溧阳、郭故、余杭轲亭南，东奏槿头，道度诸暨、大越。以正月甲戌到大越，留舍都亭……是时，徙大越民置余杭、伊攻、口故鄣。因徙天下有罪适吏民，置海南故大越处，以备东海外越，乃更名大越曰山阴。"从上面的记载可见，秦王嬴政时期，秦始皇为了防止"锐兵任死"的越民发生动乱，中原地区的有罪吏民被南迁至越地，而大批越人被迫流散到各地。东汉末年，长江以北战乱不断，群雄角逐，江北士人不堪战难，纷纷南渡江东。至建安十八年（213），孙权已据江东，北方士民南迁凡十余万户，实现了越地历史上第一次民族大融合。

西晋末年"永嘉之乱"，北方陷入一片混乱，而江南相对比较安定，故中原士民大批南迁。许多氏族大姓，携部族、宾客及同乡同里纷纷南迁，促成了越地历史上第二次民族融合。这次融合不仅促进了越地经济的发展，出现了"今之会稽，昔之关中"的繁荣景象，而且因迁入会稽的多为谢安这样的名臣，王羲之这样的文化名士，竺潜、支遁这样的高僧隐士，有力地促进了越地文化的发展，使会稽成为"文化之邦"。

北宋靖康元年（1126），金兵两次入侵，汴京沦陷，徽、钦二帝被虏，北宋灭亡。康王赵构南逃至越州。绍兴二年（1132）正月，定都杭州，以绍兴为陪都。"靖康之难"，引发了难民潮，大量北方难民南迁，促成了越地历史上第三次民族大融合。

在长期的民族融合过程中，越地人与移民们和睦共处，互相学习，共同进步，不断充实和优化了越文化的精神内涵。越地人对异族移民的包容和接纳态度是对越文化开放包容精神的极好证明。

2. 体现在对异域人才的信任和重用上。早在越国时期，越王勾践任用重臣，有不少外地人，如范蠡、文种、计然等。对于这些外来人才，越王不但不排斥他们，反而重用他们，礼待他们。正因为越王勾践有开放包容的雅量，在于越兴国的过程中，越国才会出现人才济济的盛况。范蠡，楚国人。他入越之后，"勾践贤之"，而范蠡历经艰险，殚精竭虑，辅佐越王。大夫文种，楚人，楚平王时任宛（今河南南阳）令，弃官奔越后，颇得越王赏识，官至相国。在勾践入吴为奴时期，全赖文种留守国内，惨淡经营。据记载，文种向越王提出的"伐吴九术"，对雪耻报仇起到了巨大作用。除了范、文二人以外，大夫计然为越国复兴，制定了一整套切实可行的经济政策。另有大夫逢同（或写作"扶同"），亦系楚人。所以，在越国著名的八位大夫中，至少有一半是外地招募来的"客卿"。即便如弓箭能手陈音，也是由楚地招聘而来。越王任用陈音操练越军，数月之后，"军士皆能用弓弩之巧。陈音死，越王伤之，葬于国西，号其葬所曰'陈音山'"。不难设想，假如没有外来有识之士的协助，越国"报吴雪耻"的目标不知要猴年马月才能实现。可见，勾践用人的高明之处，就在于他不分地域国界，唯才是用，充分信任，委以重任。这种不排外、善于利用外来人员的优良传统，在一定程度上也反映出越文化开放包容的思想特征。

3. 表现在越人与异族文化的交流上。越地人不但善于与外界交流，而且善于学习和汲取他人的长处来发展自己。据今本《竹书纪年》记载，周成王二十四年"于越来宾"。这条材料说明，被中原视为"荒服之地"的于越，至迟在公元前 11 世纪末已与中原王朝发生联系。可见，于越不是一个固步自封、安于现状的民族。以后随着战争形势的发展，越国与中原各国的往来更加频繁，尤其与吴、楚等邻邦，三国之间战争不断，交往也从未中断。据《吴越春秋》载，公元前 484 年，越向吴贷粟万石，次年就"拣精粟而蒸，还于吴"。又，越多次向吴进贡礼品，仅一次奉献"葛布十万、甘蜜九党、文笱七枚、狐皮五双、晋竹十搜，以复封礼"。至于楚国，在无强伐楚以前，它是越之盟国。《左传》记载前 518 年，越王派大夫去慰劳领军在外的楚平王，越公子仓送给楚王一艘大船，可见其关系非同一般。

古代越国在对外交往过程中，一方面把越国的各种技术，如造船、琢玉、青铜冶铸等传播到全国各地，尤其是越剑，许多诸侯国都视之为罕世珍品。另一方面，越国也广泛地吸取中原和周边国家的文化成就，从而使越文化更加丰富多彩。可见，越族人民不但善于与外界交流，还善于学习，充分体现了越文化的开放性、包容性和互补性。

4. 表现在越地人善于走出去，把外面的进步思想和先进知识带进来。如前所述，中原人口大量迁入，越地在大量接纳中原移民的同时，也有大量的越地人民被迫或自发地迁徙到世界各地，与世界其他民族的文化融合在一起。发展到近代，则表现为一位位绍兴的有识之士，为了民族复兴，纷纷走出国门，去外国留学，寻求救国救民的真理。如蔡元培、陶成章、徐锡麟、秋瑾、鲁迅等都曾出国留学，在国外接触进步的思想，为辛亥革命和五四新文化运动作出了巨大的贡献。像蔡元培，在接触西方教学体制后，主张以新式教育代替传统教育，率先在绍兴建立新式学堂，提出"兼容并包"的著名口号，把死气沉沉的北大改造成新文化运动的发源地，在中国近现代社会产生了巨大影响。

总之，越地开放包容的地形特征和环境特征，使越文化精神带上了开放包容的特征。这种开放包容性不仅表现为兼收并蓄，允许不同类型、不同民族和地区的思想观念、风俗习惯的存在，而且表现为对于异己的文化元素不仅采取包容而不排斥的态度，而且善于学习和吸收优秀的文化特质，广撷百家，吸纳精华，使越文化精神得以不断充实和优化。[①]

二 开拓创新精神

越地面海，海的广阔无边让越人对外面的世界充满想象和向往。但一条条江河，一面面湖泊，毫不留情地隔断了越人前进的通道，一片片汪洋毫不心软地隔绝了越人与外面世界的交流。为了拓展自己的生活空间，越地人很早就学会了造船和独木舟制作技术，以便渡过江河去看看对岸的生活，漂洋过海去探索外面的世界。但汹涌的海浪让他们的探索之旅充满艰险。看着天空中自由翱翔的小鸟，轻快地飞到对岸，或掠过海面，飞向那遥无边际的未知世界，他们满怀羡慕，希望自己也能像鸟儿那样自由飞翔，去寻找一片属于自己的乐土。于是，他们对鸟充满敬慕和崇拜之情，这在一定程度上也体现出越民开拓世界的进取精神和美好愿望。

这种开拓精神表现在生活上，就是越人几次大规模的迁徙活动。由于自然环境的险恶和历史的变迁，越人一直处于迁徙流动中。随着自然界的剧烈变迁，为了寻求新的生存和发展空间，越人有过三次大

---

① 朱志勇：《越文化精神论》，人民出版社 2010 年版，第 140 页。

规模迁徙。有学者甚至认为可能在第一次海侵（发生于距今 10 万年以前）之后，就有越人到达日本列岛，并带去了自己的文化。① 而第三次海侵（发生于距今 5 千—6 千年前，历时约 3000 年之久）由于海平面的急剧上升，一部分越民由宁绍平原逐渐向南部丘陵区转移，进入会稽、四明山地，即所谓的"内越"，还有一部分漂洋过海，来到"台湾、琉球、南部日本以及印度支那等地"，即所谓的"外越"。迁居山地、丘陵的越人，在会稽一带建立了越国。在南方吴、楚、越三国中，越国最弱，它先是楚之附庸，后又成为吴的属国。但经过越族人民的奋发进取和努力拓展，越国不断走向强大。在"越国最强大的时候，不仅占有今天江苏苏南和安徽皖南一带，而且还往北挺进山东汶水流域"②。公元前 468 年，勾践徙都琅琊，迁 3 万户于琅琊观台之下，成就了霸业。公元前 33 年无强伐楚失败后，就有不少越民"走南山"，即越民为了避祸，自发移居浙、苏、皖、赣、闽、鄂、湘等地的山区，后世称之为"山越"。所以，"先秦时期，越人的势力范围很大，从绍兴这一带往南一直到今天的福建、广东、广西、越南，都是属于越人的，称为'百越'。"③ 可见，早期越民为了拓展自己的生存空间，他们的足迹遍布大江南北，他们的行踪遍及海内外。而这一串串北上、南下的足迹正是越民开拓进取精神的一种体现。

明清至近代时期，越人的足迹遍布四方。遍布四方的越人主要为越地的商贾、官员和师爷等群体。一方面，明朝是十六七世纪世界上经济最繁荣的国家之一，而江南地区的繁荣发展表现得尤为突出。朱元璋攻占江浙以后，发现这里粮产丰富，山水宜人，百姓丰衣足食，不受战火和饥荒影响，他敏锐地认识到江浙的重要性。定都南京之后，就命人开拓了漕运，把浙江等地的粮食、棉花、丝织品、瓷器、茶叶、盐等大宗商品运往北方，同时把北方的商品带到江南一带。当时，江南一带，小镇店铺林立，"买卖昼夜不绝"，商品琳琅满目，客商往来不绝，商品经济高度发达。越地的商人们也经常外出从事商

---

① 徐建春：《外越与日本列岛》，《浙江学刊》1991 年第 1 期。
② 高丽华主编：《越文化散论》，中国社会科学出版社 2013 年版，第 6 页。
③ 同上。

贸活动。另一方面，越地外出做官的人也特别多。因此，嘉靖时人陆楫说：宁波、绍兴之民，一半游食于四方。明万历时王士性说，宁波、绍兴人"竞贾贩锥刀之利，人大半食于外"。足见绍兴地区外出人数之多。除经商和做官之外，绍兴人还以外出当师爷的办法，向全国各地输出大批师爷，甚至到了"无绍不成衙"的程度。他们带着自己的智慧和谋略外出做师爷，为衙门出谋划策，不仅将挣到的银子带回故乡，使家乡更加富裕，而且在明清时期，形成了独特的政治文化。他们敢闯敢拼的开拓精神，使更多的越地人看到，只有走出去才有更广阔的人生舞台。这样，带动和影响着更多越地人走出去，以致流传着"麻雀、豆腐、绍兴人"的说法，意思是说：绍兴人如同麻雀、豆腐一样，不论走到哪里都可以遇到。他们喜欢外出闯荡，以"游过三江六码头，呷过爨桶热老酒"（爨桶：旧时酒肆温酒用的金属器皿）为荣。①

近代以来，由于上海较绍兴发达，不少绍兴名士去上海活动或定居，还有的通过上海远出国外留学。如鲁迅、郁达夫、徐志摩等都曾去日本留学，蔡元培40岁还到德国去留学，竺可桢曾去美国留学。学成回国的或北上一展才华智慧，或留在南方参加革命。近代绍兴的这些文化名士很少把自己局限在狭小的书斋里，而是大胆跨出国门，拓宽自己的视野，使自己获得更大的发展空间。所以，历代越人的迁徙流动和闯荡精神是越文化开拓进取精神的有力明证。

事实上，越地人民不仅具有披荆斩棘、远涉重洋、外出闯荡的开拓精神，而且极富敢为人先的创新精神。所以，绍兴有不少被视为异端的名士，他们敢于否定，敢于在否定中提出特立独行的观点，创立新思想新学派。因此，"越地自古以来多狂狷之士、创新之士、革命之士，至少从汉代的王充开始就形成一股风，此风虽然在不同的时代有轻有弱，有大有小，但没有断过。"②

东汉时期，上虞的王充可谓越中"异端"第一人。他的《论衡》对当时社会主流意识形态的天人感应和谶纬神学提出了猛烈的批判，

---

① 朱志勇：《越文化精神论》，人民出版社2010年版，第37—38页。
② 陈望衡：《越中名士文化论》，人民出版社2010年版，第85页。

并在此基础上，提出天和地都是无意志的自然的物质实体，自然万物是由于物质性的"气"自然运动而生成的。"天地合气，万物自生。"天是自然，人也是自然的产物，所以，"人不能以行感天，天亦不能随行而应人。"这样就割断了天人之间的联系。"人，物也；物，亦物也。"人有生即有死。人因有精气血脉而生，因精气血脉竭而死，死后形体腐朽成灰土，所以这世界无神也无鬼。这样，王充以其特立独行的异端言行创立了无神论，成为中国古代杰出的唯物主义思想家和无神论者。

魏晋时期的嵇康，上虞人，明确提出"越名教而任自然"，即要超越、否定名教，要奉行自然，在自然中获得自由和愉快。这样，他将"名教"和"自然"对立起来，与当时企图调和"名教"与"自然"的玄学区别开来，提出了惊世骇俗的新理论。

元朝的杨维祯，绍兴诸暨人，又名铁崖，因善吹铁笛，又号"铁笛道人"，被明代学者王彝称为"文妖"。这是因为他的诗风格怪异。钱谦益说："以其诗体言之，老苍夔兀，取道少陵，未见脱换之，窈眇娟丽，希风长吉，未免刻画之诮"（钱谦益《列朝诗集小传》）意思是说杨维祯学杜甫而不像，学李贺也不像，是个怪东西。的确，杨维祯的诗作多表现张扬的自我形象，裹挟着一种雷电般的悲愤情感和批判精神，既不符合中国儒家"诗以言志"的传统，又与传统诗教"温柔敦厚"的审美特征格格不入。因此，他的诗作被视为文学中的"异端"，正因为有"异端"的特质，才形成了风格独特的"铁崖体"。

黄宗羲，浙江绍兴府余姚县人，多才博学，堪称中国思想启蒙第一人。面对延续几千年的封建专制统治，黄宗羲在《明夷待访录》中第一次破天荒地提出了"为天下之大害者君而已矣"，猛烈抨击"家天下"的专制君主制度，并根据时代的需要，提出了新的政治构想，向世人传递了光芒四射的"民主"思想，犹如黑夜中闪现的明星，为中国社会发展指明了方向。另外，作为浙江史学的开创者，他的《明儒学案》是中国第一部内容丰富、系统的哲学史专著，开创了中国编写学术思想史的先河，并开创了中国史学上"学案体"这一新体裁，具有划时代的意义。正是在这一开拓创新精神的驱动下，越地才得以在思想和经济上始终位于时代前列。

第五节　优美的山水风光和丰富的艺术精神

人类和自然的关系极为密切。远古时期，因生产力水平低下，人们无法战胜天灾人祸，只能依山傍水而居，凭借自然山水，渔猎采食，维持生计，从而形成了山水崇拜心理，养成祭祀山神水仙的习俗。但是，当生产力发展到一定水平，人们对自然就不再单纯从实用出发，而逐步产生了审美的要求。这时，自然山水在人们面前焕发出奇异的光彩，人们开始懂得用优美的自然环境来丰富自己的精神生活。赏心悦目的自然环境不仅能开阔胸襟，陶冶情操，美化人格，而且能激发人们的审美情趣，提升人们的艺术品位。李白一生好游名山大川，他以"斗酒诗百篇"的豪情逸兴，漫游天下，为祖国的名山大川写下了许多脍炙人口的名作。陶渊明在宁静纯朴的山水美景面前，心灵得到净化，"采菊东篱下，悠然见南山"就是诗人宁静自由、悠然闲适心境的真切写照。自然界的山山水水，树木花草虽然不会说话，但能激发人们的创作热情和创作灵感，提升人们的审美情趣。而越地就是这样一处充满诗情画意的山水美景。

虽然在远古时期，于越民族的生活环境并不优越，但经过越族人民的艰苦奋斗，会稽郡不仅成为东南一带著名的粮仓，而且成为山川灵秀、景色宜人的游览胜地。越王勾践时代，通过北建山阴古陆道，南建富中大塘，穷山恶水已被改造成能够安家立国、称霸一方的根据地。东汉时期，会稽郡太守马臻发动民众修筑鉴湖，贺循组织人们开凿西陵运河（浙东运河），不仅从根本上改造了整个鉴湖水系及周边地区的生态环境，而且极大地优化和美化了越地的自然风光。

西晋末年永嘉之乱，大批黄河流域居民避乱江南，会稽山清，鉴湖水秀，山阴道上应接不暇的自然风光，成为许多文人学士理想的汇聚之地。王羲之、谢安、孙绰、许询、支遁等中原望族名士纷纷移居越地。越地优美宜人的自然风光大大激发了他们对美的热爱与追求。南朝士人开始用诗书、画作等艺术形式来歌咏稽山鉴水，成就了一位位诗人名家。其中最为有名的就是永和九年三月三日，王羲之聚集当时全国一流的 42 位社会名士修禊于鉴湖之畔的兰亭，曲水流觞，饮酒赋诗，成为千古韵事。这次集会 26 人赋诗，共辑诗 37 首，是为《兰亭诗》。在《兰亭诗》中，诗人们用诗歌尽情歌咏兰亭之春温婉多姿的幽美景致。在美丽的大自然面前，诗人们领悟着神妙的人生哲理，惊叹于大自然的神秘奇妙，创造出一首首优美动人的诗作。

在南渡士人的眼中和笔下，越地的山水是如此的美丽，他们在感受山水之乐的同时，还将自然山水转变为一种审美文化，使中国最早在越地出现了独具特色的山水诗、山水画。

越地秀丽的山水不仅激发了六朝士人的诗情画意，也引发了唐代士大夫对会稽山水的无限向往。以诗仙诗圣为首的众多唐代诗人纷至沓来，在鉴湖、禹陵、若耶溪、越王台、剡溪、会稽、天姥等地留下了种种诗情。诗仙李白年轻时就有远游会稽山水入剡中的目标："此行不为鲈鱼脍，自爱名山入剡中"，写下了"万壑与千岩，峥嵘镜湖里"（李白《送王屋山人》），"镜湖水如月，耶溪女似雪"（李白《越女词》）等千古名句；诗圣杜甫也多次漫游越中，盛赞"会稽风月好，却绕剡溪回""遥闻会稽美，一弄夜袭人""越女天下白，鉴湖五月凉。剡溪蕴秀异，欲罢不能忘"等诗句。孟浩然、白居易、李顾、孟郊、元稹、吴融等 400 多位诗人追慕六朝士人的流风余韵，纷纷踏上了浙东这方热土，歌咏联唱，形成了一条以自然、人文、山水为特色的唐诗之路。邹志方认为："浙东唐诗之路是连接浙江东部八个州的一条带圆形的线路。""这条路的热线是越州至台州这一段，其中心区域在越州，其中黄金地段即州治、会稽山、镜湖、曹娥江、剡溪、剡中（主要在今新昌县）。而其核心则为会稽山、镜湖和越州州治（今绍兴城）。"① 可见，这时的越州已成为名副其实的文化之邦。

唐代以后，仍有不少文士为越州美丽的山水风光所折服，如宋代的王十朋、曾巩、陆游，明代的徐渭，清代的陶元藻、马宝瑛和李慈铭等。面对越地美景，他们诗兴大发，留下不少吟咏越地风光的诗

---

① 邹志方：《绍兴名胜诗谈》，新华出版社 2004 年版，第 7 页。

作。这些诗作犹如稽山鉴水，绵绵不绝，不仅为越地胜迹平添了无限风光，而且丰富了越地山水的历史文化内涵。

越地的山水胜景，不仅吸引着一代代的诗人前来游赏吟咏，而且孕育了越地人们的艺术精神，培育了许多顶尖级的越地文学艺术名家。正如陈望衡先生所言："稽山鉴水即是艺山书海"。[①] 优美的山水就是美好的诗、美好的画，文人墨客的锦心绣口无不来自于自然山水。正如清代浙江才子李渔在《笠翁文集·梁冶湄明府西湖垂钓图赞》中所言："故知才情者，人心之山水；山水者，天地之才情。使山水与才情判然无涉，则司马子长何取于名山大川，而能扩其文思，雄其史笔也哉！"可见，山水和人心是相通的。司马迁如果不遍游名山大川，就不可能有如此开阔的文思和如此雄健的文笔。所以，"江山助才情，江山助诗兴，这是屡试不爽的客观规律"[②]。从热爱自然美到热爱生活美，再到热爱艺术美，这是文学艺术家共同的成长之路。他们对艺术美的追求在很大程度上来自对自然美的热爱。所以，越地人丰富的艺术精神离不开越地山水的涵养。

首先在诗文创作方面，越地产生的诗人之多，诗作之多，是其他地方所不能相比的。据孔延之编的《会稽掇英总集》，从秦朝到宋熙宁年间关于绍兴的文学作品就有 806 篇。而且稽山鉴水培育出的文学艺术家则更多，几乎代代不绝。南北朝时期杰出的山水诗人谢灵运，于 385 年出生在会稽始宁（今绍兴市嵊州市），一生"博览群书；文章之美，江左莫逮"。十八岁袭封康乐公，世称谢康公、谢康乐。后辞官回会稽定居，建造别业，作《山居赋》，对会稽和四明山一带的自然景物作了精细的描绘。谢灵运把自然界的美景引进诗中，使山水成为独立的审美对象，开创了中国文学史上的山水诗派。谢灵运的山水诗，以富丽精工的语言，清新自然的境界，生动细致地描绘了浙东山水的自然景致，犹如一幅幅鲜明的图画，从不同的角度向人们展示着大自然之美。

虞世南，越州余姚人，初唐著名书法家、文学家、政治家。唐太

---

① 陈望衡：《越中名士文化论》，人民出版社 2010 年版，第 153 页。
② 同上书，第 168 页。

宗盛赞其德行、忠直、博学、文词、书翰为五绝。其咏物诗《蝉》是唐人咏蝉诗中最早的一首,与骆宾王的《在狱咏蝉》、李商隐的《蝉》合称为唐代文坛"咏蝉"诗三绝。书法方面,虞世南曾拜智永为师,智永是王羲之的七世孙,擅书法。所以,虞世南的书法深得王羲之书法真传,外柔内刚,笔致圆融冲和而有遒丽之气。与欧阳询、褚遂良、薛稷合称"初唐四大家"。

贺知章,唐代著名诗人、书法家,会稽永兴(今浙江萧山)人。少时就以诗文知名,是浙江历史上第一位有资料记载的状元。为人旷达不羁,善谈笑,好饮酒,风流潇洒,为时人所倾慕,有"清谈风流"之誉。当看到气宇轩昂、神思飘逸的李白时,贺老直呼"谪仙人也",后与李白成为忘年之交,留下了"金龟换酒"的美传。贺知章诗文精佳,常与张旭、李白饮酒赋诗,切磋诗艺,时称"醉中八仙",又与包融、张旭、张若虚等并称为"吴中四士"。诗文以绝句见长,其写景、抒怀之作风格独特,清新潇洒,著名的《咏柳》《回乡偶书》两首脍炙人口,千古传诵。除此之外,贺知章的书法品位也颇高,但流传墨迹甚少,现存尚有绍兴城东南宛委山南坡飞来石上的《龙瑞宫记》石刻和流传到日本的《孝经》草书。

南宋爱国主义诗人陆游,绍兴人,一生笔耕不辍,颇具文学才能。其中以诗歌成就最大,自言"六十年间诗万首",著有《剑南诗稿》等。其诗语言平易晓畅,章法整饬谨严,兼具李白的雄奇奔放与杜甫的沉郁悲凉,饱含爱国热情,是南宋杰出的爱国主义诗人,对后世影响深远。

王冕,诸暨枫桥人,元朝著名画家、诗人、篆刻家。他出身贫寒,自幼好学,白天放牛,晚上借佛殿长明灯夜读,终成通儒。诗多描写田园生活,同情人民疾苦,谴责豪门权贵,轻视功名利禄。一生爱好梅花,种梅、咏梅,又工画梅。书法、篆刻皆自成风格。著有《竹斋集》3卷,续集2卷,存世画迹有《三君子图》《墨梅图》等。

杨维桢,会稽枫桥全堂人。与陆居仁、钱惟善合称为"元末三高士"。杨维祯最富特色的诗是他的古乐府诗,既婉丽动人,又雄迈自然,史称"铁崖体",著有《东维子文集》《铁崖先生古乐府》。有称其为"一代诗宗""标新立异"的,也有誉其为"以横绝一世之才,乘其弊而力矫之"的，当代学者杨镰更称其为"元末江南诗坛泰斗"。

张岱，山阴人，明末清初文学家、史学家。一生落拓不羁，淡泊功名，喜游历山水，具有广泛的爱好和审美情趣。最擅长写小品文，多描写江南山水风光、民俗风情和对过去生活的回忆，文笔丰神绰约，富有诗意，声誉尤高。《西湖七月半》和《湖心亭看雪》是他的代表作。《石匮书》是其史学方面的代表作，时人李长祥以为"当今史学，无逾陶庵"。另外，他深谙园林布置之法；懂音乐，能弹琴制曲；善品茗，是一位精于茶艺鉴赏的行家；好收藏，精戏曲，编导评论追求至善至美。前人评价说："吾越有明一代，才人称徐文长、张陶庵，徐以奇警胜，先生以雄浑胜。"

王端淑，明末清初才女，王思任次女，绍兴县人。自小酷爱读书，过目不忘，尤精史学。诗文诸体，靡不涉笔，与人论文，终日不倦。其父赞道："生有八男，不及一女。"成年后，与钱塘丁肇圣结为伉俪，曾随夫寓居京都。清世祖闻其才名，欲将其召入宫中教授嫔妃公主，被婉言谢绝，并举家南归，一度居于青藤书屋，后迁居杭州吴山，吟诗作画，著书立说。著有《吟红集》30卷、《玉映堂集》等。其画、诗、词俱佳，工画花草，风格疏落苍秀。

近代有被蔡元培称为"旧文学殿军"的李慈铭先生，晚清著名文史学家。自幼聪颖，勤思好学，博览群书。十二三岁即工诗韵，有"越中俊才"之称。其《越缦堂日记》与《翁同龢日记》、王闿运的《湘绮楼日记》、叶昌炽的《缘督庐日记》齐名，并称"晚清四大日记"。在现代文学史上，有被蔡元培誉为"新文学开山"的鲁迅先生，还有周作人、夏丏尊、朱自清等著名文学家。

其次从越地的书画艺术看，不仅留下了兰亭、云门寺、王羲之故居等著名的书法胜地，而且出现了众多的书画大家。如被誉为"书圣"的王羲之，其书法博采众长，代表了中国书法艺术的最高水平，其书法名作《兰亭集序》则被誉为"天下第一行书"。其子王献之曾隐居云门寺练习书法，也成为东晋著名书法家，与王羲之并称"二王"。

王羲之的七世孙南朝智永禅师将王羲之的《兰亭帖》带到云门寺保存，并在云门寺书阁苦练书法30年，创"永字八法"，为后世楷书立下典范。其侄子惠欣也在此出家为僧。叔侄两人都为书法大家，备受梁武帝的推崇。智永禅师的两个徒弟智果和辨才，都是他的书法传人。但智果却青出于蓝而胜于蓝。隋炀帝曾对智永说："和尚（智永）得右军肉，智果得右军骨。"时人求书者甚多，户限为穿，为绍兴云门留下了"退笔冢"与"铁门槛"等美丽传说。

晚唐画家孙位，原籍会稽，故又号会稽山人。长于人物、松石、墨竹及宗教人物，龙水尤为著名。现传世之作有《高逸图》卷。

徐渭，山阴人，明代杰出的文学艺术家。一生多才多艺，书画、诗文、戏曲等领域均能独树一帜，造诣颇深，与解缙、杨慎并称"明代三大才子"。其画能吸取前人精华而脱胎换骨，不求形似而求神似，山水、人物、花鸟、竹石无所不工，以花卉最为出色，开创了一代画风，对八大山人、扬州八怪等后世画家影响极大，是"青藤画派"的鼻祖。他写过大量诗文，擅长行草，能操琴，谙音律，爱戏曲，被誉为"有明一代才人"。

明末书法家倪元璐，浙江上虞人。书、画俱工。书法灵秀神妙，行草尤极超逸，最得王右军、颜鲁公和苏东坡三人翰墨之助，后人对他有"三奇"（笔奇、字奇、格奇）"三足"（势足、意足、韵足）之称誉，他书风奇伟，突破了明末柔媚的格调，创造了具有强烈个性的书法，与黄道周、王铎并称"明末书坛三株树"，与王铎、傅山、黄道周、张瑞图并称"晚明五大家"，成为明末书风的代表。

陈洪绶，绍兴诸暨人，明末清初著名书画家、诗人。他是擅长人物、精工花鸟、兼能山水的绘画大师，与北方崔子忠齐名，号称"南陈北崔"。

赵之谦，会稽人，清代著名书画家、篆刻家。他善于向前人和同时代各派名家学习，同时又不囿于前人，勇于创新。通过自己多年的艺术实践和探索，巧妙地将书法、篆刻和绘画艺术融会贯通，形成了自己独特的艺术风格，对后世影响深远，近代吴昌硕、齐白石等画家都从他处受惠良多。

任颐，字伯年，浙江山阴人，与吴昌硕、蒲华、虚谷齐名，为"清末海派四杰"，晚清著名花鸟画家和人物画家。人物、肖像、山水、花卉、禽鸟无不擅长。伯年人品高尚，画格纯正；外师造化，中得心源；笔无常法，别出新机，是近代中国画坛的代表人物，是海上画派中的佼佼者。徐悲鸿先生誉他为"仇十洲之后，中国画家第一人"。

再次从越地的戏剧艺术看，富有艺术精神的越地人创造出来的戏曲艺术，形式多样，风格各异，特色鲜明，流传广泛。主要有社戏、绍剧、越剧、莲花落等戏剧形式；还有民族吹打乐、快板、高跷等表演艺术。这些表演艺术为群众所喜闻乐见，具有浓郁的越地风格。

最后从其他方面看，越地在陶瓷、纺织、印染、冶炼等众多的工艺美术类别中都有突出成就，呈现出华丽、精巧的艺术风格。如越窑青瓷典雅精致，铜镜制作工艺颇负盛名，石桥建筑造型各异，人文园林充满诗情画意。

总之，越地秀美的山水风光不仅吸引着无数文人墨客前来游览，吟唱出一曲曲千古绝唱，大大丰富了越地胜景的文化内涵，陶冶了越地人的审美情感，培育出越地顺应自然、热爱艺术的文化精神，使越地涌现出众多的文学艺术名家，创作出不少杰出的文学艺术作品，从而使越地更富艺术气息。

第六节　兴学重教的风尚和深厚的历史文化底蕴

一　兴学重教的风尚

如前所述，多水的环境孕育了越地崇尚智慧和仁德的区域文化精神，而教育是传授知识、养成品格、开发智力的事业。所以，越地人重视教育，重视教育机构的兴办。历代以来，越地教育发达，一直居于全国领先地位。

东汉时期，上虞、余姚就有了学校。和帝永元年间（89—104），太守张霸重视人才，誉满会稽，不少儒生争为所用，而张霸根据他们的长处，相应授职，其中一些安排在学校教书。由于会稽地方官有重视教育的传统，会稽郡出现了"道路但闻诵声"的情况。

西晋末年，南迁的名门望族及文人雅士移居会稽，在郡内普修学校，聚徒讲学，进一步推进了越地教育的发展。

隋唐两代，科举制兴，越州及属县开始设立官学，并出现以校书、藏书为主的书院。唐代，越州不仅有州学，还在诸暨、余姚、嵊县、富阳、象山、新城、松阳等地建立七所县学，培养了不少饱学之士。如余姚的虞世南是唐太宗设立的文学馆内的"十八学士"之一；越州永兴（今萧山）的贺知章和会稽（今绍兴）的康子元等被列入唐玄宗改设的集贤殿书院的"开元十八学士"中。

宋代，越地的教育在全国仍处于前列，尤其是南宋时期。靖康之变，金兵南下，宋高宗仓皇南渡，在江南建立政权。原在山东曲阜的孔子第48代孙孔端友率千余族人，随驾南渡，辗转于浙江衢州定居。孔庙南迁，给越地带来了儒学的新繁荣，有力地推动了江南教育事业的发展。

南宋定都临安后建起了太学、宗学、武学、医学、算学等中央学校。除中央学校外，地方政府也兴办了不少官学。各州有州学，各县也都建起了县学。① 当时，越州的山阴、会稽、萧山、上虞、新昌等地已建立了一套比较完善的县学管理制度，校舍建设不但整齐，而且是当地最好的建筑。

唐宋教育机构除了官方的州学、府学、县学外，还出现了私学。其中书院是私学的最高形式。据史载，南宋时，越州地带的书院有绍兴稽山书院、上虞月林书院、新昌石鼓书院、慈溪慈湖书院等，书院人才渊薮。范仲淹知越州期间，在州治卧龙山麓亲创稽山书院，"四方受业者甚众"，朱熹、尹焞、石墩、吕祖谦等学者前来讲学，学术活动频繁。

明代，越地书院得到蓬勃发展。绍兴城里除稽山书院外，还有南明书院、五云馆、阳和书院、蕺山书院、证人书院、太傅书院，城外还有会稽县的念斋书院和康州书院，萧山的道南书院，诸暨的紫山书院，余姚的姚江书院和古灵书院，上虞的永泽书院、中峰书院和水东精舍，嵊县的二戴书院、慈湖书院、鹿山书院、宗传书院和艇湖书院，新昌的石鼓书院等。

其中特别值得一说的是，明代余姚大学者王阳明非常重视创办书院。嘉靖初年，王阳明回家之后，在绍兴主持稽山书院的同时，还经常去其他书院讲学。他的讲学，影响巨大。"每临席座，诸生前后左

① 陈望衡：《越中名士文化论》，人民出版社2010年版，第174页。

右，环坐而听，常不下数百人"（《王文成公全书·刻文录叙说》）。
而证人书院是由明代最后一位大儒刘宗周创办的。刘宗周，是明代最
后一位儒学大师，也是宋明理学（心学）的殿军，还是蕺山学派的
开创者。这样，绍兴成为阳明学派、蕺山学派的发祥地，在中国思想
史特别是儒学史上影响巨大。清初最重要的学者黄宗羲就是他的学
生。而王阳明、刘宗周和黄宗羲三人被合称为"越州三杰"，均是中
国历史上顶尖级的学者。

清代，越地书院的数目远超前代，除重建、改建和复兴前代书院
外，还新建了不少新书院。据《浙江通史》载，至道光年间，清代
新建的书院共179所。其中建在绍兴府地带的有：绍兴的龙山书院，
新昌的四明书院，嵊县的辅仁书院、鹿鸣书院和剡山书院，诸暨的毓
秀书院和听雨楼，上虞的松林书院、承泽书院和经正书院，余姚的信
成书院和龙山书院。黄宗羲、全祖望、钱德洪、蒋士铨、李慈铭等设
坛讲学传播"王学"。清末，清政府通令将书院改为中学西学兼习的
学堂，绍兴府境先后有三十余所书院和义塾被改办为学堂。

越地重视教育，除创建书院，兴办学堂之外，在越地人的观念
中，对于教育尤为重视。不论贫富，都把孩子接受教育作为头等大
事。东汉杰出的唯物主义思想家王充，绍兴上虞人，从小聪明好学，
幼年失父，家境贫穷，但王充在家乡还是接受了良好的教育。6岁开
始识字读书，8岁被送入本乡书塾。20岁时，王充到洛阳的太学里求
学。范晔《后汉书·王充传》载："充少孤，乡里称孝。后到京师，
受业太学，师事扶风班彪。好博览而不守章句。家贫无书，常游洛阳
市肆，阅所卖书，一见辄能诵忆，遂博通众流百家之言。"后来，王
充弃官回乡，一面著书立说，一面设塾授徒。为了写《论衡》，他搜
集的资料装满了几间屋子，房间的窗台上、书架上都放着写作的工
具。他闭门谢客，拒绝应酬，用了几年的工夫才写成《论衡》这部
巨著。

晋代书法家王羲之有七个儿子，其中最小的儿子王献之爱练字，
王羲之夫妇顺应孩子的兴趣，支持和勉励孩子苦练书法。在王献之用
心写完18缸墨水之后，终于成为与王羲之齐名的大书法家。

唐代的虞世南年少时与兄长虞世基一起在著名文学家顾野王的门

下读书，受学十多年，他勤奋努力，精思不懈，意志坚定。在文学方面，他曾师法著名文学家徐陵，其文章深得徐陵的真髓。在书法方面，他曾拜王羲之七世孙智永禅师为师，深得王羲之书法真传。

宋代伟大的爱国主义诗人陆游，出生于绍兴的名门望族。其父陆宰，是宋代越中三大藏书家之一。早年，陆游的父亲曾带他到云门草堂读书。云门草堂环境清幽，适宜读书，而且也是陆氏藏书之处。陆游父母让9—17岁的陆游在那里读书，并让他先后师从毛德昭、韩有功、陆彦远等人。在云门草堂，陆游勤奋读书，一生写下万首诗作。其中，有不少诗作写于云门草堂。可见陆游诗歌成就的取得，离不开其早年在云门草堂的勤学苦读，离不开其父母对孩子教育的重视和悉心培养。

元代画家王冕乃绍兴诸暨县人。出生农家，家贫，无力上学。七八岁时，父亲叫他去放牛，他偷偷地跑进学堂，去听学生念书。听完以后，就默默地记住。傍晚回家，却把放牧的牛忘记了。王冕的父亲大怒，但他的母亲不但没有责怪孩子，反而不再让王冕放牛，而是让孩子自由专心地学习。晚上家里没灯，王冕就到寺院长明灯下，坐在佛像的膝盖上专心读书。面对这一个个面目狰狞凶恶的泥塑佛像，年幼的王冕却神色安然。一心苦读求学，终于成就一位通儒，一位在书画诗文方面都颇为精通的艺术大家。

居于元末诗坛领袖地位的杨维桢，出生在浙江诸暨枫桥镇东南铁崖山下的泉塘村。其父杨宏十分重视对儿子的教育。从8岁开始，杨维桢从学同邑宿儒陈稼轩。弱冠之年，其父不为儿子完婚，却卖掉家中仅有的一匹马，供其去四明、浙南游学，以增广见识。杨维桢不负父望，一路节俭，用所省资费购买了当时极为难得的《黄氏日钞》等。其父深表赞许，认为这些书远比一匹马更有价值。后来，杨维桢的伯父杨实辞官回家。为了进一步培养后代，杨实聘请名儒陈敢为业师，这样，他与堂兄维易、维翰都在陈敢的教诲下，刻苦诵读子史经传。滴漏计时，满分为度，冷水沃面，寒暑不辍。第二年，乡里举荐杨维桢参加乡试，但未获杨父准许。其父杨宏在村南石骨高耸、其色如铁的铁崖山建起楼阁，四周植梅百株，并把家中的数万卷藏书搬入楼中，然后抽去楼梯，令儿子吃住在内，由辘轳传食。这样，杨维桢于此闭户攻读，写诗作文，五年不曾下楼。而杨维桢也不负父望，31 岁那年，参加乡试，一举得中。第二年参加殿试，荣登进士第。但因杨维桢为人耿直，嫉恶如仇，而上官不察，是以免职。免官以后，杨维桢一边教授弟子，一边读书写作。其诗风格纵横奇诡，世称"铁崖体"。在书法和音乐上也造诣极深。因善吹铁笛，自称"铁笛道人"。正是由于杨父对儿子教育的重视，才成就了杨维桢这样的文学艺术大家。

由上可见，越地历代名士的不断涌现既离不开他们自己的勤勉努力，但也离不开父母的重视和培养。在"万般皆下品，唯有读书高"这一传统思想的影响下，越地的家长总是坚守着这一信念：即使再穷，也不能委屈孩子的学习。他们明智地根据孩子的兴趣，为孩子创造良好的学习机会，营造幽静的学习环境，提供足够的学习时间。因为他们相信，"书中自有黄金屋，书中自有颜如玉，书中自有千钟粟"，只有把孩子培养成功了，家庭才前景光明。所以，在明清时期，绍兴有钱人家中盛行这样的习俗，即凡是家中有两个以上的儿子，往往一个习商或经营家产，另一个则送去读书深造，以冀家中有人在仕途上光耀门庭，同时也为守护和扩大家产找个政治靠山。像蔡元培的祖父蔡廷桢在做成小康人家之后，膝下的七个儿子除老三习武外出不知下落外，蔡元培的父亲蔡宝煜是老大，经营钱庄，为钱庄经理，老四、老五和老七都在钱庄任职，老二经营绸缎业，而老六蔡铭恩读书，考试入学，为廪生，成为蔡元培父辈中唯一一个读书登科之人。正因为越地有这样的重教传统，蔡元培父亲生前在几个儿子中选择了蔡元培作为学而优则仕的培养对象。在他虚龄 6 岁时，便为蔡元培请来了一位姓周的老师到家里设塾授教。就是在光谱先生去世之后，家中生活拮据的情况下，蔡元培的母亲也没有放弃对儿子的培养和教育，而是想方设法为儿子寻找受教之处。

在绍兴的文化源头中，虽然不乏强悍勇武的"慷慨之气"，但更多时候体现的还是对智慧的崇尚，对教育的重视。正因为有这种尚智重教的风尚，自古以来，越地才会涌现出诸多的历史文化名人。这种文化氛围通过学堂教学等各种形式代代传承并发扬光大，越地的孩子从小受到这种名士文化的熏陶，从小就培养他们的成才意识，从而使越地人才辈出，经久不衰，成为越地独特的文化景观。而这些文化名人的相继涌现，又不断增添和丰富着越地的历史文化内涵。

二 深厚的历史文化内涵

古越之地，历史悠久，一桥一石皆有来历，山川江河更是一部物化的史书。所以，越地山水环抱，不仅风景秀美，而且名胜古迹非常之多，每处山水都蕴含着深厚的历史文化内涵。正如陈望衡先生在《越地名士文化》中所说："越地的山有两个突出特点，一是山山皆秀丽，无山不精神；二是山山有文化，无山没典故。"① 的确，越地的山山水水都有自己的故事。

如美丽神奇的会稽山上，就有尧、舜、禹三位中华民族先祖的各种传说。据《会稽旧记》载："舜，上虞人，去县三十里有姚丘，即舜所生也。"故舜又称虞舜。舜的一生中有许多重要的活动地都与上虞、绍兴有关。如舜在上虞娶妻生女。《礼记·檀弓》记载，"舜有三妃"，除尧妻以二女之外，舜还有一位妃子叫登北氏，生有两个女儿。据传，登北氏之坟在今绍兴县稽东镇的冢斜村。而绍兴县稽东镇的"尧廓"，据说是舜为尧所选的养老之地，舜妃登北氏在此地服侍过尧。又如舜耕历山，历山在何处？宋王安石认为在上虞。他在《历山赋序》中说："历山在上虞界中，或曰舜所耕云。"而与历山相关联的象田，则位于今上虞区上浦镇。现在绍兴境内有多处纪念虞舜的遗迹，现今保存比较完好的是王坛镇的舜王庙。近几年来，以"孝感动天"的远古圣君虞舜和"投江救父"的东汉孝女曹娥为依托，在上虞城区西南凤凰山麓建起了以"孝文化"为主题的中华孝德园。

对于大禹来说，会稽山不仅是他治水立功之所，也是他娶亲、计功、封禅、归葬之地。据说，大禹在绍兴娶涂山氏为妻，新婚第四天，便离家治水去了。婚后"八年于外，三过家门而不入"，苦心劳身，历尽艰辛，终于治平洪水；继而大会诸侯于会稽，计功封赏，死后葬于会稽山。这样，大禹一生行迹中的四件大事：封禅、娶亲、计

① 陈望衡：《越地名士文化》，人民出版社 2010 年版，第 117 页。

功、归葬都发生在会稽山。会稽山也因大禹而有了世代祭禹的圣地——大禹陵。

禹陵右侧的禹庙是我国历史上最悠久的祭祀和供奉民族英雄大禹的庙宇。史籍记载，禹子启即位后，每年春秋派人祭禹，并在南山上建立禹庙。禹陵左侧的禹祠，是夏王朝第六代君王少康派庶子无余到会稽守禹冢时创建的。赵晔《吴越春秋》卷六载："启使使以岁时春秋而祭禹于越，立宗庙于南山之上。禹以下六世，而得帝少康，少康恐禹祭之绝祀，乃封其庶子于越，号曰无余。"《越绝书》亦云："少康立祠于禹陵所。"所以，禹祠是定居在禹陵的姒姓宗族祭祀、供奉大禹的宗祠。现在禹陵附近的禹陵村住户多为姒姓，就是禹的后代。禹祠左侧的"禹井"，相传为禹所凿。贺循《会稽记》云："会稽山有禹井，去禹穴二十五步，谓禹穿凿，故因名之。"

会稽山不仅是大禹的陵寝地和纪念地，也是古越国国都之所在。据《越绝书》载："昔者，越之先君无余，乃禹之世，别封于越，以守禹冢。"也就是说，越之先君无余来此镇守是为了守陵，但少康恐禹祭绝祀，乃封无余为越地诸侯。这样，无余就成了越国的始祖。越国都城最初在会稽山腹地——嶕岘，相当于现在的王坛村。后来，勾践将国都迁至平阳，即平水村。不久，勾践又迁都山阴，即绍兴。这样，绍兴的建城历史就开始了。①

会稽山不仅是越王勾践建国之所，而且关系着越国命运的战争也发生在此。因此，会稽山上，与勾践相关的遗迹甚多。《越绝书》云："独妇山者，勾践将伐吴，徙寡妇致独山上，以为死士示，得专一也。去县四十里，后说之者，盖勾践所以游军士也。"除了战争遗迹外，还有勾践十年生聚时亲自养鸡、养猪的地方，如鸡山、豕山。

春秋战国时期，会稽山一直是越国军事上的腹地堡垒。秦始皇统一中国后不久就"上会稽，祭大禹"，对这座出一帝一霸，兼有"天子之气"和"王霸之气"的会稽山表示敬意。汉以后这里成为佛道胜地，山中的阳明洞天为道家第十一洞天，香炉峰为佛教圣地。唐代时，这里成为浙东唐诗之路的门户，历代文人雅士留下了众多诗文佳

---

① 陈望衡：《越地名士文化》，人民出版社 2010 年版，第 130 页。

作。明代大儒王阳明（守仁）在此筑室隐居，研修心学，创"阳明学派"。

宛委山上，相传大禹治水时得金简玉字之书于此山。汉司马迁"上会稽，探禹穴"于此。道家封此山为第十洞天。葛玄、葛洪祖孙曾于此修炼。刘宋时，谢灵运与谢慧连联句于此。在唐代，隐居于此的齐推与越州刺史杨於陵及其从事赋诗唱和，宋之问、李白、杜甫、白居易、元稹、方干等留有诗作，贺知章留有《龙瑞宫记》。

神秘而古老的若耶溪，是绍兴稽北丘陵流入山会平原的最大溪河，溪畔青山叠翠，溪内流泉澄碧，两岸风光如画。富有诗情画意的若耶溪，使历代文人雅士流连忘返。如宋之问、李白、独孤及、孟浩然、崔颢元、刘长卿等唐代诗人，王安石、苏东坡、陆游等宋代诗人，王守仁、徐渭、王思任等明代文人学士，都曾泛舟若耶，留下了许多描绘若耶溪幽美景致的丽词佳文。若耶溪是绍兴至今仍然沿用古代越语地名的溪流。相传它有七十二支流，自平水而北，会三十六溪之水，是镜湖三十六水源之最大水源。若耶溪是越民族的母亲河，流淌着古越民族源远流长的历史文脉，流传着诸多的神话传说。

相传春秋允常时代，薛烛曾向越王献策："若耶之溪涸而铜出"。以后，欧冶子就在溪边铸造宝剑。平水镇的"三灶"，据说就是越国欧冶子炼剑之所。现今，上灶、中灶已被毁，下灶尚留有残存的灶基。勾践时代，有着"沉鱼落雁之美"的越国美女西施曾到古老而神秘的若耶溪边采莲浣纱。李白的《子夜吴歌·夏歌》描绘了一幅绝世的西施采莲图："镜湖三百里，菡萏发荷花。五月西施采，人看隘若耶。回舟不待月，归去越王家。"在荷花含苞待放的五月，西施泛着一叶小舟前来采莲，她的美艳引起了轰动，人人争餐秀色，使宽阔的若耶溪一下子变得狭隘了，"隘"字传神地写出了当时人潮汹涌、人舟填溪的热闹场面，同时也突显了西施之美。西施回家后不久便被选进了越国宫中。

若耶溪畔还流传着汉代一钱太守刘宠的故事。据说，刘宠任会稽郡太守时，政绩卓著，操守廉政，在他离任前，会稽郡山阴县若耶山谷五六位鬓发斑白的老人各带了一百文钱想送给他，可刘宠不肯收。老人们流着泪，一定要他收下。刘宠盛情难却，最后从几位老人手中各取一文钱。来到山阴县界，他把钱投进江里。后人将该江改名为"钱清江"，而"一钱太守"的美称便在当地传开了。

若耶溪下游还有"若耶樵风"的传说。据说，汉太尉郑弘在溪边拾得一箭。有一老人来寻箭，郑弘当即把箭归还于他。寻箭者是一位神仙，他见郑弘诚实不欺，聪慧可信，便问希望得到什么报答。郑弘回答说，这里的老百姓经常遭受若耶溪运载柴薪不便之苦，愿若耶溪清晨起南风，傍晚吹北风，以利山民行舟船之便。神仙离去之后，若耶溪果然出现了如人所愿的"朝南暮北"之风。之后，当地村民便随风势行舟船运载货物，受益无穷。

另外，若耶溪还有关于治理溪流洪水的轶事。在若耶溪畔，有座山名叫龟山。相传古时候山脚边曾有四只石龟，不知所置年代，更不知何人所凿，因若耶溪常患水灾，人们以此龟镇之，于是洪水锐减。后来西渡口造石桥，屡建屡毁，便运去两只石龟镇之，石桥终于建成，石龟被百姓称为"神龟"，石桥亦由此命名为"乌龟桥"。20世纪60年代，在乌龟桥处建平水江水库大坝时，建设者将两只神龟搬运至水库大坝两头，各镇一只，煞是威风。但"文化大革命"期间神龟被炸药所毁。现存一只，展示在治水广场。这就是若耶溪畔流传的众多故事与传说。

云门山在秦望山南麓，山势不高，但环境清静幽雅，又有若耶溪通郡城，自古以来为越中胜地。名山多胜迹，云门山上有云门寺。云门寺是绍兴除兰亭之外最为著名的书法胜地，王家书法的几代传承人都曾在这里居住生活。

首先，王羲之的儿子王献之曾隐居于此。据史书记载，云门寺本为中书令王献之的旧宅，安帝义熙三年（407年）某夜，在其屋顶忽然出现五彩祥云。王献之将此事上表奏帝，晋安帝得知下诏赐，将王献之的旧宅改建为"云门寺"，门前石桥改名"五云桥"。

其次，王羲之的第七代孙南朝智永禅师曾驻寺临书30年，他勤学苦练，最终成名，留下了"铁门槛"和"退笔冢"的故事。唐代演义故事中有《云门失兰亭序记》一章云：智永和尚为王羲之七世孙，与其侄子惠欣一道在秦望山嘉祥寺舍俗入道。精通般若法华诸经，好禅寂，罕接俗物，以善书名。智永居永欣寺，阁上临书先祖遗帖三十余年，所退笔头，置之大竹簏，簏有一石之大，而五簏皆满，取而瘞之，号"退笔冢"。人来求书及请题者如市，所居门槛，为之穿穴，乃用铁叶裹之，谓之"铁门槛"。而智永禅师的侄子惠欣也曾在这里出家为僧。叔侄二人都是书法大家，备受梁武帝的推崇，因此，云门寺从智永、惠欣两人的名字中各取一字，曾一度敕改为"永欣寺"。

最后，被誉为"天下第一行书"的《兰亭帖》的真迹据说也曾长期保存在云门寺。据唐代演义故事中的《云门失兰亭序记》云：智永的两个徒弟，智果和辨才都是王家书法的传人。智永死后，王氏传家之宝《兰亭帖》真迹传于辨才。唐太宗晚年酷爱书法，尤重"二王"书法。他收藏了不少王羲之的书帖，唯《兰亭序》只闻其名而未睹其迹，以致到了梦寐以求的程度。后得知《兰亭序》在辨才手中，乃勒令辨才到京侍奉，恩赐甚丰，欲诱骗辨才献出墨宝。辨才早有思想准备，一口咬定《兰亭序》已在丧乱中亡失，不知所在。唐太宗无奈，只得将其放归越中。太宗不肯罢休，再次命辨才进京，重问《兰亭序》下落，如是者竟有三次。尚书右仆射房玄龄见唐太宗求宝心切，便推荐监察史萧翼赴越探明墨宝下落。萧翼本名世翼，梁元帝萧绎曾孙，富有才气，亦多权谋。接受唐太宗旨意后，他随带二王杂帖来到越州，假扮山东书生，径往云门。日暮入寺，巡廊以观壁画，过辨才院，辨才遥见翼，寒温既毕，语议便合，因延入房内，谈说文史，意甚相得，当日便留夜宿。谈及翰墨，萧自称：弟子先门皆传二王楷书法，弟子又幼来耽习，今亦有数帖自随。辨才曰：明日来可把比看。翼依期而往，出其书以示辨才。辨才熟详之曰：是即是矣，然未佳善，贫道有一真迹，颇亦殊常。翼问何帖？辨才曰：兰亭。翼佯笑曰：数经乱离，真迹岂在，必是响榻伪作耳？于是辨才说出真情，并告翼明日可来看。及翼到，辨才自于屋梁上槛内出之。翼见讫，故驳瑕指类曰：果是响榻书也。辨才自将"兰亭"示翼之后，更不复安于梁槛上，并萧翼二王诸帖皆留置于几案之间。辨才时年八十余，每日于窗下临学数遍。自是与翼往还既数，童弟等无复猜疑。一日，辨才出赴灵汜桥南严迁家斋，翼遂来房前，与案上私取《兰亭序》及御府二王诸帖赴永安驿，告驿长身份，并叫其报告都督齐善行。善行闻之，驰来拜。萧翼宣示旨，具告所由。善行使人召辨才，辨才及见，乃房中萧生也。萧翼报云：奉遣来取兰亭，兰亭今得矣，故唤师来叙别。辨才闻语，身便绝倒，良久始苏。唐太宗见《兰亭序》大悦，大加赏赐房玄龄和萧翼，还擢拜翼为员外郎，加入五品。太宗初怒老僧之秘，俄以年耄，不忍加刑，数日后，仍赐物三千段，谷三千石，越州支给。辨才不敢将入己用，回造三层宝塔，塔甚精丽，而老僧因惊悸患重病，岁余乃卒。后人便将三层宝塔取名为"辨才塔"。

云门寺不仅是一片清净的佛教圣地和书法圣地，还是士子们励志攻读学习的选择之处。东晋大书法家王献之、宋代伟大的爱国诗人陆游，年少时都曾经在这里刻苦学习，留下"云门草堂"遗址。

卧龙山因其盘旋回绕、形若卧龙而得名。因越大夫文种葬此，又名种山。因旧时府治据东麓，故俗称府山。卧龙山与城内蕺山、塔山鼎足而立，山上古迹众多，有春秋时越王勾践建筑的宫殿。据记载，在全盛时的宋代，山上共有72处楼台亭阁。其中规模宏大的越王台、越王殿，集中了卧薪尝胆、十年生聚、十年教训、投醪欢送等令人扼腕的故事。登临府山主峰，上有望海亭，可饱览越中风貌。北有文种墓，墓前有亭，亭内树碑，附近有唐、宋、明等各朝代的摩崖石刻。

飞来山，春秋时期越王勾践曾在山顶建怪游台。传说此山在一夜之间悄然飞来，第二天早上，百姓见到此山感到很奇怪，所以叫它怪山，又称飞来山。东晋时在南麓建有宝林寺。东晋末年沙门昙彦和高士许询等建有应天塔。因此，有怪山、龟山、盘山、宝林山、塔山等别名。现在，飞来山上现尚有应天塔和灵鳗井等古迹。应天塔与北面的大善塔一南一北，犹如戳到河底的两根撑杆，支撑着整个绍兴城。灵鳗井在山巅石罅中，井径不满一米，上边是全石凿就，外方内圆的井圈。旧时传说，灵鳗井中有一条极有灵性的鳗鱼，身上长鳞，两耳特大，每临天气变化便现身。唐代起义军首领黄巢曾来绍登此山，见灵鳗现身，拔剑向鳗头劈去，灵鳗负伤遁逸。后人再见灵鳗，发现其头颈留着半圈白线似的疤痕。传说如果灵鳗出游，越中则必有水旱疫疾之灾。

蕺山也是绍兴城内主要的历史名山。春秋时越王勾践采蕺于此。

蕺即蕺草，也称岑草。《吴越春秋·句践入臣外传》云："越王从尝粪恶之后，遂病口臭，范蠡乃令左右皆食岑草，以乱其气。"该山因多产此草而得名。东晋王羲之别业筑于山之南麓，因此，蕺山又名王家山。山上有王家塔，也叫文笔塔，是蕺山的标志性建筑，与府山飞翼楼、塔山应天塔成三塔鼎立之势，构成绍兴古城上空的美丽画面。另有蕺山书院、蕺山亭、戒珠寺、鹅池、墨池等胜迹。蕺山亭是绍兴原山（阴）会（稽）两县的状元亭，凡考中状元者均可将名字刻在亭柱子上。摩崖题刻在蕺山东侧石壁上，曾有唐、宋、明多处摩崖题刻，其中较为有名的是唐代的《董昌生祠题记》。冷然池在蕺山东麓，原池之南有阁，为宋代诗人苏泂读书处。因苏泂有《冷然斋集》，故有"冷然"之名。

秦望山南为嶕岘，为春秋时越国旧都所在。秦望山作为越地的标志，在会稽群山中也是独傲翘楚，山上不仅风景优美，历史文化底蕴更是深厚。公元前 750 年，吴越争霸时，这里已经是军事要塞。到公元前 210 年，龙车凤辇、万夫簇拥的一代霸主秦始皇第五次东巡浙江祭祀大禹。他于诸暨、大越一路逶迤而至会稽祭禹之后，登临五百多米的秦望山巅，远眺浩瀚的大海，俯视脚下新征服的领地，颇具君临天下、舍我其谁的威严和雄仪。他命随行的丞相李斯，手书小篆，铭文刻石，以颂政德。因秦始皇嬴政登临此山遥望南海而始以秦望命名，从此秦望山成为越中名山；因留有李斯的铭文刻石，而成为绍兴又一书法重地。

兰亭位于绍兴市西南 14 公里处的兰渚山下，是东晋著名书法家王羲之的寄居处。四周浅溪潨潨，幽静雅致，是山阴路上的风景佳丽之处。相传春秋时越王勾践曾在此植兰，汉时设驿亭，故名兰亭。兰亭鹅池池水清碧，白鹅戏水，诉说着王羲之爱鹅、养鹅、书鹅的传说。池边立石质三角亭"鹅池碑亭"。亭中之碑系清同治年间建，而"鹅池"二字，相传"鹅"字为王羲之所书，"池"字为王献之所书，父子合璧，成为千古佳话，因此又称"父子碑"。兰亭碑亭建于清康熙年间。碑上的"兰亭"两字，为康熙皇帝御笔所书。"文化大革命"时期遭破坏，现在留下了"兰"字缺尾，"亭"字缺头的遗憾。许多民众都喜欢用手去摸这块残碑，又称"君民碑"。"曲水流觞"

是兰亭非常著名的景点。永和九年，王羲之、谢安等41位社会名流修禊于此，曲水流觞，诗酒唱和。活动中，共成诗37首，汇集而成《兰亭集》。王羲之为之作序，趁着酒兴，一气呵成《兰亭集序》，被后人称为"天下第一行书"。自此，兰亭遂成为诗歌和书法圣地。历代文人墨客都喜欢来此仿效兰亭雅集，饮酒赋诗。唐代诗人鲍防、严维等众多诗人在此有过联唱活动，孟浩然、武元衡、施肩吾等留有诗作。现在，每年书法节都会在此举行曲水流觞的雅集盛会。御碑亭始建于康熙年间。亭中立一巨碑"御碑"，系清朝原碑，已有300多年历史。碑的正面是康熙皇帝1693年所临写的《兰亭集序》全文，书风秀美，雍容华贵。碑的背面是乾隆皇帝1751年游兰亭时即兴所作的一首七律诗《兰亭即事诗》，书法飘逸，对兰亭的仰慕之情溢于言表。祖孙两代皇帝同书一碑，所以又称祖孙碑。临池十八缸是根据王献之十八缸临池学书，王羲之点大成太这一典故而来。相传王献之练了三缸水后就不想练了，认为已经写得很不错了，有些骄傲。有一次他写了一些字拿去给父亲看，王羲之看后觉得写得还不好，特别是其中的一个"大"字，上紧下松，一撇一捺结构太松，于是随手点了一点，变"大"为"太"，并说"拿给你母亲去看吧"。王夫人看了后说："吾儿练了三缸水，唯有一点像羲之。"王献之听后非常惭愧，知道自己的差距，于是刻苦练习书法，练完了十八缸水，长大后也成为著名的书法家。与王羲之并称"二王"。王右军祠建于康熙年间。祠内有清池一方，相传为书圣洗笔之墨池。

鉴湖原名镜湖，相传因黄帝铸镜于此而得名，另有长湖、庆湖、贺家湖、贺监湖等别名。其水质特佳，驰名中外的绍兴老酒，即用此湖水酿造，被称为绍兴的"母亲湖"。鉴湖湖面宽阔，水势浩渺，泛舟其中，近处碧波映照，远处青山叠翠，似在镜中游。鉴湖不仅有独特的自然风光，还有许多名胜古迹为之增色。鉴湖东岸有马臻之墓。当时马臻发动民众兴修水利，得罪了豪绅，被诬告致死，后来会稽百姓设法把他的遗骸运回，安葬于鉴湖之畔，建墓立庙，永久祭扫。鉴湖是南宋爱国诗人陆游的故里，如今这里留有快阁、三山遗址。快阁地处东跨湖桥以西的鉴湖北岸，是陆游中年时赋诗读书之处，后改为陆放翁祠。快阁向西行数里，是陆游故里三山，这是行宫山、韩家山、石堰山三座小山之间的临湖小村，古名西村。现在故居虽废，风景依旧，一派江南湖光山色，使人流连忘返。

东湖旁有箬篑山，相传原为一座青石山，秦始皇东巡时曾在此驻驾饮马，故被称为箬篑山。自汉代起，相继至此凿山取石。至隋，越国公杨素为修越城，大举开山取石。经千年鬼斧神凿，遂成悬崖峭壁，奇潭深渊，宛如天开。湖内有秦桥、霞川桥等各式古桥横跨两岸，有陶公洞、仙桃洞，最富情趣。小舟入洞，如坐井观天，碧潭岩影，空谷传声，景色尤称奇绝，号称"天下第一水石盆景"。湖西有"陶社"，为纪念辛亥革命烈士陶成章所建。近现代孙中山、毛泽东、刘少奇、鲁迅、郭沫若等名人均留遗踪。东湖秀丽旖旎的湖光山色和丰富的人文景观交相辉映，堪称浙东著名的山水风景胜地。

另外，上虞百官、东山、曹娥江、小舜江、崧浦，嵊州剡溪、剡岭、石窗、金庭山，新昌石城山、天姥山等地，都是有着各类历史故事的山水胜景。

综上所述，越地不仅拥有景致优美的自然山水，而且每一处山水都有着自己的故事。优美的自然环境和内涵丰富的人文环境培育了一代代越地人。因此，他们的身上或多或少都留有越文化精神的印记。反过来，一批批越地名士的涌现又极大地丰富了越地的历史文化内涵，两者良性互动，从而使越地有了"山清水秀之乡，历史文物之邦，名人荟萃之地"的美誉，为历代人们所称颂。

第二章　越文化视野下蔡元培的生活

作为一个土生土长的绍兴人，蔡元培与绍兴有着不解之缘。一方面，蔡元培的成长离不开故乡自然山水和历史文化的滋养，离不开家中亲人的养育以及朋友的支持。另一方面，蔡元培对故乡也是满怀深情。他曾在一封给友人的信中说："弟情关桑梓，未免悬怀。"其殷殷乡情，可谓终生不渝。蔡元培热爱故乡，不论身在家乡，还是远在他乡，乃至国外，他始终关注家乡的发展，并以建设美好家乡为己任。1903年3月8日，蔡元培在上海向旅沪绍兴人士发表演说。在演说中，蔡元培倡言："然则吾辈既为绍兴之人，则绍兴一切之事，非即吾辈之责任乎？"[①] 蔡元培是这样倡导的，也是这样躬身践行的。对此，刘亦冰教授也说："他是一位言行一致的谦谦君子，在他的一生中确实为绍兴做了不少有益的工作。""其爱国爱乡、造福桑梓的精神，值得后人永远缅怀并发扬光大。"[②]

那么蔡元培在绍兴有着怎样的成长历程？他与故乡的山水文化有着怎样的联系呢？下面，让我们追随蔡元培在家乡的成长足迹，一起去探寻蔡元培在家乡的生活，以及他与家乡自然山水、历史文化、教育艺术等方面的联系。

第一节　蔡元培在越地的成长历程

蔡元培于1868年在绍兴诞生，以后他就在这里学习成长，娶妻

---

① 中国蔡元培研究会编：《蔡元培全集》第1卷，浙江教育出版社1997年版，第412页。

② 刘亦冰：《蔡元培的桑梓情》，《绍兴文理学院学报》2001年第1期。

生子，金榜题名，直至26岁考中进士后才离开绍兴，去京城供职，以后他又多次回故乡探亲，兴办教育，致力于家乡的社会文化建设。在他那长达70多年的岁月中，大概有30年是在绍兴度过的。所以，在家乡绍兴留下了不少元培的足迹和故事。只要对近代史稍有了解的绍兴人，几乎都能讲出一两个关于蔡元培先生的故事。

故事之一：元培幼时生性平和宁静，一日，蔡元培随女佣和堂兄一起下楼，楼梯很高，为安全起见，女佣先将元培堂兄抱下楼梯，让元培留坐在楼梯上，等回过头来她再抱元培下楼。不料女佣抱着元培堂兄下楼后，忽遇急事自顾自地忙活去了，竟将元培忘在楼梯上端口子旁。待到事情忙完后，女佣才突然想起留在楼梯上方的元培，连忙心急火燎地赶过去，却见元培依然安安静静地端坐在楼梯上方的口子旁，并无半点焦躁不安之态。

故事之二：元培少时读书非常专注入神。一日，元培照例在自家楼上看书，忽然家中不慎失火，众人在忙着灭火之余，突然想起在楼上看书的元培，急忙上楼去找他，却见元培一人在楼上看书正看到入神处，全然不知家中所发生的事情，一时在家中传为笑谈。

故事之三：元培小时候喜欢吃炒豆，更有边看书边嚼豆子之爱好，自言豆子越嚼越香，书越看越有滋味。不过，元培的一个习惯是，一旦案旁的豆子嚼完，就全神贯注地看书，不再向家人索要豆子。可见，比起越嚼越香的炒豆来，小元培的兴趣似乎更在书中。

故事之四：元培第一任夫人王昭由于体质娇弱，加之常跟随元培在途中奔波，30余岁即不幸早逝。由于当时元培进士及第，平步青云，王昭病故时已是翰林编修，名声在外，因此为他做媒的人纷至沓来。元培不堪其烦，于是在自家墙上张贴择偶五条要求：其一，女子须不缠足；其二，须识字；其三，男子不娶妾；其四，男死后，女可再嫁；其五，夫妇如不相合，可离婚。媒人一时惊得目瞪口呆，纷纷退避三舍。

…………

蔡元培尽管已离世70余年，然而，其人其事还是那么鲜活地印在乡亲们的心中。有众多家长和老师常以元培事迹勉励孩子，希望他们好好读书，长大后像元培一样金榜题名，为家庭争光，为家乡添彩……所以，漫步绍兴街头，你不仅可以轻松探访到坐落在笔飞弄的蔡元培故居；更可在繁华的解放路古轩亭口秋瑾就义处，看到蔡元培所书的"巾帼英雄"四个大字，与神情肃穆的秋瑾塑像相映生辉；还可以探寻到"元培幼儿园""元培小学""元培中学""元培学院"等以先生名字冠名的诸多学校。这其中不仅体现出师长对孩子的殷切期望，而且让人感受到蔡元培似乎依然彳亍在越地教育界。这是为什么呢？

回眸元培的青少年时代，我们不难找到答案：蔡元培是中国近代史上和故乡绍兴联系非常紧密的一位文化名人。1868年1月11日，蔡元培出生在绍兴府山阴县城一户商贾人家，在七个孩子中，元培排行第四，乳名阿培。元培祖上本来在绍兴诸暨陈蔡，后来迁到绍兴山阴。原以伐薪售木为业，后来因与人发生争执，遭人砍伤，从此换行改做绸缎等生意，历经不少沉浮和风雨。到蔡元培祖父这一辈，家境终于逐渐稳定下来。元培的祖父名廷桢，号嘉谟，字佳木，卒于1872年，共生育七个儿子，元培的父亲是长子，名宝煜，又名光普，字耀山。到了元培的父叔辈，蔡家仍以从商为主，老大，也就是元培的父亲为一钱庄的经理，老二从事绸缎业，老四、老五、老七也在钱庄供职，唯有老三和老六例外，老三以习武为生，但后来离家外出，不知所去，亦不知所终，老六则是蔡家唯一的读书人，名铭恩，字茗珊，为绍兴县学廪膳生员。元培的这位六叔不仅善作八股文，而且在诗和古文辞方面有一定的造诣，当时在绍兴招徒授业，可谓是蔡家读书登科的第一人。

值得一提的是，元培的六叔铭恩在元培成长过程中扮演着亦叔亦师的角色，对元培影响很大。元培早年读书时，颇受其六叔的点拨。后来，元培先后两次参加童子试，都是由六叔送入考场的。元培到杭州参加第一次乡试，也是叔侄同行。所以，元培一直将其六叔视为自己求学道路上一个重要的启蒙老师。尽管元培后来进士及第，连试连捷，不到30岁即被点为翰林院编修，攀上了科举取士的顶峰，而他的六叔终其一生只考取了举人，但是元培对其六叔一直恭敬有加。有一次，元培到六叔家中向其问安，不料其六叔在与元培言语间竟悠悠入睡，等他醒来，却发现元培仍恭恭敬敬地伺候在一侧。元培对其六叔的敬重，从此事里可见一斑。

1872 年是元培成长道路上重要的一年。正是在该年，蔡元培的父亲光普先生为虚龄 6 岁的元培聘请了一位周姓塾师，为其破蒙授教。显然，光普先生对元培是寄予厚望的。作为一个世代以从商为业的小康人家，光普先生像当时很多绍兴家庭一样，希望家中有人通过读书登科，走上一条学而优则仕的道路。在光宗耀祖的同时，也为日后经商求得一层政治上的庇护。知子莫若父，光普先生选择了天资聪颖的第四个小孩蔡元培作为重点培养对象。

在周先生的指教下，蔡元培开始接受传统的私塾教育。一开始，元培读的是《百家姓》《千字文》《神童诗》等小书。在此基础上，接着读儒家的经典："四书"（《大学》《中庸》《论语》《孟子》）、"五经"（《诗经》《尚书》《礼记》《周易》《春秋》）。在授课时，和不少塾师一样，通常情况下，周先生对文义并不作明白的讲解，而是要求学生熟读背诵。当时，尽管对于许多文章似懂非懂，但是聪明的元培还是多能背出。

除了指导蔡元培读背经典外，周先生还教他识字、习字和对句。识字，就同今日初等学校中的启蒙教育一样，主要是教学生了解一个字的音、形和义。习字，一般要求学生首先是描红摹字，在此基础上再进行临写。对句，主要是培养学生遣词造句的功夫，一般要求名词对名词，形容词对形容词，动词对动词。除要求词性相近外，在对句时还要求字数相同、文意相对，如老师出"桃红"，学生就该对"柳绿"或是"薇紫"，等等。此外，周先生还让元培兼习四声之别，严格要求平声对平声，仄声对仄声，同时，在仄声词中又要掌握上声、去声、入声之差别。

在周老夫子的严格指教下，尽管元培的学习可谓循规蹈矩，表现可圈可点，颇获大人首肯。不过，对于这种严格的甚至可谓是死板的授课方式，蔡元培的心中其实是颇有微词的。后来，蔡元培曾经撰文指出，这种教学方法完全无视学生的个性，只晓得将学问和知识一股脑儿地向学生灌输，不管学生的个性、爱好和禀赋之不同。把凸的削平，将凹的填满，塑造成千篇一律，似乎从一个模子里出来的人。不过，尽管如此，对于蔡元培而言，这种严格规范的经典教学以及对字、句的启蒙教学，还是为他日后进一步学习打下了扎实的国学基础。

1877年，在蔡元培的成长道路上，是记忆颇为沉重的一年。正是在这一年，他的父亲蔡光普去世了。而且，在他父亲离世后，没有多长时间，他的二叔父、五叔父和七叔父相继失业，其余亲戚家也渐趋衰败，颇有家道中落之感。

蔡元培的父亲尽管生前任钱庄经理，但是他并没有一般商人身上经常可以闻见的铜臭味。恰恰相反，蔡光普待人宽厚，乐善好施，慷慨大度，经常借款于人，却不忍索还。以至于去世后，家中竟毫无积蓄。不过，让遭受丧父之痛的小元培心中充满温暖的是，生前向他父亲借了钱的朋友熟人，得知蔡光普过世后，纷纷找上门来还债，说不能让好心人受委屈，否则良心上过不去。更有不少亲朋看到光普先生去世后，元培家中困难，纷纷伸出援助之手，希望募捐接济他们一家。亲朋友邻的这种善举，无疑让幼小的元培看到了人性中光辉的一面，也很可能让元培感受到了与人为善的好处。这给元培日后的成长道路注入了更多的正能量。

如果说蔡光普健在的时候，让元培及其兄弟姐妹内心深感踏实的，主要是来自父亲这个"太阳"的光芒和热量，那么，蔡光普去世后，元培及其兄弟开始更为深切地感受到来自母亲周氏这个"月亮"的温暖和力量。元培的母亲周氏所受教育不多，但是非常贤惠能干。丈夫去世后，生活艰苦，她不但将家里安排得井井有条，而且很有志气。当亲朋好友表示愿意募捐接济时，她婉言谢绝了他们的善意。一方面靠蔡光普去世后一些朋友熟人归还的钱财生活，另一方面典当衣物，省吃俭用，将三个孩子拉扯长大，度过了最艰辛的岁月。在蔡光普去世后，其夫人周氏不仅表现出令人敬佩的骨气和能力，而且在对孩子的教育中经常以"自立""不依赖"等品质要求和勉励孩子。这在幼小的元培心中留下了深刻的印象。

由于父亲的病故，家中的经济情况受到明显影响，体现在元培身上，则是蔡家辞掉了原来延请的周先生，下半年，元培便改到姨母家的范氏家塾附读。

1878年，蔡元培由范氏家塾转学到自己家对面的李申甫所设的私塾就读。相比照原来周先生的严格要求，这位李先生的教学方式更是严厉。每教一课，一般是先生自己先读一遍，然后令学生跟读，再让学生回到自己座位上去复读，直到能背下来。放学后，李先生要求学生回家后反复温习白天所授的功课。次日上课，所做的第一件事即是抽背上日所学。如果背不出就要被责打手心，而且每次加倍，第一次打十下，第二次打二十下。有一次，蔡元培由于背诵《易经》屡次出错，最后被责打了上百下，李老先生教学之严厉可见一斑。次年，李老先生开始教学生做八股文。和授课背诵一样，李先生要求学生在做八股文时反复操练，以致向来平和的蔡元培也觉得，这种反复做、反复练的学习方法实在是"重床叠架"了，让人难以忍受。

1880年，可能是元培实在受不了李老先生这种过于刻板、严厉的教学风格，便转到了离家半里远，在王懋修所设的私塾就读。正是在那里，蔡元培迎来了私塾学习生涯中的春天。王先生尽管只是一个秀才，然而却博学通经，工于明清八股，在当时的绍兴颇有些名气。在他所设的塾馆里，学生不下30人，有走读的，有住宿的，可谓学子兴旺。其实，和其他塾师相比，王先生的教学内容并没有什么不同。然而，王先生却深受蔡元培的喜爱和敬仰。究其原因，可能是王先生的教学有以下几个特点：第一，王先生对学生表现出相当的耐心。当学生完不成所布置的任务时，王先生并不是动辄就提起戒尺责打手心，而是给学生更多的时间去学习。对于学生上交的作业不合要求或有错误时，王先生也不是马上就呵斥或让学生重做，而是把存在的问题告诉学生，尽量让学生自己先去改正。显然，这种"启发式"的教育要比动不动就打骂学生的棍棒式教育高明得多。同时，这种启发式的教育方式似乎更符合生性平和的蔡元培的个性特点，这就让蔡元培学得比较快乐。第二，王先生看书的兴趣非常广泛，除了儒家经典外，对于明清小说乃至金石之学同样饶有兴趣。授课之余，与朋友闲聊时还偶尔来几句"你半推半就，我又惊又爱"这样的西厢"淫词"，让人忍俊不禁。第三，也许最重要的是王先生对元培思想品格的形成产生了较大的影响。除了博学通经，工于八股制艺，王先生还深谙宋明理学，经常在课余与学生讲朱熹、陆象山学说及其异同。此外，王先生还非常仰慕山阴名儒刘宗周。刘宗周是明清之际著名思想家黄宗羲的老师，为人刚毅正直，因不满权奸魏忠贤而遭排挤。回到绍兴，在蕺山脚下创建蕺山书院讲学，影响甚大。后来，清兵攻陷浙江，请刘宗周去清朝做官，刘宗周坚决不事清朝，绝食二十三天而死。对这位刚正不阿的名儒，王先生十分敬仰，不但经常向学生讲述刘宗周的故事，还将其书房命名为"仰蕺山房"。另外，王先生还经常与学生谈起清朝的吕留良和曾静案。吕留良号晚村，著名文人，反清志士，明亡后坚决不做清朝的官，还谋划起事反清，事败后削发为僧。曾静受吕留良思想影响，图谋反清，失败后被清军杀害。后来清府追查此事，不但诛杀吕留良多名族人，而且对过世五十多年的吕留良的遗骸也不放过，开棺戮尸，成为清朝一大案。讲述之余，王先生对吕、曾诸人深表同情。这些名儒的忠义事迹和民族精神，以及王老先生这种家事、国事、天下事，事事关心的风格，不可能不对蔡元培带来深刻的影响。对此，崔志海在《蔡元培传》中说："这些明末清初志士的反清故事，使蔡元培在年少时代受到了民族主义者和民主主义思想的教育。"① 蔡元培后来也曾自谓："孑民自十三岁以后，授业于同县王子庄君。王君名懋修，亦以工制艺名而好谈明季掌故，尤服膺刘蕺山先生，自号其斋曰仰蕺山房。故孑民二十岁以前最崇拜宋儒。"② 可见，明清志士和王先生对元培的影响之深。

在王氏名下求学期间，聪颖好学的蔡元培显然引起了王先生特别的关注，除了对元培"策励尤挚"外，王先生还对蔡元培提出了较一般学生更高的要求。有一次，王先生发现元培在看《三国演义》，王先生当即予以阻止，认为此类书亦真亦假，看了没有好处，反会误了科举正业。又有一次，王先生发现元培在看《战国策》一书，也予以劝阻，认为在考取功名之前看此类书弊多利少。从王先生对元培的严格要求中，我们不难看出他对蔡元培所寄予的厚望。

这样，从1872年到1882年，从周先生到李先生再到王懋修老先生，蔡元培在家乡度过了为时十年的私塾生活。私塾生活尽管单调、刻板、枯燥，却是蔡元培破蒙受教的开始。而且蔡元培在单调的私塾

---

① 崔志海：《蔡元培传》，红旗出版社2009年版，第10页。
② 蔡元培：《蔡元培自述》，人民日报出版社2011年版，第123页。

学习生涯中通过自己的刻苦攻读，打下了厚实的国学基础，对于中国传统教育的利弊也有了切肤之感。后来，蔡元培坚定地主张改革旧式教育，不能不说与其早期当学生时的感同身受有着紧密的联系。

1883 年，在蔡元培的求学生涯中是值得纪念的一年。在这一年，蔡元培通过自己的努力，考中了秀才，获得了"入门级"的科举功名。为期十年的私塾学习生涯，算是获得了令人欣慰的回报。阅卷老师对蔡元培的答卷评价甚高，考官的评语中有"笔轻而灵，意曲而达""简洁名贵，滴滴归原"这样的用词，足见阅卷老师对蔡元培答卷的肯定和赏识。

考中了秀才之后，按照当时的规定，蔡元培可以进入官立学校进一步深造。然而，蔡元培却没有这样做，而是选择了拿起教鞭，做起了私塾教师。在接下来的两年里，蔡元培先后去姚姓家庭和单姓家庭执教。那么，为什么蔡元培要这样做呢？考虑到当时蔡元培的家庭情况，笔者认为，蔡元培选择做塾师，很可能是出于经济原因。自从1877 年蔡元培的父亲光普先生病故之后，家里全靠蔡元培母亲周氏支撑料理，节衣缩食，将几个孩子拉扯大。家里经济之困难，可想而知。因此，懂事的蔡元培很可能想通过当塾师的方式，来取得一点收入。尽管微薄，亦能贴补家用，聊以减轻母亲的负担。

考上秀才后，蔡元培离开了王懋修老先生的塾馆，当起了塾师。从此以后，蔡元培看书再也不用受塾师的监管了。于是，蔡元培如鱼得水，尽情地由着兴趣在书海里畅游。然而，当时，蔡元培刚刚参加工作，手头尚无积蓄，没有什么钱可以用来买书。好在蔡元培的六叔铭恩家里有些许藏书，而且准许蔡元培随意翻阅。于是，蔡元培在教书之余，开始如饥似渴地看起书来，没有多少时间，就已经翻遍六叔家的藏书。当时，蔡元培最喜欢看的书有《说文通训定声》《章氏遗书》《日知录》《困学纪闻》《湖海诗传》《国朝骈体正宗》《绝妙好词笺》等书籍。

看书之余，兴之所至，蔡元培就开始学做散文和骈体文，自作自赏，倒也其乐融融。当时，除了自得其乐外，尚有一个人对蔡元培的文章褒扬有加。此人叫田春农，亦是绍兴的一个大户，举人出身。他看了蔡元培的文章后非常欣赏，认为人才难得。高山流水觅知音，人生难得一知己。自己的作品有人如此赏识，作为蔡元培，当时无疑是十分高兴的。

1885年，蔡元培17岁。这一年，蔡元培心中始终是沉甸甸的，原因是他的母亲身体一直不好。自从1877年蔡元培的父亲蔡光普先生病故后，母亲周氏就独自一人撑起了家庭的重担。每天精打细算，殚精竭虑，身心之疲惫可想而知。而且，膝下的七个子女，有四个尚未成家立业就不幸夭折，这对周氏身心的打击无疑是巨大的。因此，到了该年，长期以来任劳任怨地操持家务的周氏，好像一台长久运转的机器，由于得不到良好的维护，最终出现了这样那样的问题。周太夫人得的是胃病和肝病，在这一年里，病情明显加重。

蔡元培对他的母亲是怀有非常深厚的感情的。父亲去世早，是母亲周氏一手把他辛苦拉扯大的。在蔡元培的印象里，母亲尽管文化水平不高，然而，在为人处世方面却非常值得晚辈们学习。周太夫人平时话不多，待人接物方面非常注意言语得体与否。家中来客人前，总是反复思量，客人可能会讲什么话，自己应该怎样讲话。客人回去后，又再三回忆总结，刚才客人讲了什么话，自己又讲了什么话，自己这样讲是否得体，有没有什么地方讲得不对，还经常把自己与人交流的情况，选择孩子们能理解的讲给他们听。周氏这种谨言慎语的作风不仅给蔡元培留下了深刻的印象，而且潜移默化地影响着他的言行和思想。

周氏不但自己谨言慎行，而且在培育小孩方面也是十分用心、耐心和细心的。据蔡元培回忆，他的母亲经常趁着吃饭的时候，或者给孩子理发的时候，给孩子讲为人处世的道理和要求，耐心地指出他们做得不够好的地方，以及身上所存在的缺点，从来不大声呵斥他们。当孩子犯了错，并且屡教不改时，蔡母也不会火冒三丈，气急败坏。她通常的做法是，清晨，当孩子还在被窝睡觉时，掀开被头，然后用备好的一束竹筱打孩子的屁股，边打边数落孩子的不是，直到孩子知错求饶才罢休。她之所以打屁股，不打头，是怕被外人发现后招取笑；之所以选用竹筱而不是棍子，是为了让孩子既能感受到肌肤之痛，牢记错误，以便不再重犯，又不会伤着孩子的体骨。蔡母教育孩子的用心和考虑问题的周全，从中可见一斑。

蔡母生有七子，四男三女，遗憾的是两个姐姐没有出嫁就病逝了，而元培的四弟和幼妹也早早夭折了。所以，在幸存的三个孩子中，蔡母倾注了全部的心血。也许他们很早就发现元培是块读书的好料子。因此，早在光普先生在世时，就让元培在虚龄六岁时破蒙施教。在元培 11 岁那年，父亲病故后，蔡母一刻也不曾放松对元培的培养，平时对元培督责甚严。元培在家读书温习功课时，周太夫人总是在一旁陪读，悉心照顾孩子。有一次，元培在家中做功课时，一直没能完成作业，这时夜色已深，小元培已是昏昏欲睡，母亲周氏索性让元培去睡觉养神，等第二天起床后再做。果然，经过一夜的休息，元培精神抖擞，一挥而就，完成了昨晚滞留的作业。这让元培切身感受到熬夜不如早起，从此养成了早睡早起的好习惯。作为家中唯一的读书人，蔡母对元培寄予了厚望，关爱有加。元培 17 岁前后数次参加科考，母亲周氏都是半夜起身，为元培做好饭，整理好行囊，让元培感动不已。蔡元培在《自写年谱》中说："每次考试的点名，总在黎明以前。我母亲于夜半即起煮饭，饭熟乃促我起，六叔父亦来共饭，并送我进考场。所以为我的考试，我母亲也辛苦了多少次。直到我十七岁，才进了学。"①

1885 年，元培考中秀才，但眼看母亲胃病不断加重，元培比谁都要着急。当时，元培听说，当父母病重时，作为孩子，如果将臂肉割下来和药，那么，病中的父母可以延寿 12 年。于是，元培瞒着家人，暗暗地割下一块臂肉，和进母亲的药中。后来家人发现元培在做事时，其臂膀的用力与以前不同，这时，大家才知道元培为母亲割臂和药之事。

然而，尽管子女们竭尽全力，甚至为母亲割肉和药，希望母亲能够逐渐康复，但是第二年，母亲周氏还是病故了。子女们悲痛欲绝，蔡元培更是如此。他定要到母亲的灵堂行寝苦枕块之制。被家人劝阻后，他又趁夜深人静时，独自一人挟着枕席悄悄地睡到母亲棺木旁边，后来被其兄弟发现，知道无法阻止，于是在母亲的灵堂设立床

① 中国蔡元培研究会编：《蔡元培全集》第 17 卷，浙江教育出版社 1997 年版，第424 页。

铺，兄弟三个都睡到了那里。从这件事中，足可体察蔡元培对其母亲感情之深厚，也足可体会蔡元培对于母亲逝去之悲痛。

蔡元培始终认为，在他的成长道路上，母亲是最重要的人，也是他最爱的人，还是对他影响最大的人。在蔡元培的眼里，他的母亲是一位精明慈爱、仁慈恳切的女性。蔡元培认为，他的个性里面综合了父母双亲的性格，其中，宽厚之品性主要得自父亲，而"不苟取""不妄言"的性格则主要得自母亲的教诲，相比较而言，受母亲的影响更多些。对此，蔡元培在《自写年谱》中说："我母亲是精明而又慈爱的，我所受的母教比父教为多，因父亲去世时，我年纪还小。……所以受母教的时期，大哥、三弟与我三个人最长久。……我母亲最慎于言语……且时时择我们所能了解的，讲给我们听，为我们养成慎言的习惯。……我母亲的仁慈而恳切，影响于我们的品性甚大。"①

后来，蔡元培尽管走南闯北，日理万机，对母亲的思念却不曾削减一丝一毫。就是到了晚年，在蔡元培旅居香港时，还特意将自己的姓名改为"周子余"，以寄托对母亲的思念之情。而且本书以为，蔡元培后来主张男女平等及其女子教育思想，除受俞正燮男女平等思想的影响之外，与其对母亲这份敬爱之情也有一定关系。因为从母亲身上，蔡元培看到了中国女性的能干与辛苦，看到了她们为家庭任劳任怨、甘愿牺牲自己的美德。所以，对于像母亲那样的中国女性，蔡元培满怀尊敬，并积极倡导男女平等的思想，为中国女性争取与男人同等的社会地位而不懈努力。

1886年，在举人田宝祺（字春农）的推荐下，蔡元培结束两年的教师生涯，来到当时绍兴藏书异常丰富的徐家，担任徐友兰次子徐维则的陪读，同时帮助校勘所刻藏书。田春农此举，一来是他非常信任和赏识蔡元培，因此就推荐给徐家；二来在他看来，蔡元培的文章已经做得非常好，如果进一步学习，大有发展前途，可惜为家中经济收入所限，蔡元培当时没有条件购买足够的书用于学习，而徐树兰家

---

① 中国蔡元培研究会编：《蔡元培全集》第17卷，浙江教育出版社1997年版，第427页。

里则有大量的书籍，可供蔡元培畅读。鉴于此，田举人为蔡元培创造了一个难得的读书机会。因此，对于田举人的这一善举，蔡元培是心存感激的，认为田春农先生是自己生平难得的一个知己。蔡元培在中举人的《齿录》上，刻有问业师，将田春农列为第一位。① 晚年在《自写年谱》中，蔡元培又说：自己"每有所作，春农先生必大加奖励，认为可以造就，所以介绍我到徐氏，一方面固为徐君择友，一方面为给我以读书的机会，真是我生平第一个知己"②。

的确，说到读书，徐家的条件可谓首屈一指，当时，徐树兰和徐友兰兄弟乃是浙东有名的藏书家，家中所收藏的书籍多达4万余卷，当时存放在徐家三层朝东的侧楼，取名为"徐氏铸学斋"。当时，徐家所有书籍对蔡元培都是开放的，因此，蔡元培得到了一个前所未有的畅读机会。在徐家，蔡元培除了做徐维则的陪读外，主要做了三件事情：

第一件事情，也是蔡元培最喜欢做的事情，就是随心所欲地自由读书。在徐家，蔡元培泛览百家，兼收并蓄，除了补读《仪礼》《周礼》《春秋公羊传》《大戴礼记》等有名的儒学经典外，还广泛阅读训诂、考据、词章、史学，乃至医学、算学诸多方面的书籍，真可谓对什么书都感兴趣，什么书都想阅读。

在蔡元培自由读书期间，有三位学问大家对他的影响特别巨大。

第一位是训诂学家朱骏声及其所撰的《说文通训定声》。蔡元培非常喜欢阅读这本书，认为和前代学者的著作相比，朱氏的这本书在解经方面达到了很高的水平，不仅"纠正唐李阳冰、宋王安石等只知会意不知谐声的错误，而且于许慎氏所采的阴阳家言如对于天干、地支与数目的解说，悉加以合理的更正；而字的排列，以所从的声相联；字的分部以古韵为准；检阅最为方便。"③ 因此，蔡元培对于这本书一直喜爱有加。虽然对于此书蔡元培也觉得有不足之处，并曾经尝试搜集资料，替他补充，尽管后来未能成书，但蔡元培仍认为"我

---

① 中国蔡元培研究会编：《蔡元培全集》第17卷，浙江教育出版社1997年版，第483页。

② 同上书，第428页。

③ 中国蔡元培研究会编：《蔡元培全集》第8卷，第85页。

所得于此书的益处，已不少了"①。

第二位是史学家章学诚及其所著的《文史通义》，当时，对于该怎样治史，章氏在其著作中提出了自己鲜明的观点。首先，章氏主张六经皆史，主张树立大历史学的理念；其次，章氏主张在撰史时重视做好基础工作，一般应先有繁博的长编，后有圆神的正史；此外，章氏还主张，当在史籍上提及人名和地名时，应有详细的检目备索。

对于章氏的上述治史观点，蔡元培深以为然。所以，1890年蔡元培受聘担任上虞县志局总纂时，他极力主张采用章氏的治史方法，将全志分为地、吏、户、礼、兵、刑、工、学、书、碑、列传、仕女、杂篇以及文征等篇，并力主将明代万历年间和清代嘉庆年间所列的上虞县志项目与现在拟修订者相比较，列出全目。对此，蔡元培说："我在二十余岁时，曾约朋友数人，试编二十四史检目（未成书）；后来兼长国史馆时，亦曾指定编辑员数人试编此种检目（亦未成书），都是受章先生影响的。"②

第三位是俞正燮及其所著的《癸巳类稿》《癸巳存稿》。俞氏乃清代著名学者，字理初，安徽黟县人，擅长考据。在他所著的前述两书中，对训诂、掌故、地理、天文、医学、术数、释典、方言都有非常详细的考证。在治学方法上，俞正燮也有自己独到的观点。他认为，由于历史的原因，各个时代都有其独到的见解和思想。因此，以今废古、以今质古是不恰当的。此外，俞正燮还旗帜鲜明地宣传男女平等思想。他撰写了多篇文章，大力倡导和宣扬男女平等之思想。蔡元培深以为然。后来，蔡元培积极提倡男女平等之观念，并且身体力行，开办女校，主张妇女的权利，不能说没有受到俞氏主张的影响。

第二件事，亦是蔡元培在徐家陪读时的一件快事，那就是与三五好友看书聊天，切磋学问。在徐家陪读期间，蔡元培与徐友兰的次子徐维则、徐树兰的次子徐尔谷结下了深厚的友谊。与此同时，蔡元培在徐家期间还结识了一批学友，如持论严正、熟谙清代先正事略的王

---

① 中国蔡元培研究会编：《蔡元培全集》第8卷，浙江教育出版社1997年版，第85页。

② 同上书，第86页。

佐；善作八股文及桐城派古文的朱士黻；好拳勇、善诗词、工书法的魏铁珊；以及薛朗轩、马湄莼、何阆仙等同龄人，都是志趣相投的好友。后来，蔡元培回忆起这段生活，认为那时候既有"读书之乐"，亦有"求友的方便"，觉得非常难以忘怀。

第三件事是为徐家校书，当时蔡元培在徐家博览群书之同时，还为其校勘了一些收藏及编撰的书籍，如《绍兴先正遗书》《铸史斋丛书》等。

总之，从1886年赴徐家担任陪读到1889年蔡元培参加乡试，考中举人为止，蔡元培在徐家差不多待了四年。这四年在蔡元培一生中是非常重要的一段经历。在这四年中，通过如饥似渴地自由读书，蔡元培的学问大有长进，同时，通过涉猎群书、融会贯通，蔡元培兼容并包的学术风格已基本形成。"他在这一时期形成的治学风格，对他的一生都有影响。蔡元培后来成为学界中的一位通人而非专门的学问家，便是与他这段自由读书的经历有着密切的关系。"①

回顾蔡元培在越地的成长过程，不难发现，这是其一生中非常重要的一个阶段。从1868年在绍兴出生，到1894年去京城做官，蔡元培在绍兴整整生活了26年，而这一时期正是蔡元培成长历程中最为重要的阶段。因此，在他的性格、禀赋、兴趣、思想、志向中，都融入了在绍兴生活的印记。

作为一个生在绍兴、长在绍兴的绍籍子弟，一方面，蔡元培的禀赋中明显继承了其父母的品性。尽管蔡元培出生在一个世代经商的绍籍人家，尽管他的父亲是一个钱庄经理，一天到晚与钱打交道，然而难得的是，蔡元培的父亲偏偏是一个友善、宽厚、平和之人，乐善好施，受人尊敬。而蔡元培的母亲尽管是一个文化不多的旧式妇女，却也贤惠能干，外圆内方，待人接物，谨言慎语，举止得体。同时，又有一个强大的内心世界，不愿依赖他人，信奉自强自立之为人理念。蔡母的这种思想和品格，在其丈夫光普先生过世之后，表现得尤为突出。而蔡元培身上的性格，恰恰融合了其父母的品性特点，既有其父亲宽厚、仁慈的一面，也有其母亲坚韧、谨慎的一面。当然，我们也

---

① 崔志海：《蔡元培传》，红旗出版社2009年版，第14页。

不难看出，在蔡元培后天性格的养成中，同样明显受到了其成长地——越地环境的影响。这种影响是多维度的。从自然的角度而言，越地山秀水清，自幼生活在绍兴的蔡元培的秉性中也蕴涵了山的坚韧挺拔和水的包容宁静。从人文的视角来说，越国人杰地灵，精英辈出，大禹、勾践、王充、陆游、王阳明、刘宗周、黄宗羲等一大批绍籍先贤在越地流传下无数动人的故事，其思想也明显受到了越地先贤的影响和熏陶。

作为一个从越地走出去的文人学者，蔡元培终其一生的学术志趣，实际上在绍兴时已经基本形成。早在1872年开始的私塾教育期间，蔡元培就表现出阅读兴趣广泛，不愿受传统经典束缚的特点。除了读四书五经外，还喜欢看《三国演义》《战国策》等所谓与科举无关的闲书。而在他1883年考上秀才之后，蔡元培更是大喜过望。因为有了功名之后，他终于可以摆脱必须一心一意地看正统书的束缚，终于可以随兴之所至，自由地读书了。在风卷残云般地看完其六叔所收藏的为数不多的书籍之后，1886年，在田春农举人的推荐下，蔡元培来到了绍兴藏书最多的徐树兰、徐友兰家。在徐家，蔡元培忘情地畅游在书的海洋中。正是在这种无所不包、随心所欲的自由读书中，蔡元培站上了前人的肩膀，大大拓展了他的阅读视野，提升了思想认识，并开始形成其博大包容的学术思想和风格。而正是这种学术风格，伴随和影响了蔡元培的一生。

作为一个中国近代历史上著名的思想家和教育家，蔡元培的许多核心思想观点和教育理念在绍兴成长过程中已经初步形成。在私塾学习阶段，深受蔡元培喜爱和敬重的塾师王懋修老先生就非常关心时事，经常与学生讲起明亡后誓不降清，最后绝食而亡的著名学者刘宗周等人的故事，也曾经跟学生聊起清初吕留良、曾静等人的抗清故事，言语中流露出对他们的敬仰之情。后来在徐树兰家担任陪读的时候，蔡元培最喜欢读的书中，有学者俞正燮的著作。蔡元培不仅敬佩俞氏的学术成就，而且非常赞成俞正燮的男女平等思想。总之，在绍兴的成长和学习历程中，在深受蔡元培喜爱的师长和深为蔡元培敬重的学者的感染和影响下，蔡元培很早就懂得，作为一个读书人，仅仅会读圣贤书是远远不够的，更重要的是要具有人文情怀，要能学以致用，要家事、国事、天下事，事事关心，只有这样才能实现自己读书的价值。这些思想和理念实际上为蔡元培毕生所秉持。

因此，在越地成长历程中，蔡元培不仅结识到一群志趣相投的朋友，而且在其成长过程中，蔡元培还受到了不少越地先辈的提携和关照。所有这些，蔡元培都铭记在心。所以，对于培育和影响他成长的故乡，蔡元培是满怀感恩之心的。也正是因为蔡元培对故乡充满感恩之情，所以，当他走上工作岗位之后，每遇到故乡人需要帮助，蔡元培总是在其原则范围内给予真心实意的帮助，从中足见其对故乡人的深情厚意。

第二节　蔡元培与越地山水之情

蔡元培自幼生活的越乡绍兴，背山面海，是一座典型的江南小城。南部是峰峦叠翠的会稽山脉，山上草木葱茏山花烂漫，云兴霞蔚，犹如人间仙境。会稽山麓有急湍如沸的山涧小溪，有飞流直下的百丈飞瀑，有寂静无声的幽深水潭。北部是广袤的平原，水网密布，河湖纵横，湖面碧波万顷，绿野千里，极富诗情画意。北部三江汇合，入海处秋涛排空，势如惊雷。稽山鉴水连为一体，造就了越地绮丽的水乡风光，让越州大地充满生机和活力。宋代诗人陆游诗云："稽山何巍巍，浙江水汤汤。"明代学者周述学赞道："壮哉，大都之胜也。"清代大学者顾炎武在《肇城志》四《绍兴府》中盛赞道："东环娥江，北绕大海，襟海带江，浙江一大都会。"王象之编的《舆地记胜》卷十也赞道："鉴水环其前，卧龙拥其后，稽山出其东，秦望直其南，自浙以东最为胜处。……今之会稽，昔之关中。南面连山万重，北带沧海千里，连山带海。"

面对会稽大地的青山绿水，你可以乘着乌篷船领略水乡泽国的美景，那近处的河道、舟楫和堤岸，远方的田野、村落、青山和白云倒映在清澈的水中，迷离恍惚，犹如人间仙境。你也可以行走在青石叠砌的古纤道上，欣赏白玉长堤是如何将宽阔的水面劈成两半的。你还可以站在一座座造型古朴的石桥上，让自己连人带桥一起映入那碧波荡漾的湖水中，感受"山阴道上行，如在镜中游"的如诗美景。登上林木葱茏的府山、戢山、塔山，居高临下，俯视全城，你可以欣赏丽水环抱着秀山，秀山映衬着碧水，山水相得益彰的旖旎风光。来到东湖，你可以驾着一叶小舟穿行在悬崖绝壁之下，感受"坐井观天"的奇趣。走在柯岩，你可以仰望矗立在高空的"云骨"和端坐在对面的石佛，领略巧夺天工的采石杰作。涉足吼山，面对"云石""棋盘石"的拔地而起，你不得不惊叹大自然的造化之功。

越乡绍兴不仅处处充满着诗情画意的山水美景，而且是一座有记忆的城市。漫步街头，不经意之间你可能就和历史撞了一下腰。城郊的大禹陵，气势恢宏，向世人诉说着当年大禹治水时的惊心动魄，以及大禹因操劳过度而最终魂归会稽山的荡气回肠。城中的投醪河，告诉我们越王勾践伐吴前将百姓所馈赠的酒水倒入河中与军民同饮的故事。登上城南的秦望山，不禁让人们联想起当年秦始皇南巡时驻足远眺的情景。秀山丽水给越地水乡平添几分风韵，深厚的历史文化内涵使古城绍兴更具魅力，吸引着历代文人墨客前来寻幽探胜，留下了多少歌咏稽山鉴水的诗文雅集，使越文化的胆剑精神中多了几分审美情趣。

自晋以来，历代文人学士都为越州美丽的自然风光和深厚的历史文化内涵所折服。面对越地美景，诗人们诗兴大发，吟咏越地优美风光的诗作犹如稽山鉴水，绵绵不绝。

而身处鉴湖美丽风光的越地名士，对自己的家乡更是情有独钟。南宋爱国主义诗人陆游在《跋韩晋公牛》中说："予居镜湖北渚，每见村童牧牛于风林烟草之间，便觉身在图画。"因此，在他的许多诗作中，都是对家乡山水美景的歌咏。如《思故山》写道："千金不须买画图，听我长歌歌镜湖。湖山奇丽说不尽，且复为子陈吾庐。"又如《夏秋之交》中的"城南天镜三百里，缭以重重翡翠屏"，《小雨泛镜湖》中的"吾州清绝冠三吴，天写云山万幅图"，以及《赠湖上父老十八韵》中的"一镜三百里，环以碧玉峰"，等等，诗句洋溢着对故乡山水的赞美之情。所以，陈望衡先生认为"是鉴湖养育了陆游，也培育了陆游。从某种意义上讲，正是鉴湖造就了陆游这样一位绝世诗才"[1]。其实，美丽的稽山鉴水培育的不只是伟大的爱国主义

---

① 陈望衡：《越中名士文化论》，人民出版社 2010 年版，第 165 页。

诗人陆游，还培育了一大批越州名士。如近代著名教育家蔡元培先生就是稽山鉴水培育出来的一位深爱着家乡的越地名士。

面对景致优美而内涵丰富的故乡山水，蔡元培更是爱之有加。蔡元培的足迹遍及中华南北，远至欧美诸国，但不管身在何处，故乡一直烙在蔡元培的心中，成为其挥之不去的思念。可以说，在近代绍籍名人中，蔡元培的故乡情结是最浓的，返乡探亲也最频繁。这一方面跟蔡元培在故乡生活时间长有关，另一方面，也缘于蔡元培对故乡山水的热爱。具体说来蔡元培与故乡山水之情缘可从以下几个方面加以考察。

一　蔡元培故居地处越州名胜——书圣故里

我们知道蔡元培幼年的居所，地处绍兴萧山街笔飞弄十三号。这是一座十分具有绍兴特色的传统民居。故居始建于明代晚期，坐北朝南，砖木结构，花格门窗，乌瓦粉墙，青石板地。故居里面，一进是门厅，二进是正房，三进是坐楼，东次间楼曾为蔡元培的居所。正是在这座典型的绍兴民居里，蔡元培度过了他的童年和青年时代。这里依山傍水，山水相映，不仅景色优美，而且人文底蕴浓厚。正如书圣故里简介牌上所言："在小巷里穿行，随时可听到古老的传说故事，戒珠寺、题扇桥、躲婆弄，书圣王羲之的旧闻轶事使街区一步一景，处处渗透着浓郁的文化。"

戒珠寺乃王羲之的古宅。戒珠寺的名字也因王羲之而来。相传王羲之有两样所好：一是爱鹅；二是癖珠。有一天，王羲之手搓明珠站在池畔观赏白鹅戏水，有位僧人前来造访，王羲之随手将明珠放在桌上，与这位僧友叙谈。其间，又有人来见王羲之，王羲之请僧人稍候，自己出去会客人。回来后，发现桌上的珠子不见了。王羲之怀疑是这位僧人所为，虽不便明言，但脸上流露出鄙夷之色。僧人深感冤屈，却有口难辩，只好怏怏而去，没多久以"坐化"为名饿死了。而王羲之家中的一只大白鹅突然也病了，不吃不喝，没几天便死了。当家人剖开鹅肚子时，发现那颗明珠竟然在鹅肚子里面。王羲之非常难过，为自己错怪朋友而悔恨交加。自此，他戒绝了玩珠之癖。为了纪念这位清白的僧人，他把整座住宅和山林都捐给佛门建寺庙，并亲笔为寺庙题写横匾"戒珠寺"，悬挂门上，用来悼念僧人和告诫自己。

笔飞弄、笔架桥则诉说着白鹅换字的故事。王羲之不肯轻易为人写字，有一富商想要王羲之的字，私下做通王羲之邻居老大妈的工作。老大妈怀抱大白鹅，来王羲之家中求字。王羲之看到大白鹅，特别开心，答应为老大妈写字。老大妈依照富商的要求，让王羲之写了几个字。当富商去老大妈家取字时，正好被王羲之撞见。王羲之非常生气，一把抓起笔，向书桌上一掷。不料，那笔从桌上弹起，穿破窗纸，朝窗外的弄堂飞去。于是，后人把这条弄堂称作"笔飞弄"。弄堂的北端有一桥，笔在桥上停了下来，于是后人称它为"笔架桥"。现在桥已拆去，但笔架桥的地名仍在。

题扇桥和躲婆弄也因王羲之而得名。据张岱的《夜航船》记载，"有老妪鬻扇，右军为题其扇，媪有愠色。及出，人竞买之。他日，媪又持扇乞书，右军避去。故其下有题扇桥、躲婆弄。"题扇桥下是一条界河，为古代山阴、会稽两县的分界线。界河经此出昌安门直流三江古闸出海，河面不宽，却饶有情致。河的东侧是路，河对岸是背河而筑的凭水窗楼，路东侧是鳞次栉比的传统民居，河两边粉墙黛瓦，古色古香。走在题扇桥上，往北望是近在咫尺的蕺山，山上树木葱郁，青翠欲滴，塔亭楼阁，错落其间，"蕺山晴眺"为越中十二景之一。

蕺山为绍兴古城内三座主要历史名山。山上有文笔塔、蕺山书院、蕺山亭、冷然池与冷然亭等著名建筑。文笔塔又名王家塔，是蕺山的标志性建筑，与府山飞翼楼、塔山应天塔成三塔鼎立之势，构成绍兴古城上空的美丽画面。蕺山书院是明清著名书院，书院主持者刘宗周学富五车，才高八斗，是明代著名学者。这里曾是蕺山学派的发祥地。蕺山亭内镌刻着绍兴府历史上的状元名录，是绍兴原山（阴）会（稽）两县的状元亭，凡考中状元者均可将名字刻在亭柱子上。这是对名人功德的纪念和褒扬，它策励后人，继往开来。在此，遗韵流风，不绝如缕，文风文脉开花结实于整个景区。所以历代文人把蕺山看做"主郡城文风"的发祥地。

绍兴是名士之乡，而蔡元培故居所在地"书圣故里"是名士最为集中的地方。王羲之、陆游、王阳明、刘宗周、黄宗羲等文化名人曾在此讲学，创立学派或成就学业。这里不仅多名人，而且这些名人个个正气浩然，忠心耿骨，不献媚不阿谀，以国家为重，以民生为念，表现出伟大的民族精神。所以，这里的山水名胜就是一部部崇高的人生教科书。幼年的蔡元培生活成长在这样的环境之中，其居所的山水文化或多或少会对他产生影响。"孟母三迁"的故事，"近朱者赤，近墨者黑"的说法，都说明环境对人的巨大影响。所以，蔡元培审美情趣和伟大人格的形成，离不开自幼生活的故乡山水和人文环境的滋养。

二　蔡元培日记中的故乡山水

蔡元培日记是从光绪二十年（1894）开始的，也就是从他进入翰林院那年开始的，所以幼年和青少年时期，蔡元培在绍兴的生活我们无法通过日记了解到。但1894年以后的生活，蔡元培在日记中多有记载。所以通过日记我们可以发现，故乡山水不仅是蔡元培所深爱的，而且是蔡元培倍感自豪和推崇有加的。蔡元培赴京做官之后，只要有机会，他就会回家乡看看。回到家乡，除探亲和兴办教育之外，蔡元培经常与朋友一起游赏故乡的山水美景，在游赏故乡山水的过程中，与朋友一起商讨兴办教育等国家大事。据日记载：光绪二十二年（1896），在京为官的蔡元培不远千里，回绍兴家居一年。在这一年中，蔡元培走访了故乡诸多名胜。

> 五月十三日晚同显启、以瑟、阆轩步月横街。①
> 六月四日，游怪山宝林、清凉两寺。②
> 六月十八日，秋田邀游绕门山石宕。③
> 六月二十六日，赴萝庵避暑。柯岩，听童已山鼓琴。二十九日，看菉君姊婿，同游固城禅院，品虾蟆泉，甚洌。④
> 七月一日，游寓山青莲寺。三日，菉君邀游石佛寺、静修庵。石佛寺有禅画楼，李爱伯先生题额也。先生贻寓山寺不缘和

---

① 中国蔡元培研究会编：《蔡元培全集》第15卷，浙江教育出版社1997年版，第78页。
② 同上书，第79页。
③ 同上书，第81页。
④ 同上书，第82页。

尚楷帖,曰:"平原亦书多宝塔,上水常如明镜台。"①

七月五日,应南招饮柯岩。②

八月十三日,钟厚翁招饮,所居爽楼,远把林绿,俯临清泚,山矗千岩,城露数雉,殊饶野趣,用涤市嚣。③

十月十八日,以瑟、显敩、何、薛二朗、钟生,邀游下方桥石佛寺(在羊石山),并邀许翰伯、陈韵楼。勒题名于壁。④

戊戌变法失败之后,蔡元培携眷出京,回到家乡兴办教育。在这期间,蔡元培日记中又有不少关于游历故乡山水的记载:

光绪二十五年(1899 年)二月二十一日,邀筠生教习及钟生、湄菇、以瑟、朗轩游兰亭。⑤

八月六日偕中川君及何、杜二君诣大禹庙、南镇庙,登炉峰,纤道至石屋及清林院。石屋为明张雨若参议天瓦书院遗址,甚旷敞。青林禅院闻即王氏十三间楼。三人相商,拟移学堂于此。十日午后,复与何、杜二君游青林禅院,绘一图,又至石屋,见有张某请禁伐樟木碑,叙来历颇详。又大殿匾多有张某率男梁、桢标立者。梁、桢皆在学堂读书,移学堂事,张氏当赞成也。⑥

九月九日,邀以瑟,同登卧龙山,复游龙山书院,其斋舍多于豫仓。⑦

十月八日,同浪仙及周同德到龙山书院,预计修费,小修大约五百银圆。⑧

---

① 中国蔡元培研究会编:《蔡元培全集》第 15 卷,浙江教育出版社 1997 年版,第 83 页。

② 同上书,第 84 页。

③ 同上书,第 91 页。

④ 同上书,第 104 页。

⑤ 同上书,第 214 页。

⑥ 同上书,第 230—231 页。

⑦ 同上书,第 233 页。

⑧ 同上书,第 236 页。

十二月三日，日本诗人本田君幸之助及东本愿寺留学生铃木君广阐来。本田君以诗负盛名，为《太阳报》所载十二诗宗之一。午后同游禹穴及南镇，舟中口占长句，本田和之。四日，本田君往游兰亭，阆仙同去。六日，同本田君等游快阁。①

光绪二十六年（1900）二月三十日，日本博物馆学艺委员安村君（名喜当）及东亚同文会员井上君（雅二）、曾根君来。得罗叔蕴书、中川君书（中附本田君所贻学堂之修身儿训十册）、若松君书，皆为安村君介绍者也。安村君言以修美术史，故来此访古迹。同游禹穴，登炉峰，归，迂道游东湖。安村君携照相器。于东湖照三片。

三月三日与何、陈诸君游兰亭，并至小云栖。②

光绪二十六年（1900）蔡元培任嵊县二戴及剡山书院院长，日记写道：

八月五日八时到嵊县城东，遂进城，寓二戴书院。③ 七日，冯芙春来，同往学宫，在城隍山之麓，所谓学山者也。南望群山环卫，颇豁心目。④ 十七日，午后，省庵来，同访姚君眉甫（名穆）于学山。书楼五架，北枕小山，南揖群峰，风景绝佳。此君藏书颇多，谈新学甚投契。⑤ 二十一日，到剡山书院午饭。三十日，赴新昌，晤亦韩，寓其从弟亦欧别墅。午后，同出城，游鼓山书院，宋石克斋先生（培）读书处也。西门内南明书院旧址，亦菅建矣。⑥

闰八月初一，亦韩挈其子晏球，并邀简香及培游南明山大佛寺。佛凿石成之，高称十丈，大殿为阁五层，第五层"逍遥楼"

① 中国蔡元培研究会编：《蔡元培全集》第15卷，浙江教育出版社1997年版，第240页。
② 同上书，第253—254页。
③ 同上书，第264页。
④ 同上书，第265页。
⑤ 同上书，第268页。
⑥ 同上书，第269—270页。

三字，摹鲁公书。寺有碣，刻米南宫所书"南明山"三字。屋后大池垂柳，甚可喜。二日，简香邀饮于东岳庙之客堂，俯清溪，玩秋稼，城堞山林，远近掩映，亦复不恶。①

民国十二年（1923 年）五月二十一日晨，渡江到西兴，雇乌篷船，由小汽船拖行。午后五时，抵绍兴西郭门。二十二日，阴雨相间。偕弟、侄、连生并何君往西堡看地，共看庙前山、茅竹山、白虎山三处，庙前山较佳。②

此次蔡元培回绍兴，主要是察看先祖墓地的。所以，后来又往漓渚、谢墅祝家山和元宝山看地，祝家山甚佳，但因地价太贵，最后选定了西堡。

五月三十日，庚先约至快阁午餐，晤姚幼槎。三十一日，偕沈肃文、刘大白往上虞白马湖春晖中学校，晤经子渊、夏丏尊诸君，（途中遇薛阆仙，同去）晚，为诸生演说。③

六月九日晨，陈仲瑜偕北大学生会代表李骏君来，携有学生会干事会函及适之介绍函。要求于彭去后回京一次，安慰各校教职员学生，偕四校长复职，以结束去彭一案，然后请假西游。允之。邀往游东湖及坝口石宕。④

六月二十二日，又邀惺农、子均游东湖及禹陵。⑤

由上可见，蔡元培热爱故乡的青山秀水，回到家乡，总喜欢行走在家乡优美的山水之间，感受家乡的美好风光和丰富的文化内涵。当有朋友自异地乃至国外来绍时，他也喜欢带他们去故乡的各处名胜走走，让朋友领略故乡优美的山水景致。而在家乡众多名胜古迹中，蔡

---

① 中国蔡元培研究会编：《蔡元培全集》第 15 卷，浙江教育出版社 1997 年版，第 270 页。

② 中国蔡元培研究会编：《蔡元培全集》第 16 卷，第 215 页。

③ 同上书，第 216 页。

④ 同上书，第 218 页。

⑤ 同上书，第 221 页。

元培尤其喜欢柯岩、快阁、东湖、兰亭等名胜。对于这些家乡名胜，蔡元培不仅喜欢观览其优美的自然景致，而且喜欢追寻山水自然中所蕴含的丰厚的历史文化底蕴。所以，对美景如云和文化丰厚的家乡，蔡元培不仅深爱着，而且颇感自豪，甚至想在这优美的景区兴办学堂，以充分发挥故乡山水的育人功能。这就是蔡元培与故乡山水之间的情缘。

但随着蔡元培活动范围的扩大，其心中的故乡视域已不再局限于绍兴府，而是日渐扩大。尤其是五四运动之后，蔡元培辞职离京，随即南下，回到杭州。在杭州他致电国务院和教育部云："卧病故乡，未能北行。"显然，这里的"故乡"，并非单指绍兴，而是指以杭城为中心的浙江省。可见，此时的蔡元培已把有着西子之美的浙江作为自己的家乡。此后，蔡元培回家乡基本上都寓寄在杭州。这一点从他的日记中可见一斑。对于杭城美景，蔡元培尤为喜欢西湖，而灵隐、龙井、九溪十八涧、烟霞洞、虎跑（定慧禅寺）、天目山和云栖等地也时有游历。除此之外，他还喜欢走访书院旧址，参观文澜阁、之江大学等文化教育场所。

所以，不管在绍兴还是在杭城，都留有蔡元培行走在家乡山水之间的足迹，都饱含着他对故乡文化教育事业的关注，流淌着他对家乡山水文化的款款深情。

三　蔡元培诗作中的故乡山水

蔡元培的诗作不多，但他在诗作中经常流露出对故乡山水的赞美和思念之情。

1895 年《越中先贤祠春秋祭文》中，远在北京的蔡元培首先想到的就是"岩岩栋山，荡荡庆湖"[①]，栋山即绍兴的会稽山，相传禹曾在此聚会诸侯，计功行赏，因名会稽山。庆湖即绍兴的镜湖，或称鉴湖。正是在稽山鉴水这片土地上涌现出一批批像大禹、虞舜、勾践、阳明那样的越中先贤。

---

① 中国蔡元培研究会编：《蔡元培全集》第 1 卷，浙江教育出版社 1997 年版，第 155 页。

1896 年 7 月 28 日，撰写《游绕门山石宕即事》（六绝），盛赞越中柯岩、东湖之石宕胜景。

游绕门山石宕即事① （六绝）

越中石宕柯岩最，更数曹山与石芊。
我爱绕门绝幽倩，架床未展读书堂。

数峰绉瘦俯清泚，赖有泉明拂拭之。
万柳桥边堤百丈，游人竞说放生池。

古墓犁田事可哀，荒山丛郭费安排。
若闻冠石同鳌戴，恐有甄舒入梦来。

题名半厂太陈陈，诗老当年载月频。
东望种山南石匦，我今载得月中人。

濠梁之乐我知鱼，潭水深深千尺余。
岂必垂纶为贪饵，兰风钓石近何如？

石屋参差如意庵，道南诸阮老尼谙。
同舟好事徐元固，买得丛书满一奁。

绕门山即东湖，原是一座青石山，相传秦始皇东巡到此，曾停车饲马，故被称为箬簀山。汉代起称为石料场，隋代扩建绍兴城，大量采石。经过千百年的凿穿斧削，又搬走了半座青山，并形成了高达五十多米的悬崖峭壁。劳动者采用特殊的采石方法，还普遍深入地下二十多米，有的甚至四五十米处，日子一久，形成了长过二百米，宽约八十米的清水塘。清末，绍兴著名乡贤陶浚宣眼光独到，利用采石场筑起围墙，对水面稍加拓宽，遂成山水相映的东湖，成为一处巧夺天工的山水大盆景。而柯岩更是一处石宕胜景。自三国以来因历代开山采石造就了众多石壁和石宕奇景；隋唐年间，祖孙三代石匠历经百年

---

① 中国蔡元培研究会编：《蔡元培全集》第 1 卷，浙江教育出版社 1997 年版，第 177 页。

相继开凿而成的"云骨"和弥勒石佛更为奇绝。那"云骨"兀自矗立空中，高十余丈，上宽下窄，状如宝塔倒立，岩顶上有光绪初年镌刻的篆书"柯岩"和"古七星岩"等石刻，流泉不息，碧水深潭，一片奇异。那石佛精雕细琢，端坐在奇绝的"云石"对面，使其更具文化内涵。千百年来，随着自然景观的点缀和宗教文化的介入，加上文人墨客的点染，到清代，这里已形成著名的"柯岩八景"。在诗中，蔡元培盛赞"越中石宕柯岩最"，同时也爱东湖清幽的绕门石景。山峰层层叠叠，湖水清澈，湖上架着一座座古朴的石桥，湖边垂柳依依。面对如此美景，作者想起了唐代越中诗人贺知章辞职还乡改周宫池为放生池的故事；想到了中国古代神话中十五头巨鳌用头顶住五座大山的故事；想到了石壁上有博通经史，服膺阳明和蕺山学说的杜煦先生、卬香和尚和王庆勋等人的游赏题名；联想起东边越国大夫文种墓所在地卧龙山和南边的石匮山。石匮山即会稽山南面的委宛山，相传大禹曾在此治水得金简玉字之书，汉代司马迁"上会稽，探禹穴"于此。这里不仅自然景致优美奇特，而且历史文化底蕴深厚。作者对故乡这样的山水胜景满怀感恩，同时能与好友胡道南、徐维则等游赏于此，尤为愉悦惬意，颇具"濠梁之乐我知鱼"的悠闲从容。对家乡的石宕胜景，蔡元培更是赞不绝口，因为这里不仅有优美的山水，也凝聚着故乡人的智慧和创造。

同年，在为《伉俪品茶图》的题诗中，蔡元培也盛赞："柯南大好水云居，画苑菁英众妙储。绝似归来堂故事，品茶赌取箧中书。"①

1919 年 7 月 14 日，与汤尔和、蒋梦麟一起游花坞时，已在杭城吸取了不少新鲜空气的蔡元培，在诗作《偕蒋梦麟游花坞》中也流露出对故乡绍兴的惦念。诗云："湖滨久吸新空气，到此居然忆故乡。"②

1919 年 7 月 27 日，蔡元培在杭城登高远望，不但看到了似细流的之江和西湖的全景，而且还能隔江望见越地的山水和扁舟。

---

① 中国蔡元培研究会编：《蔡元培全集》第 15 卷，浙江教育出版社 1997 年版，第 86 页。

② 中国蔡元培研究会编：《蔡元培全集》第 3 卷，第638 页。

登高①

越山隔岸望中收，一曲之江似细流。

更揽全湖作灵沼，慢腾腾地几扁舟。

1923 年，为菊生从兄仲友（元勋）题《行乐图》（59 岁）。诗曰："向平宿愿已全偿，大好湖山在故乡"②。

1927 年，在福建新镇曾写诗曰："断发操舟古越民，浙东渔户尚精勤。更将闽士雄强气，随着银涛到海门。"③ 诗作盛赞古越民断发操舟，南徙闽粤的精勤、雄强和勇毅的开创精神。

1934 年，蔡元培在《题〈越州名胜图〉》中云："故乡尽有好河山，八载常索魂梦间，最羡卧游若有术，十篇描绘若循环。"④ 已有八年不回故乡绍兴的蔡元培，对故乡充满思念，连梦中也常见故乡的山水美景。远在他乡的蔡元培不能见到家乡的山山水水，只希望自己能像宗炳那样运用卧游术，即通过欣赏《越州名胜图》等画作，来观览自己日夜思念的故乡山水。

1937 年 11 月 27 日，江、浙沿海城市沦陷后，蔡元培由上海迁居香港养病。在旅居香港的岁月里，面对他乡的山石，他不禁想起了故乡的石宕。在《补录崇正会馆四楼》（二绝）中，蔡元培写道："北山露骨太峥嵘，终日常闻伐石声。回忆故乡多石宕，东湖奇景最关情。"⑤ 在蔡元培看来，他乡的山太露骨太峥嵘，他乡的伐石声太嘈杂；但故乡的石宕不仅创造了东湖、柯岩这样的奇境，而且充满温情。言辞之间流露的尽是对故乡的思念。

1938 年 11 月 22 日，在陆丹林索写的红叶诗中蔡元培也写道："霜叶红于二月花，故乡乌桕荫农家。不须更畏吴江冷，自有温情熨晚霞。"⑥

---

① 高平叔撰著：《蔡元培年谱长编》第 2 卷，人民教育出版社 1998 年版，第 232 页。

② 同上书，第 628 页。

③ 高平叔撰著：《蔡元培年谱长编》第 3 卷，第 16 页。

④ 中国蔡元培研究会编：《蔡元培全集》第 7 卷，浙江教育出版社 1997 年版，第 650 页。

⑤ 高平叔撰著：《蔡元培年谱长编》第 4 卷，人民教育出版社 1998 年版，第 416 页。

⑥ 中国蔡元培研究会编：《蔡元培全集》第 8 卷，浙江教育出版社 1997 年版，第 541 页。

1940 年，蔡元培为友人任鸿隽的扇面题诗中，选用的诗作即为家乡爱国诗人陆游的作品《忆昔》："忆昔梁州夜枕戈，东归如此壮心何。蹉跎已失邯郸步，悲壮空传勒歌。今日扁舟钓烟水，当时重铠度冰河。自怜一觉寒窗梦，尚想吾溪石可磨。"① 据蔡元培的女儿蔡英多回忆，蔡元培去世前三日之绝笔，即三月二日为友人王云五的女儿题字立轴，其素材亦是陆放翁的作品《柯桥客亭》诗："梅子生仁燕护雏，绕檐新叶绿扶疏。朝来酒兴不可耐，买得钓船双鳜鱼。"② 不难看出，蔡元培的上述题词，总是围绕着故乡的山水和名人。

所以，不管是在北京还是在南京，不管是在香港旅居还是在海外考察，故乡的山山水水在蔡元培的心中始终占有重要的地位。

而对于家乡杭城，蔡元培也赞美颇多。1916 年 11 月，《为杭州西湖岳庙题联》云："圣湖风景，得祠墓点缀，差不寂寞，兹地云胜，允宜庙貌重新。"③ 1929 年，在《题〈式园时贤书画集〉》中写道："不羡《清河书画肪》，君家常住圣湖滨。"④ 这里"圣湖"就指杭州西湖。蔡元培把"西湖"称为"圣湖"，可见其对家乡西湖的热爱。

1919 年五四运动之后，蔡元培回到家乡，寓居杭城，此时他常以诗来抒写自己在家乡的所见、所闻和所感。如 5 月 29 日在《散步书所见》中写道："槐絮水沾如泼乳，榴花风揉宛堆绒。偶因错觉催诗兴，美意谁能夺化工。"⑤ 6 月 25 日又作七绝二首："高下诸峰若竞争，偶然均势白云横。横看成岭亦殊妙，漫说看山喜不平。雨中荷叶镇田田，泻汞流珠见不鲜。最是水痕平展处，恍疑海蛤蜕桑田。"⑥ 诗作对杭城的优美山水作了细致描绘，山峰高低错落，白云横亘山腰，横看成岭侧成峰，欣赏着这高低不平的山岭，自有其奇妙之处。

① 中国蔡元培研究会编：《蔡元培全集》第 8 卷，浙江教育出版社 1997 年版，第 593 页。
② 同上书，第 592 页。
③ 中国蔡元培研究会编：《蔡元培全集》第 2 卷，第481 页。
④ 中国蔡元培研究会编：《蔡元培全集》第 6 卷，第445 页。
⑤ 高平叔撰著：《蔡元培年谱长编》第 2 卷，人民教育出版社 1998 年版，第 211 页。
⑥ 同上书，第 218 页。

而雨中的荷叶铺满白色的水珠，闪着银光，其外廓及斜纹，绝似一种海蛤壳。但此痕于雨雾后仍不能褪，渐由萎而破。疑是叶绿为水所破坏，始呈此状也。

1919 年 7 月 6 日雨，午后晴，夜雨。对雨过天晴，由晴转雨的杭城美景，蔡元培作七绝二首："久已隔窗听夜雨，居然倚枕看朝霞。霞痕转眼已全失，雨意无端又怒加。起来正是雨霏霏，旭日穿云未敛晖。半面空濛半潋滟，西湖装得像徐妃。"苏轼曾把西湖比西子，而蔡元培则用徐妃比西湖。所以，对于西湖，蔡元培情有独钟；对于西湖之花草柳陌，蔡元培在诗作中也多有赞美。如：

西湖荷①

潋滟湖光里，荷花别样红。水波清似许，莲叶碧无穷。
仁看三潭月，行吟曲院风。凭栏香冉冉，把棹乐融融。

西湖柳②

青青湖上柳，袅袅舞纤腰。堤畔闻莺啭，桥边看絮飘。
鹅黄方吐艳，鸭绿又添娇。苏小门前住，依依几万条。

1923 年 10 月，蔡元培因邀到比利时讲学，1924 年 1 月，蔡元培由比利时迁居法国的斯特拉斯堡，曾游览一个小湖——本射湖。此时，他远在国外，但看到异国之湖，蔡元培想起的是故乡的西湖。在《本射湖》中，蔡元培写道：

一

群山环抱一微涡，碧水澄泓静不波。
赢得人呼小瑞士，最宜月夜荡舟过。

---

① 中国蔡元培研究会编：《蔡元培全集》第 8 卷，浙江教育出版社 1997 年版，第 625 页。

② 同上书，第 626 页。

二

有人说是小西湖，山更雄奇水不如。

大好湖山随处有，莫言此好故乡无。

三

故乡湖水富菱莲，此地偏宜弓苇间。

比似明湖在山左，却因清旷倍堪怜。

在诗作中，蔡元培把本射湖与家乡的西湖作了比较，认为本射湖边的山比家乡的山更雄奇，但本射湖的水不如家乡西湖之水肥美。所以，像本射湖这样的大好湖山，故乡不但有，而且故乡的湖水有菱有莲，不但景致优美，而且物产丰富。虽然远在异国他乡，蔡元培惦念的是家乡的西湖，在与本射湖的对比描写中，流露出他对祖国、对家乡的热爱之情。

四　重视发挥故乡山水的育人功能

作为一位越地走出去的文化名人，蔡元培不仅热爱家乡的山山水水，而且非常重视发挥故乡山水的作用。1927 年 12 月在《创办国立艺术大学之提案》中主张将国立艺术大学设在杭州。认为"美育之目的，在陶冶活泼敏锐之性灵，养成高尚纯洁之人格，故为达到美育实施之艺术教育，除适当之课程外，尤应注意学校的环境，以引起学者清醇之兴趣、高尚之精神。故校舍应择风景都丽之区……"但"环顾国内各省形势，以山水论，川蜀最奇，然地逼边陲，交通殊多未便；庐山为长江第一名胜，亦以去大埠略远，非有巨资不易建设；金陵为总理指定之首都，有山有水，办理固所宜也，但城市嚣张之气日盛，加以政治未上轨道，政潮起伏，常影响学校之秩序与安全。窃以为最适宜者，实莫过于西湖。盖其地山水清秀，逶迤数百里，能包括以上各名胜之长，而补其所不足。且该地庙宇建筑，颇多宏丽，若就改造，可省建筑费一大部分。况庙宇所占之地，风景绝佳，欲另建筑，胜地已不易得。将来若能将湖滨一带，拨归艺大管辖，加以整理，设立美术馆、音乐院、剧场等，成为艺术之区，影响于社会艺术前途，岂不深且远耶！"① 1929 年 6 月 6 日，在《西湖博览会祝词》中，蔡元培盛赞："西湖山水明媚，每当春夏之交，远近游人，联集纷翩，凡百商业，莫不于此时利市三倍。浙省政府利用此点，借名胜之区，设博览之会，搜集货品，分类陈列，将使游者于流连胜景之时，目击国产，辨其物品，识其产地，因比较而见优劣，由竞争而得进步，用以提倡国货，激进工商，设计至善。"② 1938 年，蔡元培在为《鲁迅全集》出版所写的序言中也写道："'行山阴道上，千岩竞秀，万壑争流，令人应接不暇'。有这种环境，所以历代有著名的文学家、美术家，其中王逸少的书，陆放翁的诗，尤为永久流行的作品。最近时期，为旧文学殿军的，有李越缦先生，为新文学开山的，有周豫才先生，即鲁迅先生。"③

可见，对于故乡的美景，蔡元培不仅赞赏有加，而且很重视家乡自然美景的育人功能。认为是家乡这方水土培育了像王羲之、陆游、李越缦、鲁迅这样的越地名士。正因为蔡元培十分重视故乡山水的育人功能，所以，蔡元培非常重视和关注对越地名胜古迹的保护和发展。他不但对柯岩、东湖等山水自然环境的开发和保护倾心倾力，而且还热衷于编印越地方志，热心于越地近现代文献的保护。譬如，柯岩的石佛寺，始建于元朝，是一座著名的江南古刹，鉴于受毁损严重，蔡元培曾作为主要发起人，多次致函募集维修费用。1927 年 12 月在南洋大学发表演说，提及"我们浙江地方，竹非常之多，人家所用的陈设和器皿，都是用竹制。但是种竹之后，要待到可用的时期，至少也要七八年。刚刚出来的，都是些笋。如果人对笋不去保护，或竟是烹食了，那不是今天吃了一枝笋，将来就少一根竹吗！"④ 可见，蔡元培非常重视家乡自然环境的保护。

由上可见，稽山鉴水培育了蔡先生，而蔡先生对故乡也是满怀深情。

---

① 中国蔡元培研究会编：《蔡元培全集》第 6 卷，浙江教育出版社 1997 年版，第 134 页。

② 同上书，第 399 页。

③ 中国蔡元培研究会编：《蔡元培全集》第 8 卷，第 525 页。

④ 中国蔡元培研究会编：《蔡元培全集》第 6 卷，第 132 页。

第三节 蔡元培与越地教育文化

蔡元培与越地教育之间的关系主要表现为两个方面：一是蔡元培自幼在故乡接受传统的文化教育。这既有来自家庭的教育，又有来自塾师的教育，还有来自越地自然山水和历史文化的环境熏陶。这一点在本章第一节和第二节中已有论述，这里就不再累述。二是蔡元培在越地成长成才之后，他对越地教育作出的巨大贡献。就蔡元培而言，他自己既是中国传统教育与科举考试的出类拔萃者，又是对西方文明有深刻了解的新型知识分子。所以，他深知中国要发展，教育是基础；绍兴要进步，教育是关键。而戊戌变法的失败，给了蔡元培很多思考。他说："康党所以失败，由于不先培养革新之人才，而欲以少数人戈取政权，排斥顽旧，不能不情见势拙。"① 在中华民族岌岌可危的严峻形势下，蔡元培深深懂得，要重振民族雄风，清廷已经指望不上了，唯有从人才培养这一根本问题入手，才能割除中国的积弊，才能夯实中国发展的人才基础。罗家伦为此和蔡先生有过一段谈话：戊戌那年，"杨锐等主持变法运动者曾极力拉拢蔡先生，他拒绝了……我有一次请问蔡先生，当时为什么拒绝维新派的邀请？先生从容的对我说：'我认为中国这样大，积弊这样深，不在根本上从培养人才着手，他们要想靠下几道上谕，来从事改革，把这全部腐败的局面转变过来，是不可能的。我并且觉得他们的态度也未免太轻率。听说有几位年轻气盛的新贵们在办公室里彼此通条子时，不写西太后，而称老淫妇，这种态度，我认为不足以当大事，还是回家乡去办学堂罢。'"② 从蔡元培的这番回答中，我们可以看到，面对当时的社会现实，蔡元培清醒地认识到，要想实现社会的彻底革新，靠几个人的力量是不可能取得胜利的。在他看来，要"改良社会，首在教育。欲输科学智识于东亚，必以留学泰西为要图……况民生困迫，实业需材，故欲造就

---

① 中国蔡元培研究会编：《蔡元培全集》第3卷，浙江教育出版社1997年版，第659页。

② 高淑平撰著：《蔡元培年谱长编》第1卷，人民教育出版社1998年版，第133页。

青年济世之学子，尤以民智先进之国为宜。"① 在蔡元培看来，积极倡导和创办新式教育，为国家培养发展图强所急需的新式人才，中国才有出路。所以，创办新式教育的价值远远大于在京城做翰林编修。正是基于这样的认识，蔡元培在变法失败后，毅然决然地放弃在京城的官职，回到家乡兴办教育事业。在家乡，蔡元培开始实施其教育兴绍，乃至教育救国的抱负。通过发展绍兴乃至浙江的教育事业，培养家乡所需人才，促进家乡发展，带动社会进步，这是蔡元培内心的一大愿望。这一愿望体现在行动上，就是蔡元培在家乡展开的一系列教育活动。

一　担任绍郡中西学堂总理

中日甲午战争、康梁百日维新之后，绍兴受新思想新学说的猛烈冲击，出现了一批关注新思想、研究近代西学的有识之士。在蔡元培回到绍兴的前一年，也就是在 1897 年的春天，绍兴有名的绅士徐树兰捐资创办绍郡中西学堂，并向知府熊起磻筹得公款，在越地创办了首所新式学校——绍郡中西学堂（即绍兴第一中学的前身）。徐树兰自任督办（即今天所谓校董），而别聘一人任总理（即今所谓校长）。当时，蔡先生刚回到故乡，在徐树兰和熊起磻的劝促敦请之下，蔡元培欣然允任绍郡中西学堂总理。从此，蔡元培开始实施其新式教育理念，对家乡教育进行全面整顿和大胆改革，致力于新式学校的建设和新式人才的培养。

首先，蔡元培对学堂所授课程进行了调整。在绍郡中西学堂，外国语原有英、法两种，任学生选修，蔡元培任总理后，又增加了一门日语。在蔡元培看来，尽管日本自近代以来对中国的侵略不断加深，激起了国人的愤慨。但是，日本自从明治维新以来的改革之举和快速发展，非常值得中国借鉴与学习。他山之石，可以攻玉，因此，国人需要认真学习日本语。这样，"中西学堂的课程有：国学（包括经学或叫哲学，史学，词学或叫文学），算学（代数、几何），物理或叫

---

① 中国蔡元培研究会编：《蔡元培全集》第 3 卷，浙江教育出版社 1997 年版，第 65 页。

理科（包括动植物学、化学等），外国语（英文、法文、日文），体操等。"①

对此，当时第一斋的小学生蒋梦麟有一段回忆："中西学堂的课程，大部分还是属于文科方面的：中国文学、经书和历史。""教的不但是我国旧学，而且还有西洋学科，这在中国教育史上还是一种新尝试。虽然先生解释得很粗浅，我总算开始接触西学了。""我在中西学堂首先学到的一件不可思议的事是地圆学说，我一向认为地球是平的。……从基本物理学我又学到雨是怎样形成的。……了解燃烧的原理以后，我更放弃了火神的观念。""校中外国语分为英文、日文、法文三组，我先选修英文，后来又加选日本文。"② 从蒋梦麟先生的这段回忆中，大家可以感受到，蔡元培在绍郡中西学堂的课程改革，对学生知识结构，尤其是科学知识的启蒙起到了巨大的作用。从此，中国教育冲破传统，开始接受西学，走向科学。这在中国近代史上影响巨大。如果没有这一科学启蒙教育，中国近现代能否取得革命的胜利，何时能走向民主科学，实在无法预测。

其次，蔡元培为学生印行课本，亲自教学，为学堂添置图书，创立图书室等。1898 年 12 月 24 日，蔡先生为中西学堂蒙学印行《切音课本》，并特撰一文，加以说明。"今年冬，为中西学堂定蒙学课程，欲以切音为学子识字之初桄，沟通西音之捷径……"③ 1899 年 4 月 27 日，蔡元培亲自"以切音简表教蒙学斋诸生"④。"整齐学堂书籍"，创立名为"养新书藏"的图书室，多方设法，添置新书，手订《绍郡中西学堂借书略例》。⑤

最后，蔡元培还为中西学堂筹集款项。1899 年 5 月 17 日午后，汤寿潜（蛰仙）来，商缮请为绍郡中西学堂拨款禀稿。⑥ 5 月 26 日，访钟厚堂，言中西学堂请款事。⑦ 6 月 28 日，以绍郡中西学堂请求拨

---

① 高淑平撰著：《蔡元培年谱长编》第 1 卷，人民教育出版社 1998 年版，第 147 页。
② 同上书，第 147—148 页。
③ 同上书，第 137 页。
④ 同上书，第 151 页。
⑤ 同上书，第 148 页。
⑥ 同上书，第 152 页。
⑦ 同上书，第 153 页。

给省款的禀交李惟康代为递送。① 7 月 24 日，得戴杏仙（时在省城衙署任职）函，抄寄浙江布政使署批示："允于丁漕平余所提省会学堂款内岁拨一千串"给绍郡中西学堂。② 1899 年 12 月 24 日，蔡元培为学堂公款事，往会稽县署及厘捐总局。12 月 26 日，又与徐树兰同赴绍兴府署及厘捐总局。

除此以外，蔡元培还为学堂聘请教习，制定授课制度和作息时间表，购买教学用具和仪器设备，制定章程，等等。据载，6 月 12 日午后，约徐以愻、庄莼渔、薛阆仙至学堂，与杜亚泉、马用锡一同商订日本教习合同的草稿。③ 7 月 11 日，以聘请日文教习的合同示熊起磻知府，"请其盖印"。④ 6 月 13 日，更定学堂授课及作息时刻表，规定每天早晨 5 点，起床盥洗。6 点，早饭。上午 7 点起，外国语及算学各班上课。12 点，午饭。下午 2 点起，国学（读书、温书、讲书）各班上课。6 点，体操，7 点，晚饭。晚间 8 点，余课。9 点，就寝。⑤ 6 月 15 日，送徐树兰上海之行，托其致函购"买日本教育社物理、化学、助力诸器械及化学药品、庶物、动物、植物诸标本"⑥。8 月 18 日，徐显愻在东京为中西学堂代购的"日本所制小学校物理器械第二号一组，三十三种；化学器械二号一组，三十一种（及药品）；化学标本一组，四十种；庶物标本一组，二百种；动物标本乙号一组，八十五种；植物标本乙号一组，百有五种；矿物标本乙号一组，六十五种。三球仪一架，三角及两脚定规三具，助力器模一组，八种，立体几何一组，平面几何一种。皆寄到。"⑦ "绍郡中西学堂"系创办时所定校名。本年 4 月，蔡先生曾拟改名为"养新精舍"，未实现。8 月间，因清政府在戊戌政变后加强镇压，"讳校名中之'西'字，乃更名为'绍兴府学堂'。"⑧ 10 月 13 日，致邵伯纲函，托其以明

---

① 高淑平撰著：《蔡元培年谱长编》第 1 卷，人民教育出版社 1998 年版，第 155 页。
② 同上书，第 156 页。
③ 同上书，第 154 页。
④ 同上书，第 155 页。
⑤ 同上书，第 154 页。
⑥ 同上书，第 154—155 页。
⑦ 同上书，第 158 页。
⑧ 同上书，第 160 页。

年《绍兴府学堂章程》付石印。① 11 月手订《绍兴府学堂学友约》②。

以上是蔡元培在绍郡中西学堂所作的各种革新措施。当然，蔡元培在绍郡中西学堂，最为突出的一点就是：蔡元培非常重视延聘有识之士担任学堂的教员，支持新思想在学堂的传播。当时，一批在绍兴颇有名气和新思想的文人学士，如马湄莼、何朗轩、杜亚泉等，都被聘为中西学堂的教员。这些教员在学校开始向学生传播新思想，营造新风气。这些新思想与旧派思想相冲突，于是当时在绍郡中西学堂形成了新旧两派。在新旧两派的争论辩驳中，蔡先生不仅支持新派，并且旗帜鲜明地站在新派立场上与旧派驳辩，支持新派教师向学生宣传进化论，提倡民权、女权，反对旧派学者所固守的尊君卑民、重男轻女等不合时宜的传统观点，以致引起了旧派的不满。旧派教员恼羞成怒，乃诉诸督办。督办是老辈，当然赞成旧派教员的意见，但不愿公开干涉。1900 年 2 月 25 日，正好《申报》载有一正人心 的上谕，学堂堂董（督办）徐树兰来书，要求蔡先生将本月廿一日的上谕"恭录而悬诸学堂"③。对此，蔡元培第二天就复书痛诋，要求辞去绍兴府学堂总理之职。后经人调停，才答应暂留。

此后，蔡元培仍十分关心学堂的发展。1900 年 3 月 27 日撰《绍兴府学堂学友第一议期摄影记》，记述 3 月 11 日的集会情况。4 月 14 日以《绍兴府学堂详细章程》交付刻印。同日写定劝办初级学堂章程学事表。④ 10 月 26 日，同俞伯音、薛阆仙到学堂，整理图书。二君言学堂解散之可惜，蔡元培为之心动。夜归家，拟一节省办法。10 月 27 日，以简省办法示薛阆仙、俞伯音，皆愿共事，乃同至徐家，征询堂董徐树兰，"终无意"。10 月 29 日同胡钟生、薛阆仙再至徐家，再与徐树兰商，"终无意"⑤。

1901 年 2 月 17 日，何寿章（豫才）来，允接办绍兴府学堂。⑥ 2

---

① 高淑平撰著：《蔡元培年谱长编》第 1 卷，人民教育出版社 1998 年版，第 160 页。
② 同上书，第 162 页。
③ 同上书，第 171 页。
④ 同上书，第 178 页。
⑤ 同上书，第 189 页。
⑥ 同上书，第 194 页。

月20日，蔡元培到豫仓，将绍兴府学堂的册籍交与将再任总理的何寿章。① 此后，蔡元培虽已辞去总理一职，但仍一直关注绍兴府学堂的开办，每次回绍，他总会去绍兴府学堂。9月27日，杜得何寿章电，言绍兴府学堂于九月初一日恢复开办。② 10月22日晨，蔡元培到山阴家中，并前往绍兴府学堂"理书"，晤何寿章、俞伯音等教职员。③ 1906年2月24日，山阴县学堂开学，因以学生程度不齐，无法酌定各科教授时间。蔡元培建议该校进行分科考验后再定。2月25日午前到绍兴府学堂，午后举行山阴、会稽两县学务议会。④ 3月24日，周竹铭来，同往绍兴府学堂，并以工艺传习所章程相商。4月1日，到绍兴府学堂，晤俞伯音、周竹铭等。⑤

以上事件在《蔡元培日记》和《蔡元培年谱长编》中均有记载。这就是蔡元培在绍郡中西学堂的教学活动。不管是担任总理一职，还是辞去职务之后，蔡元培始终关心着绍郡中西学堂的发展。

二　致力于新式教育体系的构建

蔡元培一直致力于新式教育体系的构建，希望让高级小学、初级中学、高级中学互相衔接。所以，对于教育兴绍，蔡元培有一个全盘整体的考虑。1899年12月，在其撰写的《绍兴推广学堂议》一文中，蔡元培强调了推广教育的重要性。他指出："且今天下志士，所抵掌奋谭，为保国强种之本者，非学堂也哉。甲午以后，中国睡而将醒，兹事稍稍萌芽矣，然而其数殆可以屈指计。此屈指可数者，犹复府与县相刺，都与省相糅。卒业于此者，不能达于彼。其故何哉？曰：宗旨不一也，阶级不差也，师范不同也，课本不编也，公费不筹也，学友不联也，是以师烦而任难，学散而效寡也。"⑥ 针对这六大积弊，蔡元培明确表示，自己将竭尽全力加以矫正，虽然不可能遍及

---

① 高淑平撰著：《蔡元培年谱长编》第1卷，人民教育出版社1998年版，第196页。
② 同上书，第218页。
③ 同上书，第220页。
④ 同上书，第309页。
⑤ 同上书，第311页。
⑥ 中国蔡元培研究会编：《蔡元培全集》第1卷，浙江教育出版社1997年版，第252页。

全国二十三行省，也不可能遍行浙江十一个府，去一一加以矫正，但是他要以浙江绍兴为起点，在绍兴八县率先吹起新式教育之风。所以在文中他接着说："吾欲矫之于天下，而二十三行省者，吾未能户说也。吾欲矫之于浙江，一行省而十一府者，尚未能遍历也。层台基于尺土，乔木孕于寸萌。吾姑起点于吾绍兴。绍兴者，八县而已。言语同，风气同，其贤士大夫，吾所与上下其议论者也；吾亦闻名而心许者也。呜呼，庶亦闻狂瞽之言而欢成之提挈之欤？谨条其大例以俟焉。"[1] 鉴于此，蔡元培大力主张"筹集绍属八邑之公款，在府城设高级、中级学堂各一处，在县城，各设初级学堂一处"[2]。

1901 年 2 月 25 日，蔡先生在《日记》中，将日本各类学校——大学校、高等学校、大学预科、高等师范学校、女子高等师范学校、寻常师范学校、师范学校简易科、寻常中学校、中学校实科、高等女学校、工业学校、农业学校、蚕桑学校、水产学校、商船学校、商业学校、高等小学校、寻常小学校、幼稚园、徒弟学校等的课程表，详细抄列，以便于进行研究。[3]

1901 年 7 月 19 日，蔡元培为绍兴东湖二级学堂拟订章程。在章程中，蔡元培对学堂入学对象、学额、学制、学科、教习等方面作了具体说明。[4]

1901 年 8 月 3 日，草拟《浙江筹办学堂节略》，主张在省城设一师范学堂，一高等学堂，一中学堂，若干小学堂、蒙学堂。在各府城，各设一中学堂，若干小学堂、蒙学堂。在各县城，各设一小学堂，若干蒙学堂。在各乡，各设若干蒙学堂。至教育经费，建议由丁漕平余及货捐，并由限制迎神靡费中设法筹措。[5]

1900—1901 年，蔡先生广泛搜集、阅览国内外教育书籍报刊，对各级学校的教育制度及学校课程等问题详加研究，撰写出《学堂教

---

① 中国蔡元培研究会编：《蔡元培全集》第 1 卷，浙江教育出版社 1997 年版，第 252—253 页。

② 高淑平撰著：《蔡元培年谱长编》第 1 卷，人民教育出版社 1998 年版，第 164 页。

③ 同上书，第 197 页。

④ 同上书，第 210 页。

⑤ 同上书，第 212 页。

科论》一书。1901年10月，由杜亚泉主办的上海普通学书室出版印行。书中制定普通、专门各种学级及不同课程，并制定女子普通学级及师范速成科的学目。①

1929年10月7日，应西湖博览会之邀，蔡元培到杭州为"浙江省教育宣传日"作特约讲演。在讲演中，蔡元培对浙江的教育作出充分肯定，同时对浙江的教育事业提出了三点综合性的建议："第一是不要忘了中、小教育与大学要打成一片。……第二点是教员的任用与训练，不可不通盘计划。……第三点是以学校为中心点，而把一切特殊教育事业都归纳进去。……以上三点，都从综合方面着想，谨以贡献于吾浙江之教育家。"②

三　重视师范教育

在蔡元培看来，"人类者，动物之一种。保持生命，继续种姓之本能，动物所同具也。人类之所以视他动物为进化者，以有理想。教育者，养成人格之事业"③。只有大力发展中国的教育事业，才能从全局上发展国家自强之能力，才能从根本上培养中华民族健全之人格，才能从源头上培养公民独立不惧之精神。而要大力发展中国新式的教育事业，离不开优质师资队伍的培养。教师，乃是兴办教育事业的根本。1921年2月24日，他在湖南作了关于《对于师范生的希望》的讲演。演讲中，蔡元培语重心长地指出："小学教员在社会上的位置最重要，其责任比大总统还大些。你们在学校中如有很好的预备，就能担负这责任，有益于社会真不浅呵！"④

所以，在蔡元培看来，要发展中国的教育事业，当务之急是尽快培养一批新式师资。鉴于中国教育非常落后之实际情况，能否培养出一大批能切实承担起教书育人职责的新式教师，直接关系到中国的教育面貌能否在较短时期内得到明显的改变。因此，就中国之教育现状

---

① 高淑平撰著：《蔡元培年谱长编》第1卷，人民教育出版社1998年版，第222页。
② 中国蔡元培研究会编：《蔡元培全集》第6卷，浙江教育出版社1997年版，第418页。
③ 中国蔡元培研究会编：《蔡元培全集》第2卷，第371页。
④ 中国蔡元培研究会编：《蔡元培全集》第4卷，第331页。

而言，师资队伍建设工程巨大。而要培养师资，最主要的问题是兴办师范学校。正如蔡元培所言："师范教育，为普及教育的基本，最为重要。我们承认于高中合设的师范科外，得有单独设立的师范学校。"①

1898 年 10 月底，蔡元培回到绍兴寻求教育救国之路时，鉴于当时办教育教师稀缺的现实，发展师范教育，便成为蔡元培首要考虑的事情。1898 年，蔡元培被聘为绍兴府学堂总理后，率先在普通中学中招收师范生。1899 年 2 月 1 日，蔡元培在日记中写道："学堂开学，学生到者二十三人，附课生三人，算学师范生一人。"② 1899 年，"绍兴中西学堂招收算术科师范生 2 名，第二年又增设物理、化学、测绘、体操等科师范生数名，毕业后充任小学堂代理教员。"③ 这是浙江省招收师范生的最早记录。

由于绍兴府学堂受到各种条件的限制，难以扩大师范生招生培养的规模，蔡元培转而将目光投向省城，以寻求更大的师范教育发展空间。清光绪二十七年（1901）春，蔡元培等建议在杭州设立师范学堂，以培养师资，但无结果。据《蔡元培年谱长编》载：1901 年 5 月 23 日，蔡先生与童亦韩君同往杭州，筹办师范学校。此次及以后各次由沪赴杭，均为此事与浙省有关人士晤面商洽。④ 6 日 15 日起，在杭州与童亦韩、邵伯絅、陈介石、陈叔通、汪叔明等晤商奔走。⑤ 7 月 4 日，仍为倡设师范学堂事赴杭州。⑥ 7 月 12 日，"邀鲁鹿笙来，代写师范学堂案牍。"⑦ 10 月 25 日，与陈介石商议创立师范学会，以魏"少塘说巡抚，运使等皆以上谕无师范学堂字，各省皆无此学堂，未必肯拨经费也"，亦未成功。⑧

---

① 中国蔡元培研究会编：《蔡元培全集》第 18 卷，浙江教育出版社 1997 年版，第 509 页。

② 中国蔡元培研究会编：《蔡元培全集》第 15 卷，第 211 页。

③ 沈雨梧：《浙江师范教育》，天津古籍出版社 2002 年版，第 306 页。

④ 高淑平撰著：《蔡元培年谱长编》第 1 卷，人民教育出版社 1998 年版，第 205—206 页。

⑤ 同上书，第 206 页。

⑥ 同上书，第 208 页。

⑦ 同上书，第 209 页。

⑧ 同上书，第 221 页。

1902 年 3 月 15 日，起草《师范学会章程》，该会以"使被教者传布普通之知识，陶铸文明之人格"为宗旨，以"联合同志实行教术，不借政府补助之力，而达学校普及之盛"为目的，以"保持我国固有之文明，而吸采世界新出之理论，以为荣养之资，冀达粹美之域"为作用。① 在该章程中，蔡元培对师范学会的宗旨、目的、作用、会员、科目、课程、会资、凭证等作了明确说明，以继续推动浙江师范学校的建设。

1903 年 2 月 20 日，参与筹办绍兴公学，蔡先生建议以师范、专修、普通三科并举。……鉴于绍兴府学堂已专设师范院，故议决仅设专修及普通两科。

1906 年初，诸同志建议办一绍兴学务公所，用以促进绍属八县的教育事业。蔡元培自 1 月 30 日由上海回到绍兴后，开始办学务公所，邀裘吉生、杜海生诸君相助，开始与有关人士进行个别谈话、餐聚、磋商、开会讨论。1906 年 2 月 4 日，蔡元培专程前往临浦镇，与汤寿潜、卢鹿笙等晤谈，商议组设师范讲习会及派送学生赴上海学习等事，对各学堂招生、教学等事亦开始过问。2 月 27 日，绍兴学务公所评议会开会，公举蔡先生为学务公所总理，汤寿潜为评议会议长，胡钟生、杜海生为纠察员。4 月 9 日始到绍兴学务公所办事，与胡钟生商谈。4 月 22 日绍兴学务公所举行开办式，蔡先生发表演说。未久，以所延干事受人反对，后又以筹款设师范班受人反对，遂辞职。6 月 11 日致绍兴府属八县的府议员函，辞去绍兴学务公所总理一职。

对此，蔡先生在《自写年谱》中说："诸同志建议办一绍兴学务公所，用以促进绍属八县的教育事业，推我为所长，促我回里，我于是回绍兴，办学务公所，邀裘吉生、杜海生诸君相助。先办一师范传习所，讲授各种教育上所需要的科学。要办一师范学校，筹款辄为人所阻挠，我愤而辞职。"②

---

① 高淑平撰著：《蔡元培年谱长编》第 1 卷，人民教育出版社 1998 年版，第 234 页。
② 中国蔡元培研究会编：《蔡元培全集》第 17 卷，浙江教育出版社 1997 年版，第 450 页。

师范教育办不成，创立学务公所以"促进绍郡八县的教育事业"亦成为一纸空文。由于未能实现在浙江省独立创办师范学堂的心愿，1906 年下半年，蔡元培在失望之余回到北京谋求出国留学。1907 年 5 月，已过不惑之年的蔡元培踏上了德国留学之路。

蔡元培对师范教育的重视不仅体现在他为创办师范学校而奔走忙碌上，也体现在他对师范生培养的重视上。蔡元培留德归来后，浙江已有了师范学校，蔡元培曾多次到师范学校演讲。其中，最具代表性的是其在故乡绍兴五师发表的两次演说。绍兴五师，前身为杜海生等创办的山（阴）会（稽）初级师范学堂。辛亥革命时期，鲁迅曾任该校校监（即校长）。1913 年 6 月，该校收归省立，改名为浙江省第五师范学校，简称绍兴五师。1916 年 11 月 26 日，蔡元培首次来到绍兴五师，在那里，他发表了演说。在演说词中，蔡元培回忆道："鄙人于十五年前，拟在杭州办一师范学校，以当时风气未甚开通，绅士中鲜有愿赞助者，因之中止。此次道出杭垣，见第一师范〈学〉校办理完善，又闻贵校亦非常良好，甚为欣幸。"① 1923 年，蔡元培第二次来到五师，这是蔡元培赴欧洲游学前夕。5 月 21 日，蔡元培回绍兴扫墓，共住了 23 天。根据 6 月 6 日的日记记载，"午前参观省立第五中学校、第五师范学校、县立明道女子师范学校"。在"午后三时，为五中、五师、女师三校学生发表演说"②。要求学生们养成不依赖，独立学习和思考的习惯，这样才能于社会有用。蔡元培在五师的两次演讲，可以说是主题鲜明，充满感情，集师范教育思想之大成。可以这样说，在当时，蔡元培已经形成了自己独特的师范教育思想。

四　积极倡导在浙江筹办大学

蔡元培重视大学教育，所以，对于在浙江创办大学一事，蔡元培十分重视。1923 年 1 月 18 日，蔡元培撰写筹办杭州大学大纲。对杭

① 中国蔡元培研究会编：《蔡元培全集》第 2 卷，浙江教育出版社 1998 年版，第 477 页。

② 中国蔡元培研究会编：《蔡元培全集》第 16 卷，第 217—218 页。

州大学的创办，从命名、组织、经费、筹备等方面作了详细说明，还附有杭州大学意旨书、章程、计划书草案等。在意旨书中，对经费的来源、管理、设备费和其他经费的预算作了具体说明，对校址的选择、学校的发展程序、教授治校、身心之指导与训练、授课时间和研究时间、外国教授等方面都作了细致规划。

关于校址，蔡元培认为，杭州大学宜设在风景秀美的西湖，他说："西湖秀美，之江雄伟，固闻名于国内外者也。故本校选择校址，第一必兼有两者之胜。第二必历数十年或数百年而有扩充余地。第三须与城市隔离。第四须有一大部分为公地。同人等以此为标准，择定凤凰山为校址。……其地带江衿湖，登山四望，鸟瞰四境。一日之间，旭日初升，夕阳西沉，均无障目之物。钱江怒潮，西湖游艇，万家烟火，隔岸口树，均历历在目，诚天然胜境，修养身心，研究学术之嘉地也。"①

在杭州大学章程中，对大学的宗旨、权利、义务、学制、董事会、校政会议、校长、会计处、秘书处、图书馆、聘任委员会、教授会、教职员、学费、助学金、奖学金、经费及基金、预算编制之标准都作了说明。另外，还提出了关于筹办杭州大学的几项建议。建议杭州大学，不办预科，专办本科。先就自然学科酌设若干门，兼设哲学门，或附设若干哲学功课，以便学生选修。②

1927 年 12 月，发表《创办国立艺术大学之提案》，提议在美丽的西湖边创办一所艺术学校。认为艺术学校应注意学校的环境，要选择能引起学者清醇之兴趣、高尚之精神的地方。根据这一选址原则，蔡元培认为，最适宜创办艺术学校的地方莫过于西湖边。因为川蜀山水虽奇，但交通不便；庐山为长江第一名胜，但离大埠略远，建设需要巨资；金陵为总理指定之首都，有山有水，但城市嚣张之气日盛，政治未上轨道，政潮起伏，会影响学校之秩序与安全。而西湖山水清秀，逶迤数百里，能包括以上各名胜之长，而补其所不足。该地风景

①　中国蔡元培研究会编：《蔡元培全集》第 5 卷，浙江教育出版社 1997 年出版，第 20 页。

②　同上书，第 43 页。

绝佳，有不少庙宇建筑，稍作改造，即可省去一大部分建筑费。① 最后在蔡元培的提议下，1927 年在浙江杭州创办了国立艺术大学。

最后，在教育的其他方面，蔡元培也作了不少努力。在辞去绍郡中西学堂总理一职之前，蔡元培被聘为剡山书院院长。1900 年 2 月 27 日，坐在舟中，草拟嵊县《剡山、二戴两书院学约》。此外，多次为书院出课题，到书院演讲，倡导科学，劝院生就性所近，分别考求。但书院因经费有限，不能改进，蔡元培担任一年就辞职了。同时，诸暨丽泽书院，亦聘他为院长，他虽未能到院，但也常为书院出课题。一年后，在蔡元培力劝之下，书院改为学校。

1900 年 9 月，蔡元培协助嘉善的宁绍会馆筹建学塾，改进会务。

1901 年 4 月 19 日，在杭州方言学社开学日，蔡元培应邀参加典礼，并发表演讲。

1903 年 3 月 8 日，蔡元培在上海向旅沪绍兴人士发表题为《绍兴教育会之关系》的演说。他呼吁：吾辈既为绍兴之人，则绍兴一切之事，都是吾辈之责任。而吾辈之责任，"莫大于高绍兴人之人格，而使无为世界上了无关系之人"②。认为绍兴人若以一朝之例而固步自封，那么，长此以往，就会趋于衰歇，降于卑贱。对此，"诸君殆皆知之，而卒无以救之者，何焉？教育不兴故也。"③ 蔡元培认为，兴办教育的重任如果全委之于家居之绍兴人，那么，即使"有深识热心者大声而提倡之"，也不足以成事；他需要一切家居和远游的绍兴人合力以图之。所以，"诸君果欲吾绍兴人之与世界进化而为世界极有关系之人，以无至于衰歇而卑贱也，则请于今日赞成此绍兴教育会之举，以为合力行事之基地焉"④。蔡元培的这一演说，不仅对近代绍兴教育的蓬勃发展起到了重要作用，而且对近代绍兴名士群的形成也产生了重要影响。因为他要求绍兴人把提升人格精神作为自己的追求，要求绍兴人把发展绍兴、振兴祖国作为自身的责任。

---

① 中国蔡元培研究会编：《蔡元培全集》第 6 卷，浙江教育出版社 1997 年版，第 134 页。
② 中国蔡元培研究会编：《蔡元培全集》第 1 卷，第 412 页。
③ 同上书，第 413 页。
④ 同上书，第 413—414 页。

1923 年 5 月 30 日在上虞县春晖中学发表演说，要求春晖学子在风景优美、环境幽静的白马湖畔好好学习，使自己于品格、身体和知识上都得着无限的利益。

1923 年 6 月 6 日在绍兴五师五中女师联合大会上发表演说，要求绍兴人加强公共环境建设。

1927 年 3 月 12 日在杭州之江大学发表《读书与救国》的演说。他说："这个学校是我们浙江唯一的最高学府。青年学子不必远离家乡，负笈千里，即可求得高深学问，这可不是我们浙江青年的幸福吗！"认为之江大学，"负山带河，面江背湖，空气固是新鲜，风景更属美丽。诸位求学于如此山明水秀之处所，自必兴趣丛生，收事半功倍之效"。所以蔡元培十分希望他们当中学文科的人，"能多多造成几位东方之文学泰斗"。同时要求学生"爱国不忘读书，读书不忘爱国"，认为"如此方谓得其要旨"。因为"救国问题，谈何容易，决非一朝一夕空言爱国所可生效的"。所以蔡元培希望诸位在学校里，"能努力研究学术，格物穷理。因为能在学校里多用一点工夫，即为国家将来能多办一件事体。外务少管些，应酬以适环境为是，勿虚掷光阴。宜多多组织研究会，常常在试验室里下工夫。他日学成出校，为国效力，胸有成竹，临事自能措置裕如。一校之学生如是，全国各学校之学生亦如是，那末中国的前途，便自然一天光明一天了"[①]。

1935 年 1 月，在《我们希望的浙江青年》一文中提出，希望浙江青年：一要有健强的体格；二要有研究的精神；三要有美术的陶冶。这样，一方面在知识及技能上有科学的基础；另一方面在感情上有美术的熏习，以这种健全的精神，宿在健全的身体，真是健全的青年了！[②]

由上可见，蔡元培除了曾担任绍郡中西学堂总理一职外，倡办各级学校和师范教育之外，还担任嵊县剡山书院、诸暨丽泽书院院长等职务，并曾在上虞春晖中学、绍兴五师、绍兴五中、绍兴女师

---

① 中国蔡元培研究会编：《蔡元培全集》第 6 卷，浙江教育出版社 1997 年版，第 18—20 页。

② 中国蔡元培研究会编：《蔡元培全集》第 8 卷，第 14—15 页。

等多所学校发表演讲，满腔热忱地勉励学生，自强不息、勤奋学习。尽管教育不是万能的，单靠教育，也很难实现兴绍救国的初衷，但是，在国门初开、急流涌动的近代中国，大力发展教育、培养新式人才的重要性是不言而喻的。因此，蔡元培教育兴绍救国的努力，值得后人敬佩。

第四节　蔡元培与越地名贤文化

越乡绍兴，不仅有优美的自然山水，而且历来人杰地灵、人才辈出。对数千年来家乡层出不穷的越地先贤，蔡元培先生通过阅读他们的著作，研究他们传承下来的文化思想，为自己获得丰富的精神养料。对于近现代越乡名士，蔡元培与他们有着各种交往联系，蔡元培与他们相互影响，共同进步，为中华民族的复兴立下汗马功劳。我们知道，与蔡元培有过联系的近代越地名贤不胜枚举，这里主要择取对蔡元培影响最大和与蔡元培交往最密切的几位来加以考察。

一　蔡元培与古代越地先贤

越地山川秀丽，人才辈出。从神话时代的尧舜禹，到春秋战国时期的越王勾践，汉代的王充，魏晋南北朝的王、谢家族，唐代的虞世南、贺知章，宋代的陆游、杨慈湖，明代的王阳明、刘宗周、徐渭、张岱，清代的黄宗羲、章学诚等。对这些历史先贤，蔡元培在日记、诗文和演讲中时有提及。而其中对中国古代文化思想的发展有重大影响的学者，蔡元培在《中国伦理学史》一书中，不仅对他们的思想作了或详或略的分析，而且对他们的思想及影响作了中肯的评价。

对于尧舜禹，蔡元培说："三代以前，圣者辈出，为后人模范。其时虽未谙科学规则，且亦鲜有抽象之思想，未足以成立学说，而不能不视为学说之萌芽。""至于舜，则又以中之抽象名称，适用于心性之状态，而更求其切实。……其于社会道德，则明著爱有差等之义。……是而知中之为德，有内外两方面之作用，内以修己，外以及人，为社会道德至当之标准。盖至舜而吾民族固有之伦理思想，已有基础矣。""禹治水有大功，克勤克俭，而又能敬天。"① 他承尧舜之后，发展了伦理思想，论及道德与政治之关系，进而及于天人之交涉。"盖谓神人有感应之理，则天之赏罚，所不得免，而因以确定人类未来之理想也。"②

对于越王勾践，蔡元培在演讲和诗文中经常提及。如 1893 年 9 月在《如有王者，必世而后仁》中说："越之霸也，区区小补，犹云'十年生聚，十年教训'。"③ 1895 年在《越中先贤祠春秋祭文》中说："后王尝胆，任侠竞趋"④，对越王勾践卧薪尝胆的精神颇为赞赏。

"王充，字仲任，上虞人。师事班彪，家贫无书，常游洛阳市肆，阅所卖书，遂博通众流百家之言。著《论衡》八十五篇，养性书十六篇。今所传者惟《论衡》云。"对于王充，蔡元培不仅熟知他的生平事迹，而且对他的思想也有深入了解。⑤ 在《中国古代伦理学史》中，蔡元培在深入分析王充哲学思想的基础上，对其思想及影响作出了高度评价。他说："汉代自董、扬以外，著书立言，若刘向之《说苑》《新序》，桓谭之《新论》，荀悦之《申鉴》，以至徐幹之《中论》；皆不愧为儒家言，而无甚创见。其抱革新之思想，而敢与普通社会奋斗者，王充也。"⑥ 在分析和评价王充的一系列思想之后，蔡元培得出结论："王充之特见，在不信汉儒天人感应之说。其所言人之命运及性质与骨相相关，颇与近世惟物论以精神界之现象悉推本于生理者相类，在当时不可谓非卓识。惟彼欲以生初之形，定其一生之命运及性质，而不悟体育及智、德之教育，于变化体质及精神，皆有至大之势力，则其所短也。要之，充实为代表当时思想之一人……"⑦ 蔡元培认为，王充的思想颇似近代唯物论思想，这在当时

① 中国蔡元培研究会编：《蔡元培全集》第 1 卷，浙江教育出版社 1997 年版，第 473—474 页。
② 同上书，第 474 页。
③ 同上书，第 125 页。
④ 同上书，第 155 页。
⑤ 同上书，第 531 页。
⑥ 同上书，第 530—531 页。
⑦ 同上书，第 532—533 页。

可谓特见卓识。其思想之所短在于性成命定之说。因为在蔡元培看业，一个人出生以后，经过德、智、体、美、劳等方面的教育，其身体思想都会有很大的发展和变化。从这一评述，足见蔡元培对王充思想理解之客观透彻。

宋明理学时代，蔡元培不仅对朱陆异同有深入研究，而且对越地先贤杨慈湖的思想也有论述。杨慈湖，名简，字敬中，慈溪人。乾道五年，第进士，调当阳主簿，寻历诸官，以大中大夫致仕。宝庆二年卒，年八十六，谥文元。慈湖著有《己易》《启蔽》二书。在《中国伦理学史》中，蔡元培不仅记载了慈湖拜象山为师的故事，而且对慈湖和象山的思想作了评说，认为"象山谓塞宇宙一理耳，然宇宙之现象，不赘一词。得慈湖之说，而宇宙即理之说益明"①。"象山谓宇宙内事即己分内事，其所见固与慈湖同。惟象山之说，多就伦理方面指点，不甚注意于宇宙论。慈湖之说，足以补象山之所未及矣。"② 在蔡元培看来，慈湖对"宇宙即理"的阐述比象山更明晰，其学说是对象山学说的一种补充。

对于王阳明和黄宗羲这两位越地先贤，蔡元培尤为推崇。1903年3月8日，蔡元培在上海向旅沪绍兴人士发表《绍兴教育会之关系》的演说中盛赞："自汉以来，儒林、文苑诸传，无不有绍兴人者，而王阳明氏之道学，及今尚为海外哲学之一派，黄梨洲氏且得东方卢骚之目焉，是为学问界之势力。"③

首先，在《中国伦理学史》中，蔡元培对阳明学说作出高度评价。他认为，朱学经宋元明，名儒辈出，流行益广。但其学说，则无甚创见，其他循声附和者，率不免流于支离烦琐。陆学自慈湖以后，几无传人。但明代中叶，王阳明出，中兴陆学，而思想界之气象又一新焉。他说："阳明以至敏之天才，至富之阅历，至深之研究，由博返约，直指本原，排斥一切拘牵文义区画阶级之习，发挥陆氏心理一致之义，而辅以知行合一之说。孔子所谓我欲仁斯仁至，孟子所谓人

---

① 中国蔡元培研究会编：《蔡元培全集》第1卷，浙江教育出版社1997年版，第571页。

② 同上书，第572页。

③ 同上书，第412页。

皆可以为尧舜焉者，得阳明之说而其理益明。"① "盖阳明之所谓知，专以德性之智言之，与寻常所谓知识不同；而其所谓行，则就动机言之，如大学之所谓意。然则即知即行，良非虚言也。"② "希腊之苏格拉底，吾国之王阳明，皆以为即知即行。"③ "苟寻其本义，则其所以矫朱学末流之弊，促思想之自由，而励实践之勇力者，其功固昭然不可掩也。"④ 因此，"象山之学，得阳明而益光大"⑤。

其次，1901 年 9 月 14 日，在南洋公学，蔡元培给学生的论题有"日本维新名士多出于阳明学派说（道德学）"⑥。1920 年 7 月 6 日在北京大学教务会议中通过了《北京大学研究所简章》，简章第五条说道："各系之学课，有专门研究之必要者，由教员指导学生研究之名曰某课研究，并规定单位数。例如：康德哲学研究、王守仁哲学研究……"⑦ 列举中蔡元培建议在北京大学研究所开设"王守仁哲学研究"，从中可见，蔡元培对阳明学说的重视。

1940 年 1 月 22 日，蔡元培日记载："接云五借我之明刊《王阳明全集》二十八册。"⑧ 在生命的最后时刻，蔡元培还向王云五借阅《王阳明全集》，足见他对阳明学说的推崇。

黄梨洲，名宗羲，浙江余姚人，明之遗民也。对黄宗羲的思想，蔡元培也是高度肯定和推崇的。在《中国伦理学史》中，蔡元培说，周公、孟子所言之君民关系者，其义皆与西洋政体不甚相远。但自荀卿、韩非，有极端尊君权之说，而为秦汉所采用，古义渐失。但"自唐以后，亦无有据古义以正之者，正之者自梨洲始"⑨。在蔡元培看来，秦汉以来那种不合理的君民关系，直到黄宗羲这里才得以纠正。认为天下不是君王一姓之天下；国君是为天下、为百姓谋福利之人，

---

① 中国蔡元培研究会编：《蔡元培全集》第 1 卷，浙江教育出版社 1997 年版，第 575 页。
② 同上书，第 573 页。
③ 中国蔡元培研究会编：《蔡元培全集》第 6 卷，第 160 页。
④ 中国蔡元培研究会编：《蔡元培全集》第 1 卷，第 575 页。
⑤ 同上书，第 576 页。
⑥ 中国蔡元培研究会编：《蔡元培全集》第 15 卷，第 362 页。
⑦ 中国蔡元培研究会编：《蔡元培全集》第 18 卷，第 345 页。
⑧ 中国蔡元培研究会编：《蔡元培全集》第 17 卷，第 400 页。
⑨ 中国蔡元培研究会编：《蔡元培全集》第 1 卷，第 580 页。

而非视天下人民为囊中私物的主人。臣是为天下、为万民而出仕，而不是为君王、为一姓之兴衰而出仕。为臣者，如果轻视斯民于水火，即使能辅君而兴，从君而亡，其于臣道也是相违背的。对此，蔡元培认为梨洲所论之君臣原理，现在虽然已为人所共晓，但在当时，则不得不推为特识矣。

黄梨洲这一进步思想对蔡元培民主思想的形成产生了重要影响。可以说，正是在黄梨洲这一君臣原理的影响下，蔡元培在戊戌变法失败之后，才清醒地认识到，自己进入翰林不应该为没落腐朽的一家之姓效力，而应该为国家、为民族、为人民而奔走呼告。于是他毅然离开曾经带给他荣耀的翰林院，走上了民主革命的道路。因此，蔡元培说："自汉以来，历二千年，而学说之进步仅仅也。然如梨洲、东原、理初诸家，则已渐脱有宋以来理学之羁绊，是殆为自由思想之先声。迩者名数质力之学，习者渐多，思想自由，言论自由，业为朝野所公认。而西洋学说，亦以渐输入。然则吾国之伦理学界，其将出是而发展其新思想也，盖无疑也。"① 这样，黄梨洲成为浙东学派的开山鼻祖。

而吕祖谦、陈亮和叶适是南宋时期浙江著名的哲学家、文学家，为学反对空谈性理。对于理学家们所崇拜的人物如曾子、子思、孟子等，进行了大胆的批判，提倡"经世致用"。这些思想为蔡元培深入理解和吸收，对他理性务实思想的形成有一定影响。

而浙东学派的殿军人物章学诚更是蔡元培所推崇的人物。章学诚著的《文史通义》被列为蔡元培最喜欢的三部书之一。蔡元培"深服膺章实斋氏言公之义"，对于章氏先有繁博的长编，后作圆神的正史，以及对史籍中的人名地名须详列简目，以备查考等编撰主张，蔡元培奉之为治史的规范，并有所学习和发展。1929 年 11 月 7 日在《经济史长编》序中，蔡元培说："吾乡章实斋先生尝拈'圆而神，方以知'二语，为史与长编区别之标准。盖史之作用，重在开来，初不在罗举种种已往之事实，而在于种种往事中抽出律贯，昭示后人，

① 中国蔡元培研究会编：《蔡元培全集》第 1 卷，浙江教育出版社 1997 年版，第583—584 页。

故言可以简，而意则务求其深长，故谓之圆而神。然此圆而神之著作，不可不以极完备之长编为凭借，否则所根据之事实，既已挂一漏万，则其所籍绎之律贯，或不免代毫而失墙。是以辑录长编之时，宜力求完备，而不可预设成见以为去取。作文者以词必己出为特色，而作长编者则以无一字无来历为条件，故谓之方以知。"① 这里，蔡元培对章学诚"圆而神，方以知"的编史方式作了明确具体的阐释。1919 年 1 月 30 日在《重修〈新昌县志〉序》中，蔡元培说："余十余岁时，从叔父铭山先生许得章实斋氏《文史通义》而读之。其于方志之例，言之最详，遂常留印象于脑中。"② 所以，蔡元培 24 岁那年，上虞朱笏卿先生主修县志，蔡元培被招为襄理。他曾按照"章氏理论"来编目，但因有同事反对，没有得以实行，于是蔡元培辞职。之后，蔡元培涉及科学，又研求小学教育之乡土志，对旧日方志之缺点也有所感，认为章氏之例，亦有不适用者。但对章学诚的史学观念，蔡元培是极为推崇的。

在明代，刘宗周开创蕺山学派。蔡元培在业师王懋修先生的影响下，对刘蕺山及其思想学派也极为推崇。因此，笔者以为，以刘蕺山为首的蕺山学派和由黄梨洲开创的浙东学派对蔡元培哲学美学思想的形成产生了重要影响，这一点将在第四章中作具体论述。

另外，对南宋时期我国伟大的爱国诗人陆游，蔡元培尤为敬仰。这种敬仰之情首先体现在其对陆游诗作的喜爱上。1896 年 8 月 25 日，蔡元培在日记中写道："阅放翁七律，有云：绍兴辛未至丙子六年间，予年方壮，每遇重九，多与一时名士登高于蕺山宇泰阁。"③ 1901 年 3 月 25 日，蔡元培在《日记》中又写道："余取陆放翁诗句，自号心太平庵，取春秋太平世义，而又以哲学家唯心论贯之。"④ 其次，蔡元培不仅喜欢阅读陆游的诗词，而且喜欢把陆游的诗词引入自己的诗作。如 1926 年，蔡元培在《床上口占》一诗中有"晨钟暮鼓梦中

---

① 中国蔡元培研究会编：《蔡元培全集》第 6 卷，浙江教育出版社 1997 年版，第 432 页。

② 中国蔡元培研究会编：《蔡元培全集》第 3 卷，第 520 页。

③ 中国蔡元培研究会编：《蔡元培全集》第 15 卷，第 92 页。

④ 同上书，第 334 页。

省，犬吠鸡鸣觉后闻"① 之句，诗句中"晨钟暮鼓"一词出自陆游《短歌行》中的诗句："百年鼎鼎世共悲，晨钟暮鼓无休时。"最后，蔡元培的书法作品，其内容有相当一部分来自于陆游诗词。而在《蔡元培全集》中还录有这样两首诗：

题放翁秋夜读书图②

别驾生涯似蠹鱼，简编垂老未相疏。

也知赋得寒儒分，五十灯前见细书。

题放翁读书图③

一

面骨峥嵘鬓欲疏，口口只合卧蜗庐。

自嫌尚有人间意，射雉归来夜读书。

二

归老宁无五亩园，读书本意在元元。

灯前目力虽非昔，犹课蝇头二万言。

对于这两首录入《蔡元培全集》的诗作是否为蔡元培所作，学界一直存有争议。不少学者认为，上面两首诗为陆游所作，并非蔡元培的作品。因为诗作与陆游《秋夜读昼戏作》和《读书》二首诗中的诗句是一样的。所以，这两首诗很可能是蔡元培把陆游的诗作誊写在自己的手稿中而已，但即便是这样，也只能说明蔡元培对陆游诗作及其为人之仰慕。

对于这些越地先贤，蔡元培非常敬仰。在京为官时期，蔡元培总会去"山会邑馆公祭先贤"，或去"越中先贤祠公祭"④。1895年还撰写了《越中先贤祠春秋祭文》：

① 中国蔡元培研究会编：《蔡元培全集》第5卷，浙江教育出版社1997年版，第454页。

② 中国蔡元培研究会编：《蔡元培全集》第3卷，第251页。

③ 同上书，第252页。

④ 中国蔡元培研究会编：《蔡元培全集》第15卷，第121页。

岩岩栋山，荡荡庆湖。扬州实镇，南江所都。荸清谷异，世嬗贤谞。经论云雷，实维大禹。服教畏神，礼义之府。后王尝胆，任侠竞趋。气节慷慨，是焉权舆。胜朝致命，遂多伟儒。儒林大师，余姚肇祖。千祀不祧，授经图谱。新昌朴学，翼左程朱。良知证人，大启堂庑。文苑之英，盛哉典午。①

在文中，蔡元培从大禹写到卧薪尝胆的越王勾践，从勾践写到越地伟儒，以及近代越地的文苑之英。在他们当中，有许多都已成为近现代中国著名的领军型人物，他们对中国社会和文化的发展作出了独特的贡献。1895 年 5 月 13 日，蔡元培在《为河南省城浙江会馆书联》中说："此邦循吏、寓公有乡先正，愿诸君子追群孟晋，一编典录，重题会稽后贤名。"② 循吏，指奉职守法的官吏。寓公，泛指寄居他乡的有官吏身份的人。先正指已死的贤者。蔡元培勉励大家踩着越地先贤的足迹，奋力前进，希望浙江近代的青年才俊也能被后人编入典录之中。

其实，一个地方的地域文化精神往往是复杂多样的，这种地域文化精神对个体产生的影响往往也是不同的，关键在于每一个体汲取的是地域文化的哪一方面。对于蔡元培来说，不管对家乡地域文化，还是对中国传统文化，乃至对于西方文化，他始终坚持一个原则，那就是择取文化中的优秀因子加以吸收和弘扬，真正做到"取其精华，去其糟粕"。所以，对于越地先贤所创造的优秀的地域文化思想，蔡元培总能尽情吸收，从而对他人格精神、思想观念和价值取向的形成产生了深刻影响。当然，对蔡元培思想和事业产生重要影响的越地名贤，不只局限在古代，近代不少越地名士的进步言行和思想，对蔡元培教育救国思想的推行也起到了至关重要的作用。

① 中国蔡元培研究会编：《蔡元培全集》第 1 卷，浙江教育出版社 1997 年版，第 155 页。
② 同上书，第 144 页。

二 蔡元培与近代越地名士

在近代，越地出现了众多著名人士。在他们当中，有的是年长于蔡元培的前辈，有的是与蔡元培同辈的同年好友，也有的是年幼于蔡元培的越乡新秀。但蔡元培与他们不仅相处得极为融洽，而且与他们一起互相支持，协力奋进。

在年长于蔡元培的越乡前辈中，除蔡元培的六叔铭恩和王懋修老师之外，首先值得一提的是田宝琪先生。田宝琪，字春农，绍兴城里的大户人家，元培的六叔曾在他家任塾师。那时，蔡元培在读书之余，也学作散文与骈文。每有所作，春农先生必大加奖励。田春农非常赏识蔡元培的才华，认为蔡元培是可以造就之才。1886年，他介绍蔡元培到徐府，一方面担任徐维则的伴读，另一方面为徐氏校勘书籍，这使蔡元培获得进一步读书深造的机会。因此，蔡元培在《自写年谱》中把田春农看作自己"生平第一个知己"①。在己丑年乡试《齿录》的"问业师"项下，蔡元培把"田春农夫子"列在第一位。

其次值得一说的是浙江藏书大家、越乡知名贤达徐树兰和徐友兰兄弟。徐友兰，清末知名藏书家，会稽（今浙江绍兴）人，徐树兰胞弟，附贡生，官户部郎中，在上海经营实业，富藏书，喜刻书，其斋名"徐氏铸学斋"，其刻书处名"墨润堂"。他所刻的《绍兴先正遗书》，汇集绍兴先贤的著作，每种都约请通儒认真校勘，以精雅的纸张、徽墨刻印。1886年，蔡元培在为其次子徐维则伴读的时候，还为他校勘《绍兴先正遗书》和《铸学斋丛书》。从1886年至1889年在徐家度过四年时光，蔡元培尽情地遨游在知识的海洋中，博览群书，不仅夯实了他受益终生的国学基础，学识得以大进。对此，林文铮和陈觉民在《蔡孑民先生二三事》中回忆道：蔡先生在徐家一边校书，一边读书，四年时间里，可谓博览群书，"他遍读了楼中的十余万卷藏书，其中重要的书籍，均经蔡先生亲笔批注。我曾在徐世大

---

① 中国蔡元培研究会编：《蔡元培全集》第17卷，浙江教育出版社1997年版，第428页。

那儿见到一部《管子》、一部《墨子》，都经蔡先生批注，有用红笔的，也有用墨笔的，蝇头小楷，书的每页上面下面批注得密密麻麻，一点空隙也没有。据徐家的人说：像这样批注过的书不止这两部。他四年来锲而不舍的治学精神，为以后博大精深的学问打下了基础。此后，先生再肄习日文、英文、德文、法文、意大利文、拉丁文（师事马相伯，学拉丁文）等外国文字，并广泛浏览各国思想家的书籍，养成先生的不主一家、兼收并蓄、新旧贯通的高深学问。"① 有了这么深厚的学问积淀，1889年，蔡元培第三次赴杭州参加乡试，他的"怪八股"在此次考试中被发挥得淋漓尽致，竟使乡试房官宦汝梅误以为是"老儒久困场屋者"所为，而主考官李文田对此也大为赞赏。考官给蔡元培试卷的评语为："不落恒蹊，语无乏设，引证宏博，词意整饬"等。对此，蔡元培自己也说："己丑乡试，宦汝梅先生得余卷，谓是老儒久困场屋者。庚寅，王荓卿先生得余卷，疑是跅弛不羁之士。"② 正是蔡元培在徐家的阅读，使他有了广博深厚的学识和思想，他的文章才颇有"老儒"之风，乃至获得了当时博通经史校勘和金石之学的主考官李文田的大加赞赏。因此，元培考中了第23名举人，并在江浙一带士人中颇产生了一些震荡，人们竞相抄录传诵其"怪八股"。吴稚晖对蔡元培的"怪八股"有过生动的描述："当余尚未知有江洋大盗孙汶，前五六年时，却知有蔡元培者。浙江闱星中有三篇怪八股，能得风气之先，意其人或一怪诞跅弛之士，不知当时彼乃二十三四岁之间恂恂儒者。吾友丁芸轩先生录其文。杜孟兼先生选刻《通雅集》，以为压卷。……《通雅集》者，怪八股之特刊，一时摹仿以得隽者，癸巳、甲午两科，有数百人之多。清真雅正之八股家，太息以为文妖。"③

蔡元培的"怪八股"也引起了当时学术界上层的些微关注，时在北京做御史的越乡名贤李慈铭阅览浙江官报《题名录》时，在全

① 林文铮：《蔡子民先生二三事》，陈平原、郑勇编：《追忆蔡元培》，三联书店2009年版，第40页。

② 高平叔撰著：《蔡元培年谱长编》第1卷，人民教育出版社1998年版，第39页。

③ 吴敬恒：《四十年前之小故事》，陈平原、郑勇编：《追忆蔡元培》，三联书店2009年版，第73—74页。

省 137 名举人中，唯将蔡元培和沈宝琛二人的姓名、籍贯记下。① 这表明，崭露头角的蔡元培在当时不仅在浙江学界颇具影响，而且引起了京城乃至全国知名学者的关注，这为他日后跻身一流的文人群体打下了良好的基础。1890 年，蔡元培进京参加恩科会试时，虽然他自量字写得不好，没有希望立即进入殿试，不及发榜就偕徐维则出京南返了。但结果出人意料，蔡元培的"怪八股"仍然得到了考官的赏识，就在会试当年进入了殿试。但因他已离京，至 1892 年春，蔡元培再次赴京，补应复试和殿试。殿试策论考查中，蔡元培充分展示出自己博闻强识的特长，对其中有关西藏的策论题，详述其山川道里，行政沿革，且广征博引，断制自如。在这次补试中，蔡元培的文章深得本次主考官户部尚书翁同龢与殿试阅卷大臣工部左侍郎汪鸣銮的肯定和欣赏，蔡元培被列为二甲第 34 名进士，这样元培成功跃上大比之巅。

蔡元培的科举成功之路，虽然离不开考官们的抬举赏识，但更离不开蔡元培那广博深厚的学识思想，而蔡元培广博深厚学识思想的获得在很大程度上受益于他在徐家的四年校勘经历。当然，这只是蔡元培在徐家校书受益的一个方面，另外，在这四年校书生涯中，蔡元培还交到了很多好朋友。对此，他在《自写年谱》中说："田氏、徐氏，藏书都很多。我到徐氏后，不但有读书之乐，亦且有求友的方便。王君寄庼（名佐）为以愻弟硕君之师，熟于清代先正事略等书，持论严正。以愻之师朱君萧卿，人甚豪爽，善为八股文与桐城派古文。魏君铁珊（名彧）有拳勇，能为诗古文辞，书法秀劲，皆尔时所识。以愻之伯父仲凡先生（名树兰）搜罗碑版甚富。那时候，年辈相同的朋友，如薛君朗轩、马君湄莼、何君阆仙等，都时来徐氏，看书谈天。曾相约分编大部的书，如《廿四史索引》、《经籍纂诂补正》等，但往往过几个月就改变工作。"② 对于蔡元培而言，这几年的读书交友生活不但颇为惬意，而且受益匪浅。

① 海波：《关于李越缦〈郇学斋日记〉》，《人民日报》海外版 1988 年 3 月 25 日。
② 中国蔡元培研究会编：《蔡元培全集》第 17 卷，浙江教育出版社 1997 年版，第 428 页。

徐树兰，当时绍兴最为知名的绅士之一，字仲凡，号检庵，清山阴（绍兴）人。光绪二年（1876）举人，授兵部郎中，后因母病告归，从此不再出仕，热心于文化公益事业。他曾经与罗振玉等人在上海创办农学会以及农学报，然而，从徐树兰一生来看，最为杰出的贡献是他在绍兴所做的两件事：一是捐资创办绍郡中西学堂。绍郡中西学堂在1897年创立，他自任校董。1898年蔡元培回乡后，他和绍兴知府熊起磻一起邀聘蔡元培为绍郡中西学堂总理，管理学务。绍郡中西学堂开设的课程不仅有传统的文化课程，更有译学、算学、化学等学科，可谓是古今贯通，中西兼具，开新式教育风气之先，为中国近代社会培养了不少人才。二是在1902年，徐树兰捐银33960余两，在绍兴城古贡院内创建古越藏书楼。徐树兰为了办好这个藏书楼可谓不遗余力，除了为建藏书楼而新买的书籍，他还将自己家中的历年藏书也悉数捐入，并对外开放，从而使古越藏书楼成为近代以来中国第一个公共图书馆。蔡元培回乡后能立即走上兴办新式教育的理想之路，跟徐树兰、熊起磻等绍兴贤达的识才、惜才是分不开的。

如果说在徐友兰家的陪读和校勘经历，为蔡元培成功通往科举之路夯实了基础，那么在其兄徐树兰处担任绍郡中西学堂总理的教育经历，则为蔡元培提供了施展才华，实现教育救国理想的首个舞台。所以，徐氏兄弟在蔡元培成才成名之路上作用巨大。

最后就是在北京的绍兴名流李慈铭。据蔡元培《自写年谱》载："那时候，我们同乡京官有鲍敦甫、吴解堂、王止轩诸翰林，李莼客、娄炳衡诸部曹。莼客先生是我在徐氏的时候常常读他的诗文与尺牍的，又常听杨宁斋先生讲他的轶事，所以到京后，最崇拜的自然是他了。"[①]

而李慈铭在其《郇学斋日记》中也多次提到蔡元培。1890年4月2日，李慈铭在其日记中云："同邑新举人蔡元培来……蔡年少知

---

① 中国蔡元培研究会编：《蔡元培全集》第17卷，浙江教育出版社1997年版，第429页。

学，古隽才也。"① 5月30日在日记中又云："是日会试填榜……知山阴中两人，蔡元培，俞官坼；嵊县一人：沈宝琛，本东浦人也；又萧山一人，绍兴共四人耳。"② 5月31日在日记中也说："蔡进士（元培）来，沈进士（宝琛）来。两生皆年少未习楷书，故不待复试而归。"③ 之后的日记中也时有提及。1892年4月1日，李慈铭在《郇学斋日记》中写道："蔡鹤卿进士来。"4月2日，李慈铭日记云："答拜……鹤卿。"4月5日，李慈铭日记云："蔡鹤卿来。"4月7日，李慈铭日记写道："答周介孚、蔡进士而归，热甚，汗浃重衣，体中不适。"4月8日，李慈铭又记："蔡鹤卿来。……作片致鹤卿。"④ 由上可见，蔡元培在京时，与李慈铭交往甚密，同时李先生对这位同乡才俊也颇为赏识。所以，1894年6月1日，当蔡先生以二甲庶吉士被授为翰林院编修后。6月，李慈铭就邀请蔡元培到自己家任塾师，教其嗣子李承侯，并为李慈铭代阅天津问津书院课卷。能把蔡元培这位青年才俊请到家中，并把儿子和自己手中课卷一并托付给蔡元培，可以想见，李先生对蔡元培是何等信任和赏识。此后两人的交往更为方便，也更为紧密。据蔡元培日记载，"1894年7月9日，读李慈铭《郇学斋日记》。7月21日，李慈铭出示所作《庭树为风雨所折叹》五律，蔡先生也作《和李慈铭〈庭树为风雨所折叹〉》一首。7月31日，蔡元培阅《越缦堂日记》"。⑤ 10月27日，李慈铭邀饮；12月20日，李慈铭病故。李死后，其嗣子李承侯"辍读"，蔡先生不再在李家任塾师，"移居南半截胡同之山会邑馆"⑥。

林文铮在《蔡孑民先生二三事》中口述说："蔡先生二十三岁（光绪己丑科浙江乡试）中了举人，二十四岁（光绪庚寅科）会试联捷，中了进士，二十六岁（光绪壬辰科）补行殿试，点翰林院庶吉士，散馆授编修，可说是少年得志。但他从不以此自满，他对乡前辈

---

① 高平叔撰著：《蔡元培年谱长编》第1卷，人民教育出版社1998年版，第48页。
② 同上书，第49页。
③ 同上。
④ 同上书，第53页。
⑤ 同上书，第64—66页。
⑥ 同上书，第72—73页。

如当时耆年博学的名士李慈铭（字莼客，号越缦）非常尊敬。蔡先生曾在李家北京寓居里教过李越缦的儿子李孝贲的书，可是蔡先生不以师宾自居，对李越缦以师礼相待，执弟子礼甚恭。"①

李越缦去世以后，留下的著作很多，其中以《越缦堂日记》一部数十年从不间断的日记最为著名，于是蔡元培开始致力于《越缦堂日记》的整理编撰工作。1896 年 3 月 16 日，王止轩以平步青（景苏）所作《李越缦先生传》见示，"拟录一通"。② 8 月 6 日，读李慈铭遗著《白华绛附阁诗集》10 卷。③ 1897 年 10 月 9 日，到清秘阁，购买李慈铭自造湖塘村居图笺数十番。④ 1898 年 1 月 4 日，校李慈铭日记中"《桃华圣解盦日记》第二集竟"⑤。1919 年为刊印《越缦堂日记》，蔡元培募集垫印费用。1920 年，蔡元培为其整理的《越缦堂日记》得以正式出版。

1919 年 7 月 23 日，即《越缦堂日记》出版前一年，蔡元培作《读越缦日记感赋》："卅年心力此中殚，等子称来字字安。岂许刚肠容芥恶，为培美意结花欢。史评经证翻新义，国故乡闻荟大观。名士当时亦如鲫，先生多病转神完。"⑥ 诗赋对越缦堂及其文字作出高度评价。

虽然我们不能把蔡元培的科举成功之路完全归功于越地名贤对他的赏识和提携，但我们也不能否认年长于蔡先生的越乡贤达对他的赏识和提携，大大促成和推进了蔡元培的成才之路。当然越地名贤对蔡元培之所以充满信任，并愿意全力相助，关键仍在于蔡元培自己。青少年时期的勤奋苦读，使蔡元培成为饱学之士；而为人的宽和包容，又使他成为富有才德的谦谦君子。所以，六叔喜欢他，田春农赏识他，徐家和李家信任他，先贤们都乐意举荐他。反过来，蔡元培对家乡名贤对自己的栽培和提携也充满感恩之情。这种感恩不仅体现在对贤达的敬重上，而且体现在对越地后起才俊的关心和举荐上。

---

① 林文铮：《蔡孑民先生二三事》，陈平原、郑勇编：《追忆蔡元培》，三联书店 2009 年版，第 40 页。

② 高平叔撰著：《蔡元培年谱长编》第 1 卷，人民教育出版社 1998 年版，第 83 页。

③ 同上书，第 90 页。

④ 同上书，第 112 页。

⑤ 同上书，第 116 页。

⑥ 中国蔡元培研究会编：《蔡元培全集》第 3 卷，浙江教育出版社 1997 年版，第 644 页。

　　二是在同辈的同年同乡中，蔡元培与他们建立了深厚的友谊，在青年读书时期，蔡元培不仅和徐友兰的次子维则（以愻）、徐树兰的次子尔谷（显愻）结下了深厚的交谊，而且与王佐、朱士黼、魏彧等朝夕相处，深得切磋之益。另外同辈朋友薛朗轩、马湄莼、何阆仙等也时来徐家看书谈天。在科举道路上，蔡元培也结识了不少同乡同年。在京城，蔡元培与绍籍同乡乃至浙籍同乡始终保持着密切的联系。如果翻阅蔡元培1894年6月（现存第一个月）的日记，我们不难看出，蔡元培到北京翰林院就职后，非常注重同乡之间的交流往来，一方面将浙籍同乡以及乙丑、庚寅、壬辰乡试、会试、殿试的同年生之住址录入日记。另一方面，他积极参与同乡同年举办的各种聚会活动。同时，也经常去越中先贤祠及山会邑馆祭拜越中先贤，1895年还撰写了《越中先贤祠春秋祭文》一篇。在京城，蔡元培始终与沈乙斋、张元济、汤蛰先、王止轩等浙籍同乡同年保持着密切的交往和联系，这不仅有助于蔡元培在京城站稳脚跟，而且大大提升了他的知名度和影响力，这对他以后教育救国事业的顺利展开具有重要作用。这其中，最值得一提的是同乡同年张元济。

　　张元济，浙江海盐人，是中国近代杰出的出版家、教育家与爱国实业家。光绪壬辰（1892）进士，入翰林院任庶吉士，后在总理事务衙门任章京。张元济行事稳健，是蔡元培的同年好友。1896年，张元济和陈昭常等人创办教授西学的通艺学堂，蔡元培的另一友人刘树屏在内城设立专修日文的学馆。此时，蔡元培开始学习日文，广览西学书籍。戊戌变法时，张元济曾被光绪帝破格召见。政变失败后，张元济被西太后革职离京，永不叙用。往昔热心维新的朋友早已消散，现在同年好友张元济也被革职离京，蔡元培深感京城生活已无可眷恋，决意另辟新路，施展抱负。1898年10月，蔡元培请假离京，举家南归，开启了人生的新篇章。

　　1898年冬，张元济任南洋公学管理译书院事务兼总校，后任公学总理，1902年辞职。1901年，蔡元培进入南洋公学担任特班中文教习，常向同年好友张元济借阅西学书籍和日文资料，两人经常彻夜长谈，非常契合。后相约同道合资创办《外交报》，向国人译述外国报刊对中国的评论和报道。张元济任主编，蔡元培负责撰写论说、翻译日文稿件。不久，张元济投资商务印书馆，并向其主办人夏瑞芳建议设立编译所，以拓展事业。1902 年，编译所成立，张元济任所长，负责编写新式学校的各类教科书。蔡元培根据多年的办学经验，详订编纂体例，并约请蒋维乔等分别编撰。从此开始了蔡元培与商务印书馆数十年的合作关系。在此期间，蔡元培编选的三卷本《文变》一书也由商务印书馆代印。

张元济一生以"辅助教育为己任"，投资商务印书馆，将商务印书馆从一个印书作坊发展成为中国近现代史上最具影响力的出版企业，为中国文化出版事业的发展，优秀民族文化遗产的整理、出版作出了卓越的贡献。而他组织编写的新式教科书风行全国，在中国近现代教育史上具有开创性的意义。所以他与蔡元培不仅是同年好友，也是与蔡元培携手共进，一起致力于中国近现代教育文化事业的战友。除张元济外，汤寿潜、汪康年、沈宝琛、童亦韩、屠敬山等同年也与蔡元培志同道合，关系密切，对蔡元培教育事业的开展起到重要的推动作用。

1900 年，蔡元培离开绍郡中西学堂，到杭州筹办师范学校。虽然由于种种主客观原因，学校并没有办成，然而，杭州之行，又让蔡元培结识了不少浙江文教界人士，这也是一个不小的收获。这其中，有养正书塾的教员林白水、陈介石、陈叔通等，还有在该书塾就学的学生汤尔和、马叙伦等人。1901 年，蔡元培抵达上海，随后入南洋公学任教员。在那里，蔡元培结识的学生有邵力子、王世徵、胡仁源、谢无量、李叔同、黄炎培等人。上述人士均是 20 世纪中国文化史上的重要人物。在与上述诸君交往过程中，蔡元培与他们建立了良好的关系，这对他日后事业的发展有着不容忽视的影响。譬如，胡仁源君，浙江吴兴人，是蔡元培的浙籍同乡，也是蔡元培去北大掌印前的前任北京大学校长。因此，对于后来北洋政府确立北京大学新校长的人选，胡仁源的意见无疑具有不可忽视的影响力。又如马叙伦和汤尔和，与蔡元培的关系也非常紧密。马叙伦祖籍绍兴，是蔡元培的好友陈介石的学生。蔡元培在绍郡中西学堂时，常去杭州，在与好友陈介石等人的交往过程中，蔡元培认识了马叙伦。汤尔和，浙江杭县人，是马叙伦的同窗好友。1915 年，马叙伦应聘出任北京大学教授，汤尔和为北京国立医专校长。当时，蔡元培正在法国。1916 年，醉心于皇帝梦的袁世凯最终被国人赶下台。旅居北京的浙籍议员聚会讨论，敦请蔡元培尽快回国，担任浙江省省长，然而，蔡元培并没有做官的意愿。恰逢此时，北京大学原校长胡仁源辞职，于是，马叙伦就和好友汤尔和等人商量，要汤尔和向教育总长范源濂建议，电邀蔡元培回国执掌北京大学。范源濂本来就对蔡元培非常敬重，在蔡元培任民国教育总长时，范源濂是蔡元培的副手。于是，范源濂当即提请总统黎元洪发出任命。可见，正是马叙伦和汤尔和的支持和建议，改变了蔡元培一生的道路。1917年1月4日，蔡元培走马上任，开始执掌北大事务。在蔡元培执掌北大期间，马叙伦一直是他的支持者和忠实伙伴。在马叙伦50寿辰时，蔡元培曾经撰联道贺曰："白眉最长，谈经解惑；串桂齐馥，介寿承欢。"而汤尔和则是蔡元培非常信赖的朋友。可见，像马叙伦、汤尔和这样的朋友，对于蔡元培执掌北京大学，同样起了很大的作用。甚至可以说，他们也是助力蔡元培走上北大校长岗位的关键人物。

三是对近代越地年轻才俊，蔡元培总是百般爱惜和竭力关照。蔡元培待人温文尔雅，热诚宽厚，乐于助人，对于绍兴府所属八县的同乡，蔡元培更是满怀关心。首先，每年会试发榜日，蔡元培总会关心绍兴府学子的中榜情况。如1895年5月6日《日记》载："会试榜发，第一名陈海梅，福建□□人。绍兴中者四人：徐承萱，第卅九（戊子，上虞）；秦达章，第四十八（辛卯、会稽）；陈谟，第四百四十四（庚午，诸暨）；黄寿衮，第百七十（己丑，山阴）。惟陈在京，馀皆南归矣。"①1897年10月19日《日记》云："始见浙闱题名录：解元，西安郑永禧。绍兴中三十六人，山阴七人，会稽六人，皆不相识者。朗轩、湄纯又复铩羽，深为扼腕。"② 可见，蔡元培对家乡人才选拔的关注。

其次对家乡出去的青年才俊，蔡元培总是竭力培养和提携。这其中，以与上虞的杜亚泉，绍兴的许寿裳、鲁迅、周作人，余姚的蒋梦麟等人的关系最为突出。

---

① 中国蔡元培研究会编：《蔡元培全集》第15卷，浙江教育出版社1997年版，第59—60页。

② 同上书，第147页。

杜亚泉，会稽伧塘（今上虞长塘）人，是我国近代著名的自然科普出版家、翻译家。1898 年，应蔡元培之聘任绍兴中西学堂数学教员，也是当时教员中的激进派。"君先治数学，进而治理化，亦喜研究哲学。对于革命政治、改良社会诸问题，常生激进。"在中国近代文化学术史上，杜亚泉创造了四个"第一"：一是在上海创办中国近代首家私立科技大学——亚泉学馆，培养科技人才。二是创办了中国最早的科学刊物——《亚泉杂志》半月刊。三是编辑《文学初阶》，为中国最早的国文教科书。四是由其负责主编的《植物学大辞典》是中国近代第一部专业辞典。所以，对于杜亚泉的广博学识与进步思想，蔡元培是非常敬佩的。然而，非常遗憾，1933 年 12 月，杜亚泉不幸病故。蔡元培闻讯后当即起草《为杜亚泉逝世发通函》，其中云："先生提倡科学，远在三十五年以前，埋头著书，亦积有三十五年之久。其编撰之作，整部出版于商务印书馆及零篇散见于各杂志中者，不胜枚举。嘉惠士林，无待赘述。"① 然而，就是这样一位富有才华的学者，在他去世之后，"身后萧然，几于不克棺敛"。故此，蔡元培向其友朋呼吁，"凡我友朋，宜加存恤"。1934 年 1 月，蔡元培又撰《书杜亚泉先生遗事》和《为杜亚泉募集子女教养基金启》，在后文中提及，杜君"身后萧条，尚赖其族戚亲友为之经纪治丧。文士厄穷，思之可慨。顾其夫人亦老而多病，稚女未嫁，二子在中学肄业"②。蔡元培呼吁各界多加支持，以筹集杜君子女的教养基金。1937 年 2 月，蔡元培又编撰《杜亚泉传》一书，对杜亚泉的学术成就作了全面介绍，反映了蔡元培对有真才实学的家乡知识分子的倍加珍惜和感念。所以，蔡元培与杜亚泉是道义相交的挚友。

蔡元培为革命奋斗 40 余年，培植了无数革命青年。而"鲁迅就是蔡元培培植的无数革命青年中的一个巨人。虽然我们不能说没有蔡元培就没有鲁迅，但鲁迅成为文化主将、'空前的民族英雄'，同蔡元培的奖掖、扶植、护卫确实是难以分割的"③。鲁迅比蔡元培小 14

---

① 中国蔡元培研究会编：《蔡元培全集》第 7 卷，浙江教育出版社 1997 年版，第 496 页。

② 同上书，第 526 页。

③ 苏莉莉、徐嘉恩：《蔡元培与近代绍兴人才群》，《绍兴文理学院学报》2001 年第 1 期。

岁，蔡元培对鲁迅有特别的关照和深厚的感情。其实，蔡元培对鲁迅的奖掖、扶植和关爱，不仅是出于乡情，也是出于对一代文豪的器重和保护。蔡元培是在德国留学期间读到《域外小说集》时，才得知鲁迅是其同乡，并进而开始关注这位文坛俊才。蔡元培首次提及鲁迅是在1911年4月3日的日记中，"寄《中央文学报》（四月一日出）于周豫才"①。1911年，蔡元培出任中华民国首任教育总长，求贤若渴、爱才如命的蔡元培托许寿裳代函，邀请鲁迅到教育部供职。"四一二"政变后，鲁迅由广州抵达上海，蔡元培又聘请他为大学院特约著作员。对此，鲁迅在其日记中曾提到，"晚收大学院聘书，并本月份薪水三百"。这就解决了鲁迅的生活来源问题。1932年12月，蔡元培、宋庆龄、杨杏佛等人士在上海组织成立了中国民权保障同盟。次年1月，即邀鲁迅参加。在日记中，鲁迅也曾记述："十七日，人权保障同盟开会，被举为执行委员。蔡子民先生为书一笺，为七律两首。"1936年10月19日鲁迅先生逝世，蔡元培与宋庆龄组成治丧委员会，蔡、宋分别任正、副主席，两人不顾个人安危，亲为执绋送殡，发表讲话。1936年11月，蔡元培在其撰写的《记鲁迅先生轶事》一文中指出，鲁迅的去世，乃是当代中国文学界的一大损失。不久，蔡元培又出任鲁迅纪念委员会主席，积极推动《鲁迅全集》的出版。1938年6月，在其撰写的《鲁迅全集》序中，蔡元培称鲁迅为中国新文学开山之人，称赞鲁迅"感想之丰富、观察之深刻、意境之隽永、字句之正确，他人所苦思力索而不易得当的，他就很自然地写出来，这是何等天才，又是何等学力。"②1938年，在征订《鲁迅全集》精制纪念本启事中，蔡元培又称鲁迅"为一代文宗，毕生著述，承清季朴学之绪余，奠现代文坛之础石"③。蔡元培对鲁迅作品及其在文坛地位评价之高，从中可见一斑。在论及蔡元培与鲁迅两人之关系时，郭沫若曾经有一个比较客观的评价："鲁迅的进教育部乃至进入北京教育界，都是由于蔡元培的援引，一直到鲁迅的病殁，蔡

---

① 中国蔡元培研究会编：《蔡元培全集》第15卷，浙江教育出版社1997年版，第425页。

② 中国蔡元培研究会编：《蔡元培全集》第8卷，第526页。

③ 同上书，第546页。

元培是尽了没世不渝的友谊的。"① 可以这样说，蔡元培对鲁迅的器重，既是出于对鲁迅人格、学识的器重和敬佩，也有褒扬和照应乡贤之意。而鲁迅的兄弟周作人之入北大，更是与蔡元培的大力支持分不开。蔡元培欣赏周作人的文才，他到北大后，聘周作人为教授。周作人为了编辑出版李大钊先生遗文，通过许寿裳要求蔡元培写序言，蔡元培欣然同意，足见其对周作人的看重。周作人后来成为中国散文大家、翻译家，与蔡元培的奖掖也是分不开的。可以这样说，没有蔡元培的赏识、协助，周氏兄弟在文化圈中地位的确立可能要花更长的时间。没有蔡元培的支持和赏识，鲁迅在新文化运动时期很可能难以名扬天下，民国时期的"浙江潮"也可能会在晚些时候出现，即使出现，也可能形成不了后来这样的声势和影响力。

许寿裳不是蔡先生的授业弟子，但比鲁迅更早结识蔡先生。两人是同乡，又志趣相投，蔡元培对他十分器重和信任。1912 年蔡元培任南京临时政府教育总长时，许寿裳是他的属下。而且蔡元培是通过许寿裳邀请鲁迅来教育部的。1917 年蔡元培任北大校长，许寿裳、鲁迅仍在教育部任职，蔡元培邀二人兼职北大讲师。1927 年蔡元培任大学院院长，聘许寿裳任秘书、参事、秘书长。接着蔡元培任中央研究院院长，聘许寿裳任文书、干事、主任等职。可见蔡元培对许寿裳之器重。当然，许寿裳对蔡元培的扶植也是没齿不忘的。他一直支持着蔡元培从事的教育文化事业和正义的进步活动。蔡元培的许多文件、信函是由许寿裳起草、拟稿的。许寿裳成了蔡元培的左右手。1933 年，杨杏佛先生被军统特务暗杀时，蔡元培电召许寿裳来沪会商善后。1934 年，许寿裳接受蔡元培的建议，就任北平大学女子文理学院院长。当时蔡元培在上海，许寿裳在北平，两人虽然相隔千里之遥，但仍然一如既往，互相支持。1940 年 3 月 5 日，蔡元培在香港与世长辞。许寿裳"噩耗骤闻，伤痛无极"。蔡元培逝世一周年后，许寿裳又到青年会作了题为"蔡孑民先生的生活"的讲演，并对蔡元培全家十分关切，不忘培植之恩。

另外，在蔡元培的门生弟子中，蒋梦麟是与先生关系最为密切

---

① 高平叔：《蔡元培与鲁迅》，《南开学报》（哲社版）1984 年第 3 期。

的。1897年2月，在父亲的支持下，蒋梦麟到中西学堂就读。次年冬天，蔡元培返回家乡，出任中西学堂总理，对中西学堂的教学进行改革，这对蒋梦麟等学生影响很大。对此，蒋梦麟曾经回忆，在不断接触到新知识新思想后，"过去我们所崇拜的神像，像是烈日照射下的雪人，一个接着一个融化。这是我了解一点科学的开端，也是我思想中怪力乱神信仰的结束"①。可见，蔡元培对蒋梦麟思想成长的影响。1904年，蒋梦麟考入上海南洋公学，当时蔡元培也在南洋公学担任教习。所以，蒋梦麟曾两次授业于蔡先生，深受蔡先生的栽培和影响。而蔡元培对蒋梦麟这位优秀学生也是极为喜欢和满意的。1928年11月16日，蔡元培《在浙江省政府主席委员就职式上的讲话》中说："浙大，校长蒋梦麟办得很好，现仍由蒋兼任。故代表中央，恭祝浙江，为做一个模范省。"② 1929年10月7日，应西湖博览会之邀，蔡元培到杭州为"浙江省教育宣传日"作特约讲演时，蔡元培又说："浙江的教育，从革命军到杭州来了以后，小教育的，以前是大学校长蒋梦麟先生，现在是教育厅长陈布雷先生，都是向来钦佩的，可以放心的。浙江的教育，因为历来地方安定的缘故，所以比别省好得多，而且办理的人，是我所佩服的，所以没有不满的点。"③这里蔡元培在演讲时直言不讳地点名肯定和褒扬蒋梦麟，足见蔡先生对蒋梦麟的赏识。1927年，经蔡先生的推荐，蒋梦麟出任国立第三中山大学校长。1928年又由于蔡先生的引荐，蒋梦麟继蔡元培为大学院院长。晚年蔡元培在《自写年谱》中回忆说："今之北京大学校长蒋梦麟君和北大地质学教授王烈君，都是那时第一斋的小学生。"从上可见，蔡元培对蒋梦麟这一学生的赏识和器重。五四事件后，蔡元培回到杭州，因北大师生及全国各方敦促，在汤尔和等人的劝说下，蔡元培同意不辞去北大校长一职，但由蒋梦麟先行北上，代理他处理北大校务。1919年7月13日，蔡元培日记载："至蒋梦麟快函"，约蒋梦麟到杭州一谈。7月14日，蔡元培"偕梦麟游花坞，遇

① 蒋梦麟：《西潮与新潮》，团结出版社2004年版，第55—56页。
② 中国蔡元培研究会编：《蔡元培全集》第6卷，浙江教育出版社1997年版，第332页。
③ 同上书，第418页。

雨。梦麟、尔和在此晚餐，决请梦麟代表，到校办事"①。1919 年 7 月，蒋梦麟受蔡元培的委托，到北京大学主持校务。此后，蔡元培多次因辞职或出国等原因而离开北京大学，均由蒋梦麟代理校长。蔡元培回到学校任职后，蒋梦麟则任总务长，担任蔡元培的得力助手。1920 年 10 月，蔡元培出国考察，蒋梦麟再次代理北大校务。1923 年，蔡元培因教育总长彭允彝干涉司法、蹂躏人权而羞与为伍，愤然辞职，蒋梦麟第三次担任代理校长职务。以致当时就有人评价："这五六年来的北大校长，与其说是蔡元培，不如说是蒋梦麟。"对此，蔡元培也曾坦承："综计我居北京大学校长的名义，十年有半；而实际在校办事，不过五年有半。"蔡校长在职而不在校期间，蒋梦麟成了蔡元培的替身。1930 年蒋梦麟正式任北京大学校长。他没有辜负蔡元培的厚望，在蔡元培离开北京大学期间，蒋梦麟谨记蔡元培关于大学教育的主张和"学术自由"的原则，并忠实执行蔡元培的治校方针，直到他自己离开北京大学。在蒋梦麟出任教育总长的两年时间里，其推行的教育改革制度与蔡元培的教育思想也是基本一致的。晚年，蒋梦麟在《新潮》一书中深情地回忆道："著者大半光阴，在北京大学度过，在职之年，但知谨守蔡校长余绪，把学术自由的风气，维持不堕。"所以，蔡元培对蒋梦麟这一门生是十分满意的，而蒋梦麟对蔡元培这位老师也是万分敬重。总之，蒋梦麟的成功离不开蔡元培的培养、赏识和提携；反过来，学生的成功也给予蔡元培以极大的支持。

蔡元培关心的绍兴青年才俊很多，如罗家伦，绍兴县江墅村人。1917 年，罗家伦考入北京大学预科，成为蔡元培的学生。1919 年秋，罗家伦曾经作为北京大学学生代表到杭城迎接蔡元培返校。1920 年，经蔡元培推荐，罗家伦出国留学，他先后入美国普林斯顿大学、哥伦比亚大学、英国伦敦大学、德国柏林大学、法国巴黎大学深造。1921 年，罗家伦与其他北京大学的校友一起，负责蔡元培访美的各种活动。1929 年，罗家伦出任清华大学校长，这与时任大学院院长蔡元

---

① 中国蔡元培研究会编：《蔡元培全集》第 16 卷，浙江教育出版社 1997 年版，第 85—86 页。

培的推荐是分不开的。1936年，在蔡元培70寿辰前夕，鉴于老人奔波一生，尚无安神栖息之所，包括罗家伦在内的一批蔡元培的旧日同事、学生发起集资，在上海购买了一套住宅，供蔡元培"用作颐养著作的地方"。献寿之信，是以几百个朋友学生的名义面呈的。在经过了数月的考虑之后，蔡元培终于收下了这份贺礼。但因抗战爆发，未能实现。1940年，蔡元培去世后，罗家伦写下了《伟大与崇高》一文，以纪念这位"文化的导师，人格的典型"，对蔡元培"柔也不茹，刚也不吐"的风骨褒扬有加。①

再如与陶成章、徐锡麟、秋瑾等近代越地革命志士的关系。陶成章，字焕卿，号陶耳山人，浙江绍兴人。1904年10月，陶成章与蔡元培、龚宝铨等在上海创立光复会，蔡元培任会长，陶成章任副会长。而徐锡麟、秋瑾是在蔡元培的介绍下加入光复会的。徐锡麟和秋瑾为革命事业而献身之后，蔡元培于1912年9月为徐锡麟撰写的《徐先生墓表》。该墓表云："在所见世以言论鼓吹光复者，莫如余杭章先生炳麟，而实力准备者，莫如山阴徐先生锡麟，及会稽陶先生成章。……而徐先生乃于前五年赍志以没。其没也，又为光复史中构造一最重大之纪念，此后死者之所以尤凭吊流连而不能自己者也。"②1928年7月，蔡元培为秋瑾建祠筑亭募捐弁言；后在先生正命之地——轩亭口建纪念碑，在卧龙山之巅，建风雨亭。1930年3月，蔡元培撰写《秋瑾纪念碑记》。《碑记》云："而吾乡先烈，自徐先生锡麟与陶先生成章而后，以秋先生瑾为最著。民国之初，徐先生祠于西郭，陶先生祠于东湖，各有瞻仰之所，惟秋先生迄无表章，隆仪阙然。"③

除以上名人之外，受蔡元培扶持，与蔡元培关系密切的近现代越地名士人数很多，不胜枚举。在古代，绍兴虽然名人辈出，但从未形成庞大的人才群；到了近代，绍兴人才群起，数量之多，质量之高，举国称雄。有学者认为，绍兴近现代之所以能形成如此罕见的人才

---

① 中国蔡元培研究会编：《蔡元培纪念集》，浙江教育出版社1997年版，第191页。

② 中国蔡元培研究会编：《蔡元培全集》第2卷，浙江教育出版社1997年版，第205页。

③ 中国蔡元培研究会编：《蔡元培全集》第6卷，第476页。

群，除了经济、文化、环境等因素之外，还因为有蔡元培这样的核心人物存在。考察近代绍兴各位名士的活动经历，我们可以发现，他们大多与蔡元培有师承、同事、战友、同乡、同年等联系，他们几乎都得到过蔡先生的培养、奖掖、护卫、扶植、勉励和营救。① 因此，有研究者称"先生北上，人才北聚，先生南下，人才南聚"。蔡元培像一块磁铁一样，以自己的道德声望深深地吸引着近现代士人。这一观点是在理的。的确，绍兴近现代名士群的出现与蔡元培有很大关系。首先，蔡元培的思想、人格、言论、行动成为当时绍兴名士学习的榜样。其次，蔡元培旨在通过教育培养具有高尚品格之人才，从而实现教育救国的理想。而这一教育理想，蔡元培率先在有着重教传统的绍兴开始实施。这对于近代越地的人才培养起到了重要作用。再次，蔡元培不仅在行动上大力奖掖和培植家乡的青年才俊，而且在思想上积极引导他们养成高尚的人格精神。如 1903 年 3 月 8 日，蔡元培在上海向旅沪绍兴人士发表了题为"绍兴教育会之关系"的演说。他说："吾辈既为绍兴之人，则绍兴一切之事，非即吾辈之责任乎？顾吾辈责任，莫大于高绍兴人之人格，而使无为世界上了无关系之人。"② 所以，蔡元培呼吁一切远游和家居之绍兴人，合力行事，共同致力于绍兴的教育事业。这样的演说，蔡元培经常在绍兴或浙江同乡聚会上发表，如《在绍兴学务公所成立会上的演说》《在绍兴各界大会演说词》《在浙江第五师范学校演说词》《在浙江旅津公学演说词》《在绍兴五师五种女师联合大会的演说词》《在浙江协会成立大会上的演说词》《读书与救国——在杭州之江大学演说词》《学校为研究学术而设——在西湖国立艺术学院开学式演说词》《教育事业的综合——在西湖博览会"浙江省教育宣传日"的演说词》《我们希望的浙江青年》《记绍兴志学会的三大愿》等，这些演说对近现代越地青年来说，是最好的思想指引，他使近现代绍兴青年较早脱离了狭隘自私的欲求，树立了伟大理想和奋斗目标，并坚持为之努力奋斗，从而使近

---

① 苏莉莉、徐嘉恩：《蔡元培与近代绍兴人才群》，《绍兴文理学院学报》2001 年第 1 期。

② 中国蔡元培研究会编：《蔡元培全集》第 1 卷，浙江教育出版社 1997 年版，第 412 页。

现代绍兴形成了一批批有着高尚品德和非凡才能的人才群。

综上所述，从越文化的视野观察，我们可以发现蔡元培与越地乡贤之间有着非常紧密的联系，一方面，蔡元培在成长成才乃至工作过程中，离不开越地先贤对他的栽培和指导，离不开故乡人对他的支持和协助，甚至可以说，如果没有他们，蔡元培也很难取得后来这样的成就和影响力。另一方面，蔡元培成名之后，也总是尽己之力，对越地青年才俊给予大力提携和培植，从而使近代越地形成了庞大的人才群。这就是蔡元培与越地名贤之间的良性互动关系。

第五节　蔡元培与越地民俗艺术

绍兴不仅有水乡、桥乡、名士之乡的美誉，而且是书法之乡、戏剧之乡和黄酒之乡。蔡元培身处其间，不仅热爱家乡的自然山水，而且对故乡的书法、戏剧等艺术形式也有所爱好，对越地的民俗文化也甚为了解。

一　蔡元培与越地艺术

如前所述，越地优美的自然山水陶冶着人们的审美情感，赋予越地人热爱艺术的文化精神。所以，中国独具特色的山水诗和山水画最早在越地出现，唐诗之路中心区域在越州，书圣故里，兰亭雅集，青藤书屋等都是极富艺术气质的越地名胜。越地不但历史悠久，教育进步，名人众多，而且文化艺术相当发达。书画、诗文、戏剧等方面历来都是名家辈出。蔡元培不仅对王羲之、陆游、鲁迅等文学艺术大家极为推崇和赞赏，而且对故乡的这些艺术形式也颇为喜爱。

（一）蔡元培与越地书法艺术

绍兴素有书法之乡的美称。蔡元培故居恰好坐落在书圣故里。自幼生活在这样的环境中，耳濡目染，蔡元培对书法颇感兴趣，其书法也颇具特色。虽然关于蔡元培的书法还很少有人研究，但本课题组成员钱斌老师在研究蔡元培的过程中，有意无意间接触到他的百余幅书法作品（包括少量信札），发现蔡元培是一位书法爱好者。首先，蔡元培对越地书法大家王羲之大为敬仰，认为是越地优美的山水造就了王羲之、陆游这样的书法艺术大家。其次，从蔡元培《题马明达所藏〈十三行〉》《题明拓曹全碑》《题祝枝山楷书》等有关书法文章可知，蔡元培对书法也颇有研究。再次，他的书画理论文章《中国之书画》专门论述了书画的起源与发展。在文白之争中，激进派提出要"取消汉字"，认为"书法不是美术（艺术）"。蔡元培则指出："例如我们写字，为应用起见，自然要写行楷，若如江艮庭君的用篆隶写药方，当然不可；若是为人写斗方或屏联，作装饰品，即写篆隶章草，有何不可。"① 这里，蔡元培把书法的应用性品格和艺术性品格作了理性的区分。1938 年底，商务印书馆出版《九成宫醴泉铭》，蔡元培在《题唐拓九成宫醴泉铭》一文中，通过对两个版本书写笔画的比较，以今本校勘旧有版本，认为唐拓本"必在彼本之先"。另外，蔡元培还与许多书法家有交流，如康有为、沈尹默等人。20 世纪 30 年代蔡元培多次为书法家吴了村推荐作品，并作有《吴了村书〈金刚经〉跋》《为吴了村楷书陶诗题二绝》。

当然，蔡元培的书法兴趣不止于理论研究，还为后世创作了不少作品。如他常把陆游的诗作作为自己书写的内容，一方面把陆游的诗词写成书法作品放在案头以激励自己，另一方面也体现出他对书法的爱好和对陆游的敬仰之情。又如在鲁迅逝世时，蔡元培所作挽联"著述最谨严非徒中国小说史，遗言太沉痛莫作空头文学家"，其书法雍容大度，舒展自如，气势开阔，给人以庄严肃穆之感，功力不言而喻。现存手迹中还有对《兰亭序》《鸭头丸帖》的临摹作品。

至于字体，蔡元培的书法主要是行书，偶尔也有楷书、隶书、篆书等。现在看到的蔡元培乡试和殿试的卷子，写的是柳（公权）体，非常秀逸。据蔡元培《自写年谱》回忆，26 岁赴北京补应殿试时，其殿试卷，"闻为汪柳门先生（讳鸣銮）所赏识。有一位阅卷大臣，说此卷的字不是馆阁体。汪说：他是学黄山谷的。于是大家都在卷子后面圈了一个圈，就放在二甲了"②。后来，钱玄同曾问蔡先生为什

---

① 中国蔡元培研究会编：《蔡元培全集》第 7 卷，浙江教育出版社 1997 年版，第 502 页。

② 中国蔡元培研究会编：《蔡元培全集》第 17 卷，第 431 页。

么能连中两榜，蔡先生回答说，因为他学的是黄庭坚，而当时的人都喜欢黄山谷体。所以，钱斌老师认为，蔡元培的书法未限于元明以来赵孟頫、董其昌恬淡平稳之风，其书法可上溯王羲之遒劲飘逸、王献之气势充沛的书风，同时宋代苏轼、黄庭坚、米芾、蔡襄的书法特征每每似隐若现。马叙伦在《石屋续沈》中不仅盛赞蔡元培入翰林考试中的文章写得好，而且称蔡元培的书法如"牛鬼蛇神"。"牛鬼蛇神"一词出自杜牧《李贺集序》，原意比喻李贺诗赋的虚幻怪诞。这里，马叙伦指的是蔡元培的书法不主一家，一反翰林馆阁体，写得别具一格。可见，在书法艺术上，蔡元培也是博采众长，"兼容并包"的。

蔡元培的小篆也写得非常有韵味，在《自写年谱》中蔡元培回忆道："我的八股文是用经、子中古字义、古句法凑成的，钱先生很赏识；诗赋有时候全用小篆写的，王先生很赏识。"[1] 钱先生即山阴书院的院长钱振常（钱玄同父亲），王先生即晚清金石大家、善篆隶的稽山书院院长王继香。蔡元培的篆书能得到王继香欣赏，非一日之功可就。从蔡元培1918年在北大时写的《行书诗轴》看，是作反映出蔡氏书法不以意韵胜，而以骨气胜的特点，其左低右高，点画多以长画出之，用笔疾速，爽爽有致，无娇柔妩媚之态。

所以，蔡元培不仅在书法理论上有所研究，而且在书法作品上也有所创作，并形成了爽健遒劲，意态轩昂，兼有苏黄遗韵的书风。

（二）蔡元培与越地戏剧艺术

蔡元培的家乡也是戏剧之乡。戏剧形式丰富多样，有社戏、绍剧、鹦哥戏、越剧、莲花落等。这些戏剧形式对现在的我们来说，已日渐陌生。但是查阅相关文献，仍可略知一二。

社戏原是祭社而演的戏。"社"原指土地神或土地庙。在绍兴，社是一种区域名称，社戏就是社中每年所演的"年规戏"。一般在庙台或草台（临时搭建）上演出。社戏的演出，大体有平安戏、大戏、目连戏三种。平安戏剧目多为短小的折子戏，其传统节目是《庆寿》

---

[1]　中国蔡元培研究会编：《蔡元培全集》第17卷，浙江教育出版社1997年版，第484页。

《跳加官》《跳魁星》《小赐福》《跳财神》这被称为"五场头"的讨彩戏，接下来是紧锣密鼓的武打折子戏，如《后朱砂》《长坂坡》等，然后便是大戏。大戏就是整本戏，常演剧目有《双合桃》《双龙会》《倭袍》等。因为是演给鬼神看的，所以在大戏演出幕间必须穿插一些鬼戏。目连戏演的是神话中目连进入地府救母的故事，全都是些鬼戏。后来，社戏不再局限于祭祀土地神，逐渐成为民间迎神赛会、逢年过节、祭祖礼佛、给人做寿等喜庆活动的传统习俗。这样，社戏就成为绍兴城乡一种举足轻重的民俗文化现象。社戏场上的演出也便成为各种戏曲，尤其是绍兴乱弹的主要演出形式。[①]

而"绍兴乱弹"后来发展成为绍兴著名的地方戏剧——绍剧，俗称"绍兴大班"。绍剧源于秦腔，后来又受到弋阳腔、余姚腔等外来戏曲的影响，形成绍兴调腔（高腔），并在绍兴一带出现绍兴调腔（高腔）班。明末清初，乱弹戏曲传入绍兴后，调腔班开始兼唱乱弹。至晚清，调腔观众越来越少，而乱弹备受欢迎。于是当地戏班艺人纷纷改唱乱弹，并吸收融合徽班京剧的一些成分，后来便逐渐发展成为绍兴乱弹，就是现在绍剧所唱的戏曲腔调。1950 年，绍兴乱弹正式定名为绍剧。绍剧所演剧目内容大多取材于历史，传统神话或演义小说，以表现帝王将相、忠奸争斗、征战杀伐和神话鬼怪为最多。绍剧以高亢激越的唱腔、粗犷朴实的音乐、豪放洒脱的表演和文武兼备等特点形成了自己独特的艺术风格。[②]

而在国内有第二国剧之称、在国外有"中国歌剧"之称的中国最大的地方戏曲剧种——越剧，便诞生在绍兴嵊州。越剧最初起源于越地的"绍兴大戏"和"鹦哥戏"，后来在发展中汲取了昆曲、话剧、绍剧等特色剧种之大成，逐渐发展成为流传最广的地方剧种，成为中国五大戏曲剧种（依次为京剧、越剧、黄梅戏、评剧、豫剧）之一。

鹦哥戏，俗称绍兴滩簧，是浙江省的地方戏曲剧种之一。它起源于清乾隆（1736—1795）的余姚滩簧，道光年间（1830 年前后）已向外流传。因其内容大多表现男女爱情，犹如鹦哥似的总是成双搭

---

① 章玉安：《绍兴文化杂说》，中华书局 2003 年版，第 195—197 页。
② 同上书，第 199—200 页。

对，故称"鹦哥戏"。嵊县与余姚山水相依，越剧未诞生之前，"鹦哥戏"已在嵊县乡间盛行。鹦哥艺人常在农闲时节，去村坊晒场，用四只稻桶倒覆，上铺门板，搭成"草台"演出。嵊县民间艺人在当地汉族农曲小调和民间说唱的基础上，吸收"鹦哥戏"曲调，以劝人为善、祝福吉祥等词句沿门唱曲乞讨，后来逐渐演变为坐堂演唱，名曰"落地唱书"。

光绪三十二年（1906）春，嵊县剡南艺人李世泉、钱景松、高炳水等在临安乐平村仿效"鹦哥戏班"搭草台演出，宣告了越剧的产生。因当地演唱无丝弦伴奏，仅以演员帮腔用笃鼓打节奏，故早期越剧有"小歌班""的笃班"之称。《中国越剧》载："绍兴是小歌班从农村向城市发展的第一站，进入的时间也最早，大约在1907年。它为了发展壮大自己，首先向鹦哥班（余姚滩簧）和绍兴大班学习，不但在演唱方法、音乐伴奏、化妆表演等方面向它们学习，还移植和改编了一些它们的传统剧目，同时发展了'二小戏'（小旦、小丑）和'三小戏'（添一小生），有时还与绍兴大班同台演出。所以，绍兴大班与鹦哥戏可说是越剧的乳娘。"由于越剧艺术博采众长、兼收并蓄，在短短百年里，越剧由曲苑说唱卓然成长为出人头地、引人注目的大剧种。

在绍兴，戏剧形式丰富多样，喜欢看戏的人也着实不少，但喜欢演戏的人却不多。因为在旧时的绍兴，演戏是一种受人鄙视的贱业。越谚有云："头戴纸糊盔，锣鼓仗虎威，金钱包穷骨，生就讨饭坯。"可见，绍兴人习惯于把演戏的人与要饭的人相提并论，足见其地位低贱。所以，在绍兴演戏的人多是一些被称为"堕民"的贱民。这些"堕民"在绍兴俗称"大贫"。一般认为，"堕民"起源于宋代。北宋末年，金兵大举南侵，宋将焦光瓒降金。金兵退后，叛将焦光瓒的部属为时人所不齿，被贬为"堕民"，入"丐户"籍，永远不得与士、农、工、商"四民"同列。这些堕民多分布在浙东地区，其中以绍兴为最多。处于社会最底层的堕民，备受歧视。他们不许与平民通婚，不许读书应考，更不许捐资纳官，也不得从事农工商之业，而只能操一般人耻于为之的"贱业"。旧时绍兴堕民所操之业，以"挑换糖担"和"做戏文"两项为大宗。所以，无论是绍兴调腔还是绍兴乱弹，其戏班都以堕民为主。堕民自编自演，边演边编，由于他们不曾有读书的机会，早期的绍剧没有确定的剧本，只有一个故事提纲和大致情节。后来才逐渐出现通俗浅近、粗糙简陋的戏本。所以，从编剧到演剧，堕民是绍兴戏剧的主体。①

阅读蔡元培日记，你会发现，蔡元培对于家乡戏剧的形式和特点都很熟悉。1895 年蔡元培在日记中对家乡的戏剧作了具体细致的说明和描写。日记云：

> 吾乡演剧者皆堕民为之，其所演多古曲本，如《南西厢》、《牡丹亭》之属。间有浅人编造，如《玉蜻蜓》等，亦颇有理致。唱则二三人，属而和之，亦古法也。又有武班，以跃舞解数见长，所演多《三国演义》、《水浒传》、岳鄂王故事，曲皆理俗，不和。所谓武生者，能以一人抵八人而旋之，谓之"九莲花"。八人者层累而上，下者以腰植上者足，而臂持之或植如菡萏，或扬身若花放，或倾身欲贴地，若花谢，大抵皆跌打也。跌打者能翻身而跃，谓之"斤斗"。能手足倒置，以手行，谓之"竖蜻蜓"。倚刀若炬于案，翻身而过，谓之"穿刀"、"穿火"。系犊鼻裈为缢鬼，悬布于梁，以足趾蹑而悬，以次而上，作诸解数，及颏而止，谓之"调吊"，此其长技也。乡人以其曲俚谓之"乱谈"，而以应古法者为"高调"。二十年前，有四喜班自嵊至，颇类武班，而间唱二簧，其后有徽班自上海至，则皆西皮、二簧矣。近数年始有所谓京徽者，则杂以山陕梆子腔矣。吾乡中元盂兰盆会有演目连救母故事者，谓之目连班，以夜演，日加辰始毕，其中节目不能增减、改易，而终以金桥、银桥、地狱、无常之属。其器服多散故，乡人诮衣服散故者曰"目连行头"（方言谓服饰为"行头"）。于时武班有所谓大戏者，亦夜演之。其中必有一妇人欲自尽，而女缢鬼至。又必有一人死而放焰口，诸鬼皆见。而所谓调吊者，即于是时演之，则男缢鬼也。戏将毕，则必有一恶贯盈者，阎罗饬无常摄之，抗拒不服，千气万力，仅

---

① 章玉安：《绍兴文化杂说》，中华书局 2003 年版，第 207—209 页。

乃得之，而剧毕矣。此皆依仿目连为之。其剧岁一易，若不易，皆市俗编造，以其首尾完具谓之"大戏"。又有所谓鹦哥班者，专演男女相慕悦者、苟合者，当道所禁，城市无之。其不扮演而坐唱者，有清音、平调、盲词、宣卷。清音唱二簧，间有昆曲，皆衣马褂，冠红缨，平调、盲词皆弹词也。平调皆有本，如《三笑姻缘》《倭袍》之属，盲词尤俗。平调仿佛请客，纨绔子弟或与焉，三五人不画一，器用丝竹。盲词，瞽者为之。例三人，男女杂器，有丝无竹，谓之"花调"，又谓之"唱市"，俗谓"弹词"，为市本也。宣卷则佞佛者为之，有专书，皆言佞佛故事，亦三五人不画一，器木鱼而已。①

由上文可见，蔡元培从戏剧表演者，从戏剧的题材内容、表演程序，以及戏剧的发展等方面，对家乡主要的戏剧形式作了一定的说明和探究。可见，蔡元培对家乡戏剧艺术的熟悉和喜爱。正因为蔡元培懂戏，尤其懂家乡戏，所以他特别爱看戏。阅读蔡元培日记可以发现，蔡元培对戏剧可谓情有独钟。在《蔡元培全集》第 15 卷和第 16 卷收录的日记中，关于观剧、听戏的记载多达 70 多次。哪怕在蔡元培旅港期间，蔡元培仍有观剧记录。如 1938 年，蔡元培在日记中写道："英多生日。午，任夫人率其三儿来，在此午餐，复同往景星院观《乞丐皇帝》影戏。翁占秋来，以所画菊花、牡丹及《听琴图》征题。"②

可见，家乡丰富的艺术形式培育了蔡元培的艺术兴味。不管在年轻时代还是在晚年时期，不管在家乡还是远在他乡异国，蔡元培都喜欢诗文书画，喜欢看戏听琴。1939 年蔡元培生日时，妻子养友在赠蔡先生的绝句中写道："蓄德能文似昔贤"，"书声琴韵常盈耳，又是尘寰一酒仙"③。从最熟知和关心蔡先生的周夫人笔下，我们可以真切地感知到，蔡元培不仅有着伟大的人格品德，而且对于诗文、音乐、书画等艺术形式也颇有爱好，而这种艺术兴味的形成离不开故乡

---

① 中国蔡元培研究会编：《蔡元培全集》第 15 卷，浙江教育出版社 1997 年版，第 69—70 页。

② 中国蔡元培研究会编：《蔡元培全集》第 17 卷，第 258 页。

③ 同上书，第 285 页。

山水艺术的孕育和熏陶。

二 蔡元培与越地民俗

蔡元培不仅熟悉和热爱家乡的各种艺术，而且对于家乡的民俗风情，蔡元培也非常了解，甚为喜爱。

（一）蔡元培与绍兴黄酒

绍兴是中国著名的黄酒之乡。生长在酒乡的蔡元培喜欢喝酒，尤其喜欢喝故乡的黄酒。对此，蔡元培生前的不少好友在回忆文章中多有提及。

余毅在《悼念蔡元培先生》中说："他是绍兴人，绍兴是出酒的地方，所以他从小就能喝酒。"[1] 周成在《追忆蔡孑民先生》中说："吾国古来高人学士，每多好饮者，贤如孑民，复生于宇内闻名之酒乡——绍兴——似亦当有饮酒之乐。"[2] 而蒋梦麟则称，蔡元培是近世越中徐文长，"酒量如海，才气磅礴。论到读书，一目十行；讲起作文，斗酒百篇"[3]。陈西滢回忆说：蔡元培"每餐得喝一点酒，但并不多"[4]。傅斯年回忆说，在北伐胜利之后，大家兴致都很高。有一天去先生家中吃饭，有几个同学喝了点酒，但蔡先生喝得更多。[5] 可见，自幼出生在酒乡绍兴的蔡元培素爱喝酒，而且酒量不小，喝起来也甚为爽快。

蔡元培喜欢喝酒，尤其喜欢喝故乡的黄酒。林语堂说，蔡元培"每餐必有绍兴酒"[6]。余天民说："先师家绍兴，素爱饮花雕。"[7] 正因为喜欢喝家乡的黄酒，所以蔡元培的喝酒方式也颇具特色。据程沧波先生回忆："他（蔡先生）每一顿饭都要喝一点酒。酒壶是用一个锡制方形暖壶（里面是圆的，有夹层可以装开水），可盛四两酒，不

---

① 余毅：《悼念蔡元培先生》，陈平原、郑勇编：《追忆蔡元培》，三联书店 2009 年版，第 137 页。
② 周成：《追忆蔡孑民先生》，陈平原、郑勇编：《追忆蔡元培》，第 364—365 页。
③ 蒋梦麟：《试为蔡先生写一笔简照》，陈平原、郑勇编：《追忆蔡元培》，第 95 页。
④ 陈西滢：《关于蔡先生的回忆》，陈平原、郑勇编：《追忆蔡元培》，第 62 页。
⑤ 傅斯年：《我所敬仰的蔡先生之风格》，陈平原、郑勇编：《追忆蔡元培》，第 163 页。
⑥ 林语堂：《想念蔡元培先生》，陈平原、郑勇编：《追忆蔡元培》，第 263 页。
⑦ 余天民：《蔡先师港居侍侧记》，陈平原、郑勇编：《追忆蔡元培》，第 320 页。

一定是绍兴。我们都不吃酒，只看他自斟自酌，吃尽一壶也不再添。他不吃饭，用菜甚少。大概是有胃病的关系，每次只吃几片面包，酒是不可少的。每一顿都是这样。"① 虽然程沧波认为，酒壶里盛的不一定是绍兴酒，但事实上，酒壶里盛的很可能就是绍兴黄酒。因为用锡制的可以暖酒的酒壶来盛酒，就是为了暖酒。而白酒和啤酒是不需要暖酒的，只有黄酒，温一温，喝起来味道更佳。

晚年，由于身体原因，而且在其 70 岁生辰时，蔡先生因饮酒过多曾致大病一场。因此，周夫人对蔡元培饮酒，每次仅以一小盅为度，逾限不予供应。虽然蔡元培为自己未得畅饮而深感遗憾，但因周夫人殷勤爱惜，亦觉苦中有乐。晚年，蔡先生总是饮一小玻璃杯即止，从未添过壶。②

旅居上海之后，为了蔡先生的健康，周夫人每日仅以一次饮半杯为限。③ 但如果你给他倒多了酒，蔡元培也不推辞，会欣然喝下去。1937 年上海发动全面抗战后，蔡先生自上海由周子竞、丁西林陪同去香港。周、丁二君托在香港的王云五先生照料。但因周夫人有嘱托，恐蔡先生饮酒过多，有碍健康，每日当以一次一大玻璃杯绍酒为限。所以王云五奉命唯谨，仅于晚饭时供应绍酒一大杯，午饭不另供酒。后来王云五的夫人带着孩子也来到上海，因王云五不在家用午饭，而王夫人只知道蔡先生善饮，午间也供酒一大杯；晚膳时王先生不知此事，也照例供酒；于是每日一次增为二次，蔡元培也不推让。

刘海粟去看望蔡先生，问蔡先生饭前三杯酒的老习惯还保留否，因蔡元培胃病还没有好，刘海粟希望老先生以健康为重。但蔡先生表示喝酒的积习难以戒除了，而且喝得不多，从未醉过，不要紧，还说"宋庆龄女士也曾劝鲁迅戒过烟，他（指鲁迅先生）还是一支接一支地抽"④。在蔡先生病前一星期，周新还最后一次和他对酌让酒。⑤ 正

---

① 程沧波：《宁粤和谈追随蔡先生的经过》，陈平原，郑勇编：《追忆蔡元培》，三联书店 2009 年版，第 255 页。

② 余天民：《蔡先师港居侍侧记》，陈平原、郑勇编：《追忆蔡元培》，第 320 页。

③ 王云五：《蔡孑民先生与我》，陈平原、郑勇编：《追忆蔡元培》，第 55 页。

④ 刘海粟：《忆蔡元培先生》，陈平原、郑勇编：《追忆蔡元培》，第 302—303 页。

⑤ 周新：《记蔡孑民先生的病》，陈平原、郑勇编：《追忆蔡元培》，第 329 页。

因为蔡元培喜欢喝酒，且喜欢喝家乡的黄酒，所以"其乡人之来自故乡者，常以藏之数十年之佳酿赠之"，而蔡元培"亦每以此享客，其酒之美者，洵非市上沽酒所能及"。周成表示："酒饮时，有陶然之乐，醉后有超然物外之感。"蔡先生闻之，似亦首肯。在沪时，他与蔡先生每相叙谈，必分尝其佳酿以为乐。[①]

（二）蔡元培与越地习俗谚语

其实，蔡元培不只喜欢饮故乡酒，而且喜欢吃家乡豆，说家乡话。据蔡无忌回忆："先君素嗜豆，阅书时，案旁置豆一罐，一面嚼豆，一面领略书中要义，恒谓炒豆味香，愈嚼则读书兴趣愈浓，然豆嚼完，亦不向家人索取。"[②] 对这豆子，蔡元培不仅爱吃，而且也懂得玩豆子的游戏。对此，他在诗作中写道：

新年用知堂老人自寿韵[③]
（1934 年 5 月 5 日）

新年儿女便当家，不让沙弥袈了裟。鬼脸遮颜徒吓狗，龙灯画足似添蛇。

大么轮值思赢豆，数语蝉联号绩麻。乐事追怀非苦话，容吾一样吃甜茶。

在诗作旁边，蔡元培还对诗中的词语作了注释："吾乡小孩子留发一圈而剃其中边者，谓之沙弥。"而所谓赢豆，就是"吾乡小孩子选炒蚕豆六枚，于一面去壳少许，谓之黄；其完好一面谓之黑。二人以上轮掷之，黄多者赢，亦仍以豆为筹码。"而所谓"绩麻"即"以成语首字与其他末字相同者联句，如甲说'大学之道'，乙接说'道不远人'，丙接说'人之初'等"。另外蔡元培家乡还有"吃甜茶，讲苦话"之语。周作人原诗有"且到寒斋吃苦茶"句，表达无奈颓

---

① 周新：《记蔡孑民先生的病》，陈平原、郑勇编：《追忆蔡元培》，三联书店 2009 年版，第 364—365 页。

② 蔡无忌：《先君幼年轶事拾零》，陈平原、郑勇编：《追忆蔡元培》，第 68 页。

③ 中国蔡元培研究会编：《蔡元培全集》第 7 卷，浙江教育出版社 1997 年版，第 585 页。

唐之意。但蔡元培反言"甜茶"，以表达积极乐观之精神。

由诗可见，蔡元培对家乡孩子玩豆、联语等游戏，以及"吃甜茶，讲苦话""吃讲茶""剃沙弥"等习俗也非常熟悉。对这些习俗，蔡元培在其他诗作中也有提及。

和知堂老人五十自寿（二律）①
（1934 年 4 月 20）

一

何分袍子与袈裟，天下原来是一家。不管乘轩缘好鹤，休因惹草却惊蛇。

扪心得失勤拈豆，入市婆婆懒绩麻。园地仍归君自己，可能亲掇雨前茶。

二

厂甸滩头卖饼家，不将儒服换袈裟。赏音莫泥骊黄鸟，佐斗宁参内外蛇。

如祝南山寿维石，谁歌北扉乱如麻。春秋自有太平世，且咬馍馍且品茶。

和养友驼字韵（四绝）②
（1937 年 3 月 31 日）

莫便认蹉跎，廿年更事多。人情参透后，苦境已先过。
不要悔蹉跎，先忧后乐多。甜茶宜准备，苦话早经过。
漫自说蹉跎，苦人世上多。有余姑下比，心地不难过。
不要怕蹉跎，达观庄子多。素位而任运，心太平中过。

注：于得意后追失意时事，绍兴人谓之吃甜茶，讲苦话。比上不足，比下有余，是绍兴谚语。

---

① 中国蔡元培研究会编：《蔡元培全集》第 7 卷，浙江教育出版社 1997 年版，第 560 页。

② 中国蔡元培研究会编：《蔡元培全集》第 8 卷，第 474 页。

　　这两首诗作中，蔡元培不仅再次提及家乡拈豆、绩麻、品茶、吃甜茶、讲苦话等习俗，而且还运用家乡"比上不足，比下有余"之谚语。这样的越地谚语在其日记中也时有出现。

　　1896 年日记中出现不少越谚。如"越谚有曰：'蟢子窠，扁椭椭。'椭，广韵，他果切，今音同。"①（注：蟢子：蜘蛛的一种，窠"鸟兽昆虫栖息的处所）"秋田邀游绕门山石宕，午后大雨，归问家中人，皆不知有雨也。谚曰'夏雨隔田塍'，洵然。"②绍兴农谚有"夏雨隔田塍，秋雨隔灰堆"之说。又如越谚"射的白米斛百，射的玄米斛千"③等。

　　蔡元培不仅熟知家乡的这些谚语，而且出门在外，他总是喜欢说家乡话。给我印象最深的一句是"某某真弗错气"。那时，蔡元培在《警钟》报担任总编辑，他不但要负起编辑的责任，还要管好些麻烦事务，如社中同人的伙食、报刊印刷费以及编辑所开支等。由于支持《警钟》报的陈君竞全本钱不多，不能无限制地供给《警钟》报以资金，所以报社的经济状况窘不可言；又由于《警钟》报只有论文、译件和日俄战事消息，而一般人所爱看的社会新闻并不登载，所以销路不多。对此，蔡元培非常焦急。当时先生的同乡何君朗仙，带了一个绍兴工人来到上海，就住在《警钟》编辑所里。朗仙向先生献策，叫这个绍兴工人背一面旗，上面写上劝国人注意日俄战争的标语或国画，手里敲一面小锣，带着报纸到南市一带叫卖。蔡元培听取建议，真的让工人这样做了，结果喜人。因为这样一叫卖，居然每天可以多卖出一二百份报。先生高兴地用绍兴话对何君说道："□□（工人名不记得了）真弗错气！"④虽然我们已无缘听取蔡先生一场场思想积极进步的演说，但据陈西滢先生回忆，蔡先生的演讲，声音不高，而且是绍兴口音的官话，内容是朴质的说理，不打动听众的情感，所以

────────

　　①　中国蔡元培研究会编：《蔡元培全集》第 15 卷，浙江教育出版社 1997 年版，第67 页。

　　②　同上书，第 81 页。

　　③　同上书，第 96 页。

　　④　马鉴：《纪念蔡子民先生》，陈平原、郑勇编：《追忆蔡元培》，三联书店 2009 年版，第 89 页。

他在台上说话，台下的人交头接耳地交谈，甚至显得不耐烦。所以演讲词更不能听到。……十年以后听众对蔡先生的态度不同了，演讲词不至于听不见，然而他演说的态度、声音与内容似乎与我第一个印象没有多大的出入。① 由此可见，不管在何时何处，蔡元培说的始终是充满绍兴口音的话语。

对家乡的习俗，蔡元培在日记中也时常提及。1896 年蔡元培在日记中写道："越俗小儿初生，间十二时始饲乳，否则溲便无节。乳必乞诸人。男则乞生女者，女则乞生男者。且必前一年产者，谓之'开口奶'。将与乳，先以梅干刷其龈，乃饮以甘草、黄连、朱砂、钩藤诸汁，乃饮以乳（平日常饮以黄连汁或用生甘草）。三日浴之，用鸭子（红十）、花生（红十）及荔枝、龙眼、核桃、枣、嘉庆李、莲、栗、松子、榛子、青豆凡十事，各谓之'喜果'。小铜镜一、小银锞二（或用福字钱十）、顶花一，置于筛，汤灌之，以其汤浴中，其发之旋者而灸之三壮，灸门限一壮，乃衡之。系父母鞋各一于其襁褓之上而后衡。"②

不久在日记中又写道："越俗有极可笑者，妇人将产，祀催生娘娘于床前之案。鸡一，以灯代烛，以草纸代楮，焚于锨（爨以揭灰者，读若'轩'）。小儿睡顷，面若啼若笑，谓是圣婆娘娘教之，夜啼则以小汤圆祀床翁、床婆，所谓'楚人鬼，越人禨'，洵不诬也。"③ 1898 年正月初一日记载："晨起拜神，以汤圆荐先。是日加申，日有食之。"④ 正月初三载："吾乡风气，有极可笑，为他处所无者。如正月爬龟，其一也。业此者多老妪。以楮牌五十六圆，叠于笼筛，问年纪，或男或女行龟牌上，转头则撷其牌，凡三，乃唱十数语了一生，大抵少、壮、老各有成语。年相近者，三、四人后，不免重复，亦视其人口给何如耳。"⑤ （按，口给：口才敏捷，善于答辩。）

①　陈西莹：《关于蔡先生的回忆》，陈平原、郑勇编：《追忆蔡元培》，三联书店 2009 年版，第 60 页。

②　中国蔡元培研究会编：《蔡元培全集》第 15 卷，浙江教育出版社 1997 年版，第 100 页。

③　同上书，第 100 页。

④　同上书，第 167 页。

⑤　同上书，第 207 页。

正月初五日记又载："是日吾乡谓之'了年'，夜以年糕荐先。"从这些记录里可见，蔡元培虽然在外乡为官，但仍按家乡的习俗来安排生活。当然，对于家乡不好的习俗风气，蔡元培也敢于抨击和改进，从而起到移风易俗的作用，这一点拟在下文展开论述。

三 蔡元培对家乡文化建设的贡献

绍兴，作为一座千年古城，可谓是人文荟萃，历史文化底蕴非常丰富。作为一名对家乡怀有深厚感情的文化名人，蔡元培在接受家乡文化熏陶和滋养的同时，也对家乡文化的研究、保存和繁荣发展作出了种种努力，从而为家乡文化的良性发展作出不少贡献。

（一）重视越地文化的整理、保护和研究

1. 编撰方志。上虞知县唐煦春于光绪十六年锐意纂修，命朱士黻总其成，士黻自惭谫陋……因荐山阴蔡君元培为总纂。1890 年 10 月，上虞县志局开馆，由邑人朱士黻进士主持，聘蔡先生为总纂。蔡元培依据绍籍清代著名学者章学诚的相关论述，详细编制了《重修〈上虞县志〉例言》，分地篇、吏篇、户篇、礼篇、兵篇、形篇、工篇、学篇、书篇、碑篇、列传、士女篇、杂篇及文征等篇。他把明万历时、清嘉庆时所刊《上虞县志》的项目与现拟修订者进行比较，列出全目。内容翔实，主次分明。然而，条例竟遭到一些人的反对，尤其是为当时的分纂所反对，蔡元培不久即辞职离去。

光绪十八年（1892）春，重修的《上虞县志》问世。蔡先生原拟条例虽未被采用，但朱士黻仍认为"义例精当，卓然成家，则自有蔡君之说在"。他把蔡著凡例附于卷末，"惮后之踵是役而起者，知所审择焉"。光绪十八年（1892）版《上虞县志》所附蔡撰"例言"，未将全目刊出，注明"目不录"①。尽管如此，蔡元培还是非常重视方志的编纂工作，并将其看成是极其重要的地方文化工程。1919 年 1 月 30 日，蔡元培为重修《新昌县志》作序。1929 年 11 月，蔡元培致专函给浙江省政府，提议续修浙江通志。在该函中，蔡元培指出："倘得成书，不特乡邦之光，抑亦执事不朽之

---

① 高平叔撰著：《蔡元培年谱长编》第 1 卷，人民教育出版社 1998 年版，第 50 页。

盛业。"①

2. 重视越文化遗产的保存。对于绍兴历史文化遗产的保存，蔡元培总是乐此不疲，不遗余力。其中，最为典型的例子，莫过于对于修订、出版绍籍著名学者李慈铭遗作的大力支持。李慈铭一生著述颇多，凡百数十卷，特别是其撰写的《越缦堂日记》，有其不可低估的学术价值。该文集卷册众多，然而一直没有得到整理出版，如果任其湮灭，将成为绍兴文化学术界不可挽回的损失。为了出版该文集，蔡元培不辞劳苦地奔走呼吁，1919 年 7 月，蔡元培在《读〈越缦堂日记〉感赋》中提及："史评经证翻新义，国故乡闻蔚大观。"蔡元培为何力促该文集的出版，原因可见一斑。同年 8 月，蔡元培为浙江公会起草《征集〈越缦堂日记〉执印费函》，募集垫印费用，以全浙公会的名义发起，交由商务印书馆印行。1920 年 11 月，《越缦堂日记》51 册将印出，蔡元培撰写《刊印缘起》载于卷首。1933 年 10 月，在蔡元培的推动下，李慈铭的《越缦堂日记补》13 册得以印出，蔡元培为补印部分再次撰文，写下《印行缘起》。为促成越地先贤的遗作流传于世，蔡元培从 1894 年为其勘校，到 1933 年补印部分出版，时间长达 30 余年，在学术史上实属罕见。清朝末年，写日记的人不少，但是内容丰富，文笔遒秀，当以《越缦堂日记》为第一。鲁迅先生也很喜欢这部多达 51 册的《越缦堂日记》。

李越缦父子相继去世以后，家境非常拮据，他家拟把越缦堂藏书130 余箱、2 万余册，抵押与本城开同兴酱园的陆姓，得款数千元，但每月须负担重利息。蔡先生知道这件事后，觉得受人重利盘剥，不是办法，他就介绍给北京图书馆，北京图书馆把全部越缦堂藏书收买下来。这批书经该馆中人辑录李越缦在书上批校的文字，编成《越缦堂读书记》《越缦堂读史札记》等书。这不仅帮助李家度过了艰难时刻，而且对学术界也有重大贡献。所以，为繁荣越地学术、弘扬越地文化，蔡元培所倾注的精力从中可见一斑。

---

① 中国蔡元培研究会编：《蔡元培全集》第 12 卷，浙江教育出版社 1997 年版，第 93页。

3. 重视越文化的研究。1938 年 8 月，在蔡元培的家乡绍兴，成立了吴越史地研究会，蔡元培欣然担任了会长一职。在《吴越史地研究会成立开会词》中，蔡元培指出："江浙两省在五六千年之前，已有极高文化；当非如传说所云，在春秋时代，江浙尚为野蛮之区。"① 此番学术论断彰显出蔡元培对于吴越文化的远见卓识，使人不得不叹服。现在，随着吴越文化研究的深入，以及地下文物的不断挖掘，蔡元培的学术预见已广为人接受。

（二）在推进绍兴社会进步、树立越地文明新风方面的努力

绍兴是为人所称道的名士之乡，这座古朴的城市深受中国传统文化的浸渍，到处可见耕读世家笔墨飘香，同时，绍兴人的封建传统观念也较为浓厚，迷信思想在那里有较大市场，这曾经引起了众多进步学者的关注和抨击。蔡元培，作为一个热爱家乡的绍兴人，作为一个融会古今、学贯中西的知名学者，一直以来不但关注着绍兴的进步，而且还以实际行动弃陈树新，在推进绍兴社会进步、树立越地文明新风方面作出了诸多努力。

1. 在家庭婚姻问题上，蔡元培以身垂范，提倡男女平等，婚姻自主。1900 年 3 月，蔡元培撰《夫妻合约》，指出："夫妇之事，当由男女自择，不得由父母以家产丰俭、门第高卑悬定。"对于子女的教育，蔡元培也有很多精彩的新思想，他认为，对于子女教育问题还得多点平等思想和耐心态度，"教子不可用威喝扑责"，"不可用诳语"，"教子当摒去一切星卜命运仙怪之谈"。1900 年 5 月 9 日，夫人王昭在绍兴病亡，蔡元培当日即撰文悼念。1901 年 6 月，王昭去世一周年，蔡元培在上海回忆其丧葬时所写的挽联，以示纪念。王昭病故后，前来给蔡元培提亲做媒的人络绎不绝，不堪其扰的蔡元培提出了续娶的五项条件，"一、女子须不缠足者；二、须识字者；三、男子不娶妾；四、男死后，女可再嫁；五、夫妇如不相合，可离婚。"蔡元培所列出的续娶五条件在当时绝对是"与时俱进"，甚至可谓是惊世骇俗之举。"媒者无一合格，且以后两条尤为可骇"，于是，媒

---

① 中国蔡元培研究会编：《蔡元培全集》第 8 卷，浙江教育出版社 1997 年版，第 371 页。

人们只得退避三舍了。一年多以后，经人介绍，蔡元培与江西的黄仲玉女士订婚。在举行结婚仪式时，经蔡元培提议，来宾们以演说代替闹洞房。其中，有来宾引经据典，宣传男女平等思想；也有来宾认为，夫妇学问的高低不同，难以实现真正的平等。蔡元培笑曰："学行固有先后，人格总是平等。"蔡元培的话博得一片掌声，此种与众不同的结婚仪式，在当时可谓别开生面。实际上，蔡元培是以自己的行动向旧传统发起挑战。

2. 关注绍兴的社会进步。作为一名对绍兴文化有深刻了解的越地名士，蔡元培曾利用各种机会，呼吁越地父老乡亲摒弃长期以来养成的只顾小家不顾大家，只顾眼前不顾长远的陈规陋习。1923 年 6 月，蔡元培在绍兴五师、五中、女师发表演说："我们绍兴人应该注意的河道，厕所、粪缸杂辏其旁，无论什么污物或食物，都在河里洗濯，这种我们也须设法改革。"① 蔡元培还提议："以鉴湖之水通进自来水管作饮料；另设粪公司，除却污□。要使人人都知道卫生的重要，人人须有这种常识。还有，譬如小江桥下的河，急宜将河沿之旧屋一概打倒，用以填河，筑成马路，可通汽车、电车……所以要卫生，并非做不到，只要大家弃了目前的小利，竭力去宣传，一传十，十传百，百传千，使个个都知道他的利弊，达到不得不去做的地位。"② 该日下午，蔡元培又向绍兴各界人士发表演说，呼吁绍兴百姓和政府，要尽力改善绍兴的交通建设，注意个人卫生，主张在绍兴举办各种事业，以不断优化家乡环境，促进家乡社会进步。这足以说明蔡元培对提高绍兴城镇文明水准，以及发展各项地方建设事业的热切希望。

综上所述，越地优美的山水自然，深厚的历史文化底蕴培育了蔡元培，而蔡元培不仅用自己伟大的人格精神对越文化精神作了最好的阐释和充实，而且用自己的思想行动为越文化的繁荣发展作出了巨大的贡献。

---

① 中国蔡元培研究会编：《蔡元培全集》第 5 卷，浙江教育出版社 1997 年版，第 64 页。

② 同上书，第 64 页。

第三章　越文化视野下蔡元培的
人格精神

　　蔡元培是中国近现代伟大的教育家、民主革命家，也是中国近现代美育思想的积极倡导者。其72年的人生之路，历经风雨，但他始终信守爱国民主、自由包容的思想，致力于废除陈旧落后的封建主义教育制度，奠定了中国新式教育制度的基础，不仅为中国教育文化和科学事业的发展作出了富有开创性的贡献，而且为中国近代资产阶级民主制度的建立作出了重大贡献。因此，毛泽东誉之为"学界泰斗，人世楷模"。周恩来曾写挽联云："从排满到抗日战争，先生之志在民族革命；从五四到人权同盟，先生之行在民主自由。"蔡元培的一生为中华民族的振兴立下了汗马功劳，而其高尚的人格精神更为后世所敬仰。

　　地域文化环境在一定程度上影响着该地区人们的思想和行为。蔡元培作为一名地道的绍兴人，其人格精神的形成在某种程度上也受越地文化环境的影响。正如潘成玉所言："作为绍兴文化的创造主体之主体，他们的文化创造与越地绍兴山川的激发、民风的影响、经济的发展和文化精神的熏陶和浸润都直接间接相关；他们的来源去向不同，但生活和精神生命无疑都打上了绍兴的烙印。"① 那么，在越文化精神的影响下，蔡元培有着怎样的人格精神呢？这是接下来拟探讨的话题。

---

　　① 潘成玉：《中华文化格局中的越文化》，人民出版社2010年版，第20页。

第一节　越文化视野下蔡元培救国为民的爱国情怀

如第一章所述，越地人们长期生活于滋润万物而不争的水环境之中，逐渐形成了一种崇尚道德的优良传统。这种尚德文化体现在越地名士身上，则表现为一种强烈的爱国主义情怀。蔡元培作为近现代越地名士，就是这样一名爱国知识分子。他将个人命运与国家命运紧密联系在一起，为国家和民族奋斗一生，这构成了蔡元培人生轨迹中最鲜明的一条主线。因此，在越文化背景下，梳理和分析蔡元培的爱国思想，具有重要的现实意义。

一　蔡元培参与民族救亡运动的爱国历程

（一）供职翰林，忧国忧民

蔡元培的一生，是与教育紧密联系在一起的。他是封建教育制度下科举应试的幸运儿，会试连捷。1894 年，被授予翰林院编修一职，实现了绝大多数读书人努力一辈子都可望而不可即的目标。但蔡元培读书应试并不是一味地追逐中国知识分子"光宗耀祖"的传统梦想。当时，中日双方在朝鲜的军事对峙，大有一触即发之势。在北京的蔡元培非常关注局势的变动，心情焦灼，密切关注着事态的变迁。7 月21 日，在和在京同乡李慈铭的五言律诗《庭树为风雨所折叹》时，蔡元培有感东邻兵事，在加注中写道："越南已折入佛朗西，日本又争朝鲜，藩篱尽撤，能无剥床之惧?"① 后来，蔡元培在日记中又写道："二十七日报谓：日人已发哀美敦战书，订期于昨日十二下钟开仗，据此，则中日已构兵矣。此间杳不得消息，未知若何!"② 后来，到了甲午战争打得最激烈的时候，在致友人的信中，蔡元培时不时流露出内心之忧虑。其中一封信写道："东邻构衅，渤海军兴，涓涓不

① 中国蔡元培研究会编：《蔡元培全集》第 1 卷，浙江教育出版社 1997 年版，第135 页。

② 高平叔撰著：《蔡元培年谱长编》第 1 卷，人民教育出版社 1998 年版，第 65 页。

塞，杞忧方大。"① 当时，蔡元培的心态是很复杂的，一方面，针对日寇的猖狂，他心里是非常愤怒的；另一方面，他又深深感叹当时朝廷缺乏有能力统兵御敌的将才。和当时一心指望俄国出面调停中日战争的李鸿章不同，蔡元培的主张是，针对日寇的凶狠，必须全力做好参战的准备，并且要抗争到底。即使在获悉《马关条约》签约的消息后，蔡元培仍然坚持认为不应当惧怕失败，他相信，只要经过多次抗争，中国最终能够战胜日本。然后，令他感到无限悲伤的是，不但貌似强大的中国海军被日本海军打得落花流水，而且最后还被迫与日本签订了极其屈辱的中日《马关条约》，这让国人痛感从未有过的亡国灭种的危险。

更甚的是，日本通过甲午海战攫取了巨大利益，使得其他列强再也按捺不住，都开始跃跃欲试，恨不得将中国啃光。1897 年 11 月，德国出兵强占胶州湾。12 月，俄军舰强占旅顺、大连港。英法列强也纷纷提出了类似的要求，企图逼清廷就范。张晓唯指出，蔡元培对于当时清政府不图自强，热衷于斡旋列强，企望以夷制夷的昏庸软弱主张是非常不满的。对此，他在日记中不无愤懑地写道："吾中国近二十年傍范睢远交近攻之策，甚睦于德。近又推诚于俄，不自强而恃人，开门揖盗，真无策之尤也。"② 当时，蔡元培放眼望去，但见京中大小官员，平庸苟且之辈居多，这些人热衷于钻营名利，默然于担当国难。

面对这些情况，蔡元培的思绪是非常愁闷痛苦的。其中的一个例子是，蔡元培与同僚或友人宴饮时，时常酩酊大醉，喝醉后甚至斥责同座。蔡元培的性情是温和的，但此时一向温文尔雅的蔡元培竟也醉酒骂人，从中我们不难察见其内心的苦闷，乃至愤怒，而透过这种苦闷和愤怒，我们能体察到的是蔡元培先生那颗拳拳的爱国之心。

1898 年，由康有为、梁启超等人发起的戊戌变法运动又遭清廷顽固派的残酷镇压。此时，蔡元培彻底看清腐败的清王朝已走向穷途

---

① 中国蔡元培研究会编：《蔡元培全集》第 10 卷，浙江教育出版社 1997 年版，第 3 页。
② 高平叔撰编：《蔡元培年谱长编》第 1 卷，人民教育出版社 1998 年版，第 114 页。

末路。他毅然弃职回到故乡，投身于教育事业。关于这一点，夏敬观有过一段精彩的评论："朝鲜之役，日胜我败，志士愤懑，鉴于明治维新之效，竞言变法，元培至是亦涉猎翻译西籍，与友设东文学社，习和文。元培与梁启超为己丑同年生，于六君子中，尤默契嗣同学识，当其用事时，避趋炎势，不往结交，及政变，元培深致惋惜，叹其寡助致败，谓欲革新排旧，必先培养人才。观清廷政治窳败无可挽救，遂弃职南归，绝意仕进，从事教育，其思想革命自此始。"①

（二）教育救国，躬身践行

1. 回到故乡，创办学堂。1898 年深秋的一天，蔡元培携家属离开了北京，回到自己的故乡绍兴。在闯荡了大千世界，领略了中西方不同的学说后，光宗耀祖的念头在蔡元培的心中已经不复存在，仕途腾飞的残梦被四年京官生活的风风雨雨扫荡得一干二净。在蔡元培的身上，只留下了最鲜明的书生本色。在目睹了百日维新变法运动的失败后，投身新教育的念头，在蔡元培的心中越发变得清晰而强烈。也是从那时起，蔡元培认定了自己的报国之路，而且也坚定了自己"志以教育挽彼沦胥"的信念。回到家乡，积极创办新式教育，培养救国人才。

在家乡，蔡元培受徐树兰之请执掌绍郡中西学堂总理，积极改革课程设置，传播新思想新知识。主张在绍兴乃至杭州创办各级学堂，积极推动师范学校的创办，重视新式人才的培养。不仅为家乡的教育事业作出了重大贡献，而且在他的身边聚合了一批志同道合的教育改革者。这对他后来施行教育救国理想有重要的推动作用。

2. 组织学社，培养革命人才。上海是蔡元培离开北京后践行其救亡图存理念的又一个重要地方。1901 年 5 月 6 日黄昏蔡元培到上海，宿舟中。5 月 7 日晨，到张菊生家，同菊生访前辈刘葆良于澄衷蒙学堂。5 月 11 日移寓澄衷蒙学堂。澄衷蒙学堂，创立于 1900 年，由清末企业家叶澄衷以他"兴天下之利，莫大于兴学"的赤诚之心和睿智眼光出资创办，是上海第一所由国人开办的班级授课制

---

① 夏敬观：《蔡元培传》，陈平原、郑勇编：《追忆蔡元培》，三联书店 2009 年版，第 1 页。

学校。1900 年，校董会聘请刘树屏（字葆良）为第一任校长。1901年，蔡元培应澄衷学堂总理刘君之请，代理学堂总理一月。在此期间，蔡元培在澄衷学堂立下"诚朴是尚"为校风，确立"兼容并包，思想自由"的办学方针，主张教学应从造成现世社会幸福出发，把当时进步思想介绍给学生。

在澄衷蒙学堂代理"不过一月余，刘君又介绍我于南洋公学"①。1901 年 9 月 1 日，"南洋公学特班生开学"，蔡元培被聘为特班生总教习。据特班生黄炎培回忆："师之教吾辈，日常课程，为半日读书，半日习英语及算学，间以体操。其读书也，吾师手写修学门类应读之书，与其读书先后次序。……每日令写札记呈缴，手自批改。隔一、二日发下，批语则书于本节之眉。佳者则于本节左下角加一圈，尤佳者双圈。每月命题作文一篇，亦手自批改。每夜召二、三生入师朝夕起居之室谈话，或发问，或令自述读书心得，或对时事感想。全班四十二人，计每生隔十来日得听训话一次。入室则图书满架，吾师长日伏案于其间，无疾言，无温色，无倦容，皆大悦服。"②

"吾辈之悦服吾师，尤在正课以外，令吾辈依志愿习日本文，吾师自教之，师之言曰：今后学人须具有世界知识，世界日在进化，事物日在发明，学说日新月异。……师又言：今后学人，领导社会，开发群众，须长于言语。因设小组会，习为演说、辩论，而师自导之，并示以日文演说学数种令参阅。又以方言非一般人通晓，令习国语。犹忆第一次辩论题为：世界进化，道德随而增进乎？抑否乎？某次课题：试列举春秋战国时爱国事实而加以评论。其余不复能忆矣。"③

据另一特班生邵力子回忆：蔡先生"以名翰林受盛宣怀氏礼聘来做我们的国文总教习……他教我们阅读有益的新旧书籍，他教我们留意时事，他教我们和文汉读，他教我们以种种研究学术的方法。他不仅以言教，并且以身教。"④

---

① 高平叔撰著：《蔡元培年谱长编》第 1 卷，人民教育出版社 1998 年版，第 204 页。
② 同上书，第 215—216 页
③ 同上书，第 216 页。
④ 同上。

后来，为支持南洋公学学生的学潮，蔡元培辞去该校特班生总教习职务，并将全体退学学生介绍给中国教育会。随后，又成立爱国学社，蔡元培被推为学社总理。为解决学社的办学经费问题，蔡元培四处奔走，无暇顾及家中老小。就在蔡元培去南京筹款的码头上，家人奔至泣告：长子阿根病急气绝。蔡元培挥泪托教育会同仁代办后事，匆匆登轮径去。三日后，借得 6000 元而归，使爱国学社得以正式开办。① 学社开班后，蔡元培向学生灌输革命精神，鼓吹革命，不少学生后来成为革命的中坚分子。

在上海，蔡元培致力于创办爱国女学、爱国学社、光复会，后来又加入了孙中山创建的同盟会，怀着满腔的爱国热情，从一个清朝的翰林变成了一个反清的志士。此时，蔡元培依然将改变中国命运的希望寄托在教育上，所以在培养优秀爱国青年方面花费了很多心血。蔡元培的爱国救国思想，也给了学生深远的影响。据南洋公学特班生黄炎培回忆，蔡元培先生教人的主旨"盖在启发青年求知欲，使广其吸收，由小己观念进之于国家，而拓之为世界……其所昭示，千言万法，一归之爱国。不惟课本训语有然，观出校后，手创学社，曰爱国学社；女学，曰爱国女学。吾师之深心，如山泉有源，随地涌现矣"②。

蔡元培的爱国心处处可见，从某种程度上而言，他的一言一行都是受其爱国心支配的。在其撰写的《爱国学社开学祝辞》《爱国学社章程》《爱国女学章程》中提及，"力使有以副其爱国心为宗旨"③，则"吾中国之前途，实大被其影响焉"④。蔡元培的学生蒋复璁回忆说："蔡先生一生好学，一生教人，一生爱国。"⑤ 1980 年，全国人大常委会副委员长许德珩在追忆蔡元培时曾经不无感慨地赞道："蔡先

---

① 高平叔撰著：《蔡元培年谱长编》第 1 卷，人民教育出版社 1998 年版，第 248 页。

② 黄炎培：《吾师蔡孑民先生哀悼辞》，蔡建国：《蔡元培先生纪念集》，中华书局1984 年版，第 54 页。

③ 中国蔡元培研究会编：《蔡元培全集》第 1 卷，浙江教育出版社 1997 年版，第440 页。

④ 同上书，第 404 页。

⑤ 蒋复璁：《追念蔡先生》，陈平原、郑勇编：《追忆蔡元培》，三联书店 2009 年版，第 380 页。

生的爱国主义精神，真是数十年如一日。"①

3. 任教育总长，大胆改革。1911 年，辛亥革命爆发，中华民国成立以后，蔡元培被选为民国的第一任教育总长。在此期间，蔡元培大刀阔斧地改革原先的封建教育制度，废除了学校忠君尊孔的礼俗，废除读经，改订教育宗旨，改革学校的学制，修订课程，实行小学男女同校，推行义务教育和社会教育，从而奠定了中国近代教育的基础。

需要指出的是，蔡元培对教育所实行的民主主义改革，虽然由于临时政府的短命而没有完全实现，但其影响是相当深远的。后来，袁世凯担任大总统后，蔡元培不愿与他同流合污，毅然辞去了教育总长的职位，参加了孙中山领导的反袁斗争。

4. 改造北大，开风气之先。1916 年 9 月 1 日，远在法国的蔡元培收到中国驻法大使馆转来的范源濂教育总长促其回国的电报："国事渐平，教育宜急。现以首都最高学府，尤赖大贤主宰，师表群伦。海内人士，咸深敬仰。用特专电敦请我公担任北京大学校长一席，务祈鉴允，早日归国，以慰瞻望。启行在即，先祈电告。"② 接到电报后，蔡元培立即前往有关学校，给夫人黄仲玉、长女蔡威廉、三子蔡柏龄办理结束学业相关事宜，以及其他有关手续，于 10 月 2 日离法回国。

此次，蔡元培担任北京大学校长，不少人是劝阻的。蔡元培自己也说："民国五年冬，我在法国，接教育部电，促回国，任北大校长。我回来，初到上海，友人中劝不必就职的颇多，说北大太腐败，进去了，若不能整顿，反于自己的声望有碍，这当然是出于爱我的意思。但也有少数的说，既然知道他腐败，更应进去整顿，就是失败，也算尽了心。这也是爱人以德的说法，我到底服从后说，进北京。"③ 蔡元培的话，表现出"举世不知何足怪，力行无顾是豪雄"的气概。可以这么说，蔡元培之所以服从"后说"，愿意赴任，是想尽自己的

① 许德珩：《回忆蔡元培先生》，陈平原、郑勇编：《追忆蔡元培》，三联书店 2009 年版，第 157 页。

② 高平叔撰著：《蔡元培年谱长编》第 1 卷，人民教育出版社 1998 年版，第 613 页。

③ 中国蔡元培研究会编：《蔡元培全集》第 7 卷，浙江教育出版社 1998 年版，第 499—500 页。

力量把中国的教育办好。来到北大，蔡元培开始从各个方面着手改造北大。在蔡元培看来，北大之所以不满人意者，一在学科之凌杂，二在风纪之败坏。为救此弊，蔡元培一方面大胆革新壮大学科和管理体制；另一方面要求师生们转变观念，抱定宗旨，即大学是纯粹研究学问之机关，而非养成资格之场所；学生是为求学而来的，而不是为升官发财而来的。为实现这一办学宗旨，蔡元培毫不犹豫地解聘了那些才德不足以为师的教师，延聘了一些纯粹之学问家，一面教授，一面与学生共同研究，以便把衙门气十足的北大改造为纯粹研究学问之机关。对于学生，蔡元培多次发表演说，要求他们抱定求学的宗旨，砥砺品行，以整饬不正之风。在思想上，蔡元培坚持"思想自由，兼容并包"的办学原则，允许新旧各派思想并存。为丰富校园生活，蔡元培主张设立各种社团和学会，积极践行其倡导的美育思想。通过以上一系列改革，最终把腐败的京师大学堂革新成充满活力的新北大。在这里，蔡元培之所以不畏旧势力，敢于大刀阔斧地对北大加以改革，是因为蔡元培心中只有一个目的，那就是办好教育，为国家社会培养具有真才实学的进步人才。这是符合其"教育救国、科学救国、学术救国"的奋斗目标的。

（三）学术救国，矢志不渝

除了主张教育兴国，与蔡元培有关系的另外一个观点是学术救国。关于这一点，吴敬恒有过一段评述："后来设立中央研究院，他去担任研究院院长，心里很高兴。这并不是因为可以做官，也是因为这个任务和他的意志相近。他做了院长以后，总想使这个研究院发达起来，可是这个很不容易。不要说我们很穷，没有许多钱，就是有钱，也不一定找得到人。然而他总是希望研究院能够造就中国出色人物，可以有人去得到诺贝尔奖金，在国外百科全书上也能够记载出中国伟人的姓名来。这种希望，仿佛是他天天所不能忘记的。"①

1937 年，"七七事变"爆发，日军全面侵华，年逾七十的蔡元培从上海移居香港。不少学者指出，蔡元培离开大陆之后，对于发生在祖国

---

① 吴敬恒：《蔡先生的志愿》，陈平原、郑勇编：《追忆蔡元培》，三联书店 2009 年版，第 22 页。

的抗日战争无一日不关心，这是客观的事实。在寓居香港期间，蔡元培通过筹款、写诗著文、演讲等多种方式继续为抗日救亡操劳。通过多种渠道，支持爱国运动，鼓励民众抗战。蔡元培认为，中华民族要战胜日寇的侵略，各方面的力量都需要以国家利益为重，紧密团结起来。因此，当后来国民党和共产党组成抗日民族统一战线，蔡元培深感"欣欣然"，认为这是"国家民族之大幸"。面对日本侵华的严峻形势，蔡元培积极支持国共第二次合作，共赴国难。在寓港期间，积极支持宋庆龄领导的保卫中国大同盟，欣然受任国际反侵略大会中国分会名誉主席一职。就在逝世前不久，蔡元培用《满江红》词调，亲自为国际反侵略大会中国分会创作了会歌，表达蔡元培反侵略、爱祖国的心志，以及对抗战必胜的信心。旅港时期，尽管身体状况与生活境况均不如人意，然而蔡元培仍然心系抗日大计，始终为反侵略事业尽心尽力，直至1940年3月因病逝世。真可谓爱国之心，老而弥坚。

对此，与蔡元培有过直接接触的余天民先生回忆说："先师极关怀国事，当二十六年抗战初发动时，上海尚未沦陷。我在东京，曾函请先师致力于抗日工作。先师在沪覆信，谓已从文化学术方面积极进行。未几，避难到港，即开展此项工作。因为中央研究院与各国文化学术界联系，常以国际之版品交换为媒介，而即于出版物中宣扬我文化教育，揭示敌暴行，并传播种种有利抗战事实，以期收得道多助之益，虽留港养疴，实与前方参加抗日工作无异，故其《满江红》词中有句云，'文化同肩维护任'，即表达此种意思。窃虑许多人或未必知悉，特于此阐明，方不负先师救国之苦心。"[1] 蔡先生在港，经常接到国内外人士的函件，请他移居昆明，或旅行国外如菲律宾与新加坡等处，但他都委婉推辞。理由是自己身负中央研究院职责，文化学术工作，关系国家百年大计，不可一日停顿，更不能远离，于是他始终坚守岗位，直到生命最后一刻。所以，余天民感慨："其富于责任感及慨然抱以身殉道之精神，实为常人所不及也。"[2]

---

① 余天民：《蔡先师港居侍侧记》，陈平原、郑勇编：《追忆蔡元培》，三联书店2009年版，第317页。

② 同上。

蔡元培的爱国精神不仅体现在其毕生所追求的教育救国和学术救国等主张和理念中，更体现在生活中的点点滴滴上，体现在一些平日里不起眼的亦可能不为人所知的小事情中。例如，王世杰讲过一桩发生在餐桌上的事情："中日事变发生后，蔡先生很少发表言论，记得民国二十三年，蔡先生某次从上海到南京，有位意志不定而当时地位极重要的人请他吃饭。蔡先生在席上对主人说：关于中日的事情，我们应该坚定，应该以大无畏精神抵抗；只要我们抵抗，我们的后辈也抵抗，中国一定有出路。一面说着，一面两行热泪已经流到杯中了。主人极不安，举座无不感动。"① 这虽然只是生活中的一个小场景，但足以见出蔡先生热切的爱国之心。

对于中国近代史上第一次反帝爱国运动，即发生于 1919 年 5 月 4 日的五四运动，学界普遍认为，当时的北京大学校长蔡元培作为五四运动的精神领袖人物之一，对于五四运动的兴起发挥了举足轻重的作用。

而研读蔡元培人生轨迹的学者都知道，蔡元培曾经多次去海外，那么他去海外最主要的目的是什么呢？对此，毛泽东曾经指出，蔡元培是中国近代"向西方国家找寻真理"的一位"先进的中国人"②。胡国枢先生也指出，蔡元培先后 6 次出洋留学与考察，在国外累计生活时间长达 11 年之久，为中西方的文化交流，为中国的独立富强，特别是为中国教育科学文化事业的发展而鞠躬尽瘁。

可见，不管兴办教育还是倡导学术，不管在国内还是在海外，蔡元培都在为民族寻找出路。所以，蔡元培的一生是为民族、为国家救亡图存的一生。

三　蔡元培爱国思想之越文化观照

（一）越文化积极进取的豪迈精神对蔡元培爱国思想的影响

从文化源头看，越文化中充满积极进取的豪迈精神。大禹治水，三过家门而不入，其所体现的是英勇顽强、担当大任、奋发有为的拼

---

① 王世杰：《追忆蔡先生》，陈平原、郑勇编：《追忆蔡元培》，三联书店 2009 年版，第 65 页。

② 《毛泽东选集》第 1 卷，人民出版社 1996 年版，第 1474 页。

搏精神，深受万世景仰。越王勾践入吴为奴，"三年不愠怒，面无恨色"。后来被赦回国后，卧薪尝胆，"十年生聚，十年教训"，励精图治，坚韧不拔，最后终于东山再起，成就霸业，成为古越文化进取精神的人格化身。

对此种文化精神，作为越地名士的蔡元培深表赞赏，多次在诗文中提及大禹的献身精神和勾践卧薪尝胆的故事。1927 年在杭州之江大学发表的演说中，蔡元培以勾践复国的故事勉励学生说："救国问题，谈何容易，决非一朝一夕空言爱国所可生效的。从前勾践雪耻，也曾用'十年生聚，十年教训'的工夫，而后方克遂志。"① 主张学生以在校安心读书为主，学好知识技术，以后为国效力。但他也表示这并不意味着反对学生参与爱国运动，尤其当民族面临危亡的时刻，蔡先生不仅不反对学生运动，而是引导并称赞了五四运动。所以，傅斯年说："蔡先生一个人在那里办北大，为国家种下读书、爱国、革命的种子。"郭建荣先生以为这"并非虚语"，认为"蔡先生的原则性与灵活性，都是基于他的为公、为国的大是大非观念"。"在公义一方面，蔡先生却是特立不屈、勇往直前、丝毫不退、莫不假借的斗士。在前清时代，蔡先生与孙中山先生辈同倡革命，与当时的满清政府肉搏斗争，是如何的不为强御，不为威武所屈？民国成立后，先生为第一任内阁教育总长时与袁世凯奋斗。民国八年以后，先生任北京大学校长时与北洋军阀奋斗，从不听见先生有一点退让犹豫的表示，恰恰与平时处世接物的谦逊态度成一相反的对照。……在吾国政治家中真是少见。"② 可见，蔡元培的读书、办学以及革命行动都是基于他的爱国思想。他为振兴民族而勤奋读书，为救国而积极投身教育事业，为挽民族于危亡而四处奔走，积极参与民主革命工作，表现出强烈的民族责任感和爱国精神。所以，在近现代中国面临内忧外患的时刻，越文化源头中的隐忍慷慨之气对蔡元培的爱国思想产生了重要影响，也给蔡元培以不少启发。

---

① 中国蔡元培研究会编：《蔡元培全集》第 6 卷，浙江教育出版社 1997 年版，第19—20 页。

② 郭建荣：《胸中洒落 耿介拔俗——从无私前后看蔡元培先生》，蔡元培与五四运动研讨会论文，绍兴，2009 年 4 月。

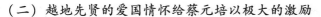

（二）越地先贤的爱国情怀给蔡元培以极大的激励

作为一名绍兴人，蔡元培对于故乡的热爱，不仅表现在对故乡美丽山水的热爱上，更表现为对故乡历代爱国先贤的敬仰。而在众多的越地名贤中，对于蔡元培影响最大的莫过于陆游了。甚至可以这样认为，在很多方面蔡元培都是以陆游为范的。为什么这么说呢？因为不论在为人爱国方面，还是在勤奋读书和诗文创作方面，蔡元培对陆游都是敬仰有加的。那么，为什么蔡元培对陆游会如此敬仰呢？究其原因有二：

1. 陆游的爱国主义精神是蔡元培所深深敬仰的。陆游生逢北宋灭亡之际，金兵入侵，国土沦陷，朝廷不图自强，只顾自己苟安。而陆游在少年时深受家庭爱国思想的熏陶，积极主张抗金。但因受秦桧排斥而仕途不畅。宋孝宗即位后，赐进士出身，跻身朝廷。陆游仍坚持抗金，因此屡遭主和派排斥，但陆游壮志不改，一生怀着抗金复国之志，希望有朝一日南宋王朝能收复中原失地，重新统一中国。陆游这颗拳拳爱国之心让蔡元培深为敬佩，因为蔡元培所处的时代和怀抱的宏愿与陆游有诸多相似之处。蔡元培所处的晚清时期，清政府腐败无能，列强入侵，中华民族面临亡国灭种的危险。此时，陆游爱国主战的思想作用在蔡元培身上，就表现为一种深深的爱国情怀。对列强的入侵，蔡元培主张积极抗战，哪怕失败，只要坚持抗争，最终一定能取得胜利。因此，蔡元培把民族救亡图存作为自己毕生之追求。一方面，在京城，他目睹和亲身感受着清政府的腐朽无能。因此，在他看来，变法对当时腐朽制度的改变已没有什么效用，中国要想有出路，就要推翻清政府的统治。于是他毅然以翰林的身份投身反清革命，成立光复会，参加同盟会，参与组织中国民权保障同盟，可以说，蔡元培为革命而奔波了一生。另一方面，蔡元培也清醒地认识到，戊戌变法之所以失败，是因为革命人才的缺乏；而中华民族之所以遭受外国列强的蹂躏，也是因为中国近代科学的落后。因此他希望通过教育来培养救国人才，从而实现救国的宏愿。1901年在《自题摄影篇》中他表达了"愤世浊醉，如揉如涂。志以教育，挽彼沦胥"的志向，发出了"众难群疑，独立不惧。越求同心，助我丁许"的呼声。可见，蔡元培拳拳的爱国之心与陆游是一脉相承的。

2. 蔡元培乐于读书、勤于读书的志趣与陆游是相同的。我们知道，陆游是中国文学史上留存诗作最多的一位诗人。他曾自赋小诗曰："脱巾莫叹发成丝，六十年间万首诗"（《小饮梅花下作》）。在《剑南诗稿》《渭南文集》等集子中，收存诗歌多达 9300 多首。当然，辛勤播种的人，才会有收获的欢呼。陆游在诗坛上所取得的成就，是建立在他勤勉阅读基础上的。陆游自己曾说："饮食起居，疾病呻吟，悲忧愤叹，未尝不与书俱。"（《书巢记》）在陆游的一生中，曾写下 150 多首读书诗，生动地记述了诗人在读书作文中的苦与乐。

对于蔡元培而言，读书也是极为快乐的事。早在青年时代，蔡元培就博览群书，经、史、子、集无所不读。1935 年 4 月，蔡元培在《我的读书经验》中云："我自十余岁起，就开始读书；读到现在，将满六十年了，中间除大病或其他特别原因外，几乎没有一日不读点书的。"① 五四运动后，蔡元培离开北大，5 月 10 日在天津站的谈话中也说道："我将先回故乡，视舍弟，并觅一幽僻之处，杜门谢客，温习德、法文，并学英语，以一半日力译最详明之西洋美术史一部，最著名之美学若干部，此即我此后报国之道也。"② "我自问颇有研究学问之资格，而不耐烦剧，办事实非所长。自任北京大学校长以后，校务已日不暇给，而校外各方面之牵帅，又多为半官僚性质之国立大学校长所义不容辞者，忽而开会，忽而演说，忽而征文征序，忽而担任募捐，忽而为会长，忽而为董事，忽而为干事，忽而穿常礼服，忽而穿大礼服，甲处答应，则乙、丙不便推却，一次答应，则二、三次更不便推却，以我所最不耐烦之事，而纷至沓来，又迫以不得不承认，终日忙于应付。不特无暇著书，且无暇读书，而校务亦不免废弛，此我平日所最疚心者。"③ 在《口述传略》中也说："我是一个比较的还可以研究学问的人，我的兴趣也完全在这一方面。自从任了半官式的国立大学校长以后，不知一天要见多少不愿意见的人，说多少不愿意说的话，看多少不愿意看的信，想腾出一两点钟看看书，竟做

---

① 中国蔡元培研究会编：《蔡元培全集》第 8 卷，浙江教育出版社 1997 年版，第 31 页。

② 中国蔡元培研究会编：《蔡元培全集》第 3 卷，第 630 页。

③ 同上。

不到了，实在痛苦极了！"①的确，蔡元培是一个读书人。在青年时代，他也表示"都无作官意，唯有读书声"②，他热爱读书，喜欢研究，安心学问。

蔡元培不但自己喜欢读书，而且对于学生也一样，他一心希望学生读书救国，而不希望他们牺牲学业去从事社会工作，这是他的原则。1927年3月12日在杭州之江大学发表《读书与救国》的演说中，蔡元培要求浙江青年中的文科学子能多造就几位东方之文学泰斗，理科学生能自告奋勇地从事一些有利于人类的发明。他明确指出："学生在求学时期，自应惟学是务，朝朝暮暮，自宜在书本子里用功夫。"同时，他又表示这并不是说学生不能参加爱国运动，而是要求学生"爱国不忘读书，读书不忘爱国"，认为"如此方谓得其要旨"。如果现在学生们"借着爱国的美名，今日罢课，明天游行，完全把读书忘记了"，像这样的爱国运动，他是不赞同的。所以他十分希望学生在学校里，"能努力研究学术，格外穷理"。因为现在能在学校里多用一点工夫，将来为国家就能多办一件事体。所以，要求学生"外务少管些，应酬以适环境为是，勿虚掷光阴。宜多多组织研究会，常常在试验室里下工夫"。只有这样，他日学成出校，为国效力，胸有成竹，临事自能措置裕如。最后他号召，"如果一校之学生如是，全国各学校之学生亦如是，那末中国的前途，便自然一天光明一天了"③。

蔡先生的讲话真可谓语重心长。他希望学生好好读书，为的就是实现救国大业；他大力创办新式教育，为的是培养革命人才；他积极倡导美育，为的是提升国民精神；他勇毅参加孙中山领导的民主革命，为的是为中国寻找新的出路。蔡元培一生都致力于革命和救国事业，其乐于为国献身的爱国情怀离不开像陆游那样的越地先贤的激励和影响。

---

① 蔡元培：《口述传略》（下），蔡建国编：《蔡元培先生纪念集》，中华书局1984年版，第269页。

② 中国蔡元培研究会编：《蔡元培全集》第1卷，浙江教育出版社1997年版，第214页。

③ 中国蔡元培研究会编：《蔡元培全集》第6卷，第19—20页。

第二节 越文化视野下蔡元培自由
包容的博大胸怀

在蔡元培的人格特征中，有一点是大家所公认的，那就是他博大宽容的气度，不管对于什么事，不管对于什么人，他都能够包常人之所不能包，容常人之所不能容。为之，有人甚至称他为"好好先生"。实际上，这正体现了蔡元培自由包容的博大胸怀。如前所述，越地靠山面海开放式的地形特征，以及百脉贯通和曲包一切的水环境，使越文化精神带上了开放包容的特征。蔡元培自幼生活在这样的地理环境和文化环境中，越文化这种开放包容的思想精神作用在蔡元培身上，在一定程度上促成了蔡元培博大包容精神的形成。在越文化背景下，蔡元培所持的自由包容思想是全方位、多维度的，下面拟从学术思想、文化理念、对人对事三个方面对蔡元培自由包容的博大胸怀作一阐述。

一 学术上的包容

在蔡元培的包容思想中，最为大家所熟识的无疑是他在担任北京大学校长期间所提出的"思想自由，兼容并包"观点。蔡元培这一思想观点的提出，与他对近现代大学精髓的理解是分不开的。

在科举考试的道路上，蔡元培虽然顺利攀上了令无数读书人羡慕的顶峰，然而，走到这一步，蔡元培并没有自我陶醉、故步自封。当时，国家正面临着空前严峻的民族危机，为了寻找救国救民的道路，蔡元培离开北京，回家办学。在蔡元培看来，只有充分启发中国民众的才智，才能让中国有一个根本性的大变样。后来，蔡元培又曾多次出国，到德法等国游学考察，其中考察的一个重点就是这些发达国家的高等教育情况。通过深入观察，蔡元培对欧洲近代以来的大学精神有了较好的把握。因此，1916 年，当蔡元培被聘为北京大学校长后，他就决心用西方先进的高等教育办学理念来改造中国的最高学府——北京大学。在蔡元培看来，大学的关键是大，就像大海之所以成为大海，就是因为其接纳了来自四面八方的江河流水，因此，一所真正的大学，也要有这种包容一切的精神和胸怀。

蔡元培认为，大学的包容性一方面体现为其汇聚百家思想，让百花齐放、百家争鸣，将各种各样的学术思想呈现给学生，让学生有机会接触到全方位的知识信息，并在此基础上作出取舍和判断。另一方面，大学的包容性还体现在对人的包容上。一位学者，不管持什么观点，抱何种理念，只要你有真水平，有真学问，就可以给你一个展现自己思想和才华的讲台。同时，大学的包容性还体现在绝不论资排辈上，不管是年长的还是年轻的，只要你有学问和水平，都可以登上大学讲台，将你的真知卓识传授给学生。这就是蔡元培对大学包容性的理解。

但是，在蔡元培来到北京大学之前，北京大学是一个充满官僚气息的大学堂。北京大学的前身是京师大学堂，官办最高学府，那里的教员俨然以官员自居，学生有事找学校当局，要以呈文的方式上报。那里的学生也往往将做官发财作为自己以后的奋斗目标。为了达成这一目的，这些学生往往三五成群，抱成一团。低俗一点的，大家一起去逛窑子，下牌馆，笼络彼此感情；高雅一点的，大家志趣相投者，结成兄弟，大学毕业后，其中一人当官了，其他人就投奔他而去，做个科长或秘书什么的，也捞个一官半职；有时候，为了帮助其中一人往上爬，其余兄弟共同筹钱去搞关系，待日后目标达成，有了好处，大家共享。学生们都抱着这样的想法，北京大学里面的学风如何就可想而知了。当时，北京大学在京城乃至全国的名声也很大，不是因为其办学办得好，而是因为里面的学生"厉害"。当时，上北京大学的，不乏达官贵人的子弟。一些学生来上课时，随带听差，坐着铃子叮当响的三轮车。下课后，很多学生又向风月场所跑。所以，当时北京的风月场子特别喜欢"两院一堂"，两院就是国民参议院、众议院，一堂就是京师大学堂，即后来的北京大学。由此，当时北京大学的教风和学风可见一斑。正因为如此，在蔡元培答应就任北京大学校长前后，有恭喜道贺的，也有反对劝阻的，他们觉得北京大学实在是太腐败了，文质彬彬、书生气质的蔡元培去执掌北大，不可能取得什么成绩，反倒有可能背一身黑锅。

然而，蔡元培还是决定赴北京就任。因为在蔡元培看来，执掌北大，是实现其教育救国、学术救国梦想的极好试验田。到了北京大学后，蔡元培通过各种途径，大刀阔斧地践行其教育理念。一方面，他广招天下人才，兼容并包，当时在北大任教的，有新派的陈独秀、李大钊、鲁迅、梁漱溟、钱玄同、胡适之等；也有老派的朱希祖、黄侃、马裕藻、沈尹默、黄节等，甚至还有复辟派辜鸿铭，支持袁世凯称帝的刘师培。另一方面，蔡元培又鼓励学生积极探索，勤于思考，善于吸收新思想。蔡元培坚决反对学生们将宝贵的青春时光浪费在吃喝嫖赌上，希望学生们积极组织研究性、学术性团体，互相交流、学习，共同提高。在蔡元培的努力下，北京大学很快就呈现出一派新风气，老师们勤于研究，注重思考和解决学术问题，学生们勤于思考，热心于关心国家大事。北京大学从原来的官僚机构养成所，变为新文化运动的策源地和中心地。

当然，并不是所有人都乐于看到北京大学改变的，有的旧派文人就猛烈抨击和指责蔡元培的办学理念，以及他对于北京大学的改造，特别是在五四运动前夕，发生过一场有名的林蔡之争。旧派学者林琴南写信给蔡元培，攻击蔡元培自从执掌北京大学以来，"覆孔孟，铲伦常""尽废古书，引用土语为文学"。为了回应林琴南的攻击，蔡元培特意在1919年3月18日写了一封公开信，在信中，蔡元培阐述了自己的教育理念和办学方针："对于学说，仿世界各大学通例，循'思想自由'原则，取兼容并包主义……无论为何种学派，苟其言之成理，持之有故，尚不达自然淘汰之运命者，虽彼此相反，而悉听其自由发展。"[①]"对于教员，以学诣为主。……例如复辟主义，民国所排斥也，本校教员中，有拖长辫而持复辟论者，以其所授为英国文学，与政治无涉，则听之。筹安会之发起人，清议所指为罪人者，本校教师中有其人，以其所授为古代文学，与政治无涉，则听之。……夫人才至为难得，若求全责备，则学校殆难成立。且公私之间，自有天然界限。"[②] 从这些话语中，我们可以非常清晰地看到蔡元培的办

---

① 中国蔡元培研究会编：《蔡元培全集》第3卷，浙江教育出版社1997年版，第576页。

② 同上。

学方针，正因为其对人才，对学术有如此包容的理念，所以，在他的努力下，只经过短短的几年时间，就把一个老气横秋的旧北大改造成为一个生机勃勃的新北大，乃至后来成为新文化运动和五四运动的摇篮。

二　对古今中外文化的包容

蔡元培自由包容的博大胸怀，也体现在对古今中外文化的包容上。蔡元培是一个融会古今的知识分子，是一个学贯中西的文化人，因此，对于古今中外文化，他有远超于常人的深刻见解，不管对于古代文化还是现代文化，不管对于中国文化还是外来文化，蔡元培都能以理性、全面、辩证、务实的态度加以正确对待。

作为一个清朝翰林出生的中国近代知识分子，蔡元培对于现代文化与外国文化的卓越认识尤为可圈可点。

不妨先看看蔡元培对于现代文化的认识。晚清政府的腐败无能，以及对于新知识新文化新思维的排斥、抵制，让蔡元培深切地感受到，只有通过教育，让中国人特别是广大的年轻人接受新思想、新文化，才能让中国的发展、进步获得源源不断的动力，才能夯实人才基础。因此，民国元年，蔡元培担任首任教育总长的时候，下令全国学校停止祭孔。1917 年回国担任北京大学校长后，蔡元培又废除了原有的经科，改设文科，并聘任《新青年》杂志社主编陈独秀为北京大学文科学长。这两件事情在当时均造成了很大的影响，直到现在仍有其深远的历史意义。因为正是通过在各类学校搞祭孔仪式，通过让学生诵读四书五经，中国的旧势力才得以在中国蠢蠢欲动。而废除经科，停止祭孔，首先动摇了封建旧势力的思想基础，年轻的国人不再为这些旧思想、旧文学所束缚，开始家事国事天下事事事关心，关注国家和民族的现实问题。其次为各种思想和学说的传播提供了平台。本来在中国的知识界，是唯孔孟思想独尊的，年轻人只关注四书五经，思想被严重钳制。现在，随着孔子跪拜礼和经科的废除，人们的思想更加解放，开始关注更多的学说和主张。在蔡元培任北京大学校长的时候，北京大学所办的一份官方刊物《北大日刊》一改以往沉闷刻板的风格，除了刊登官方要闻外，还经常刊出诗歌、论文，探讨和交流学术问题，学生们对学校有意见和建议的，也经常在日刊上登出，只要是合理的，蔡元培就会督促有关部门和人员尽快落实，如此一来，大大拉近了学校和学生之间的距离。后来，由于稿件增多，日刊登不下，又办了一份《北大月刊》，为北大师生交流和探讨有关问题提供了更多的平台。

蔡元培到北大就职之后，除了要求教师和学生将精力花到研究和学习上，还呼吁大家多思考、多探索有关学术问题。本来，大家以为大学已经是最高级的学府了，但是，后来蔡元培在北京大学又办起了研究所，鼓励有志趣的学者教师积极从事科学研究，学生中有志于学术研究的，大学毕业后也可以留校从事有关研究。大学三四年级的学生对从事学术研究有兴趣的，也可以加入其中。特别难能可贵的是，蔡元培还非常重视民间文化艺术的传播和研究。除了安排有关人员专门搜集历代经典的词曲外，蔡元培还非常重视搜集民间歌谣，经常在《北大日刊》上发表有关民间歌谣，丝毫不介意这样做是否会"玷污"北京大学这座最高学府的声望和形象。

再来看一下蔡元培对于外国文化的认识，当时，许多中国传统的知识分子，抱有中体西用的观点，认为中国的文化是最久最好的，我们需要向外国学习的，只是他们的技术和方法。有别于这些中国传统的文化名人，对西方了解得更多的蔡元培，对西方文化抱有更客观更理性的态度，看到了近代以来西方科技文化发展的先进性，所以他主张国人认真向西方学习。因此，在蔡元培担任北京大学校长期间，开设了学习英、法、德、意、日、俄各国语言文化的课程，充分说明了蔡元培对西方先进文化的重视。1922 年，蔡元培以北京大学校长的身份去美国访问期间，曾在哥伦比亚大学对中国留学生发表演说。在演说中，蔡元培讲到了一个故事：有一个人，他有一个朋友，他的朋友有点石成金的本事。有一次，朋友对他说："今天，你要多少金子？我都可以给你变出来。"他说，"我不要金子，我只要你的能点石成金的手指头！"在场的中国留学生听了都哈哈大笑。这时，蔡元培认真地对在场的中国学子说，大家来到美国，不容易，希望大家利用这一宝贵机会，认真学习本事，掌握科学技术，以后，将那根可以点石成金的手指头带回祖国，这样你们在祖国就一定有用武之地了。

因此，对于该如何对待和学习西洋文化，蔡元培有其独到的观点和见解。蔡元培认为，一个民族要想有出息和前途，就一定要虚心学习外来文化。他举例说："希腊民族吸收埃及、腓尼基诸古国之文明而消化之，是以有希腊之文明。高尔、日耳曼诸族吸收希腊、罗马及阿拉伯之文明而消化之，是以有今日欧洲诸国之文明。"① 除了主张积极向西方学习外，对于该如何向西洋学习，蔡元培也有其鲜明的主张和观点。一是对西洋文化该消化而非被同化。消化，就是要正确理解和剖析西洋文化，结合中国的传统文化和近代社会发展的现实需要，有目的地向西方学习，要将中国传统文化和西洋文化有机融合起来，让西洋文化为我所用。而同化，是无原则地仰人家鼻息，认为月亮是外国的圆，文化是外国的进步，是一种没有消化的全盘西化。这样的学习，对中国非但没有帮助，反而是有害的。二是对西方文化要有选择性地学习，要择其善者而从之，而不是一股脑儿地向西方学习，要学习西方的精华和先进的东西。三是不仅仅要关注西方的科技成果，而更应该关注西方的科学技术和先进管理方法。只有将西方先进的科学技术和管理方法学来，才能提高我们国家的发展水平和管理能力。也就是说，我们要的不仅仅是金子，更要得到那根能点石成金的手指头；我们要的不仅仅是鱼，更要获得打鱼的方法。

需要说明的是，蔡元培尽管引导大家多关注现代的事情、西方的事情，然而，这并不意味着他轻视和摒弃中国传统的文化，恰恰相反，许多和蔡元培有过深度接触的人，都能够深切感受到，蔡元培身上充满着一种儒者的气息。事实上，作为一个在封建时代中过举人、进士乃至被钦点为翰林编修的知识分子，对中国以儒家思想为代表的传统文化没有深刻的把握，那是不太可能的事情。与一般中国知识分子不同的是，蔡元培到德法诸国留过学，对西方文化有深刻的了解，知道近代以来中国和西方差距之所在。所以，作为一个熟悉西方的中国儒者，蔡元培除了重视对中国传统文化的传承外，针对中国的现状，还特别强调对西方的学习，以及对中国现实问题的关注。

---

① 中国蔡元培研究会编：《蔡元培全集》第 2 卷，浙江教育出版社 1997 年版，第 460 页。

为什么蔡元培能够将中西古今之文化熔于一炉，彰显出一种豁达包容的文化精神呢？从越文化视野来考察，蔡元培在文化上的这种包容情怀，恰恰体现了越文化的兼容精神。蔡元培早就指出，吴越之地，并不是蛮荒之地，早在数千年之前，越地就有了很高的文化水平。后来，多个王朝在越地建立，使得中国南北文化在吴越得到有机融汇。越地多水，而水具有极强的包容性和柔韧性，所以，水很强大，百川汇聚，就会成为大海。因此，在越文化精神中，浸润着一种如水一般的兼容精神，不管是白猫黑猫，能抓到老鼠就是好猫，体现出一种理性务实、有容乃大的精神。作为一个从小在越地长大的知识分子，蔡元培身上充分体现出越文化的精神特质，那就是包容精神。这种包容精神体现在文化方面，那就是不管是东方文化还是西方文化，不管是传统文化还是现代文化，只要是有价值有意义的，就应该予以学习、传承和弘扬。这大概也是蔡元培被称为"古今中外派"的重要原因吧。

三　对人对事的包容

蔡元培自由包容的博大胸怀还表现在日常的待人接物中，表现在生活中的点点滴滴上。熟识蔡元培的人都会感受到，蔡元培身上体现了一种"和而不同"的君子风度，不管你是什么职业、什么阶层、什么学历、什么官位，你和蔡元培打交道，都可以感受到他彬彬有礼的谦谦君子风度，言行举止非常随和，丝毫没有高高在上的压人气势，然而，蔡元培也不会无原则地附和、迁就、迎合人家，特别是在一些原则问题上，蔡元培会毫不含糊地坚持自己的立场，让人感受到蔡元培自己的特质。由于蔡元培待人接物方面的大度、谦和，别人和他交流和相处，总能有一种好像见到程明道般的如沐春风的感觉。正如有人评价的那样，和蔡元培在一起，你感觉不到他的高高在上，感觉不到他的以势压人，而是一个真正的儒者，有着温良谦恭、彬彬有礼的君子风度，但是，和蔡元培在一起，又会给人一种向上的压力，使人不敢做坏事。在蔡元培身上，正可谓"不骄不吝"，是"尊贤而容众，嘉善而矜不能"。也就是说，他既尊重贤能之士，又包容普通大众；既提携、支持有德有能之人，又怜惜、体谅各方面表现一般的芸芸众生，颇具周公风度。

在担任北京大学校长期间，蔡元培待人接物上的自由包容胸怀得到淋漓尽致的体现。随着"思想自由、兼容并包"学术主张和办学方针的提出，蔡元培求贤若渴，不拘一格地罗致全国各地的著名学者到北京大学任教。当时，蔡元培引进的两位北大教授颇有影响力，一位是胡适，一位是陈独秀，两位都是新文化运动的代表人物。胡适从美国留学回来后，在北京大学任教期间，提出了许多让旧派人物心惊胆战的主张和观点，如"打倒孔家店"，主张破除对孔孟思想的膜拜，反对文言文，认为这种满嘴"之乎者也"的文言文晦涩难懂，尤其不利于向普通民众传播新思想新观点。在此基础上，他大力倡导白话文，认为白话文较文言文更为浅显易懂，明白晓畅。他自己一马当先，率先用白话文写诗歌、散文，如《两只蝴蝶》（又名《朋友》）等。当时，一些北大旧派教授非常讨厌胡适所倡导的白话文。他们去找时任北大校长的蔡元培，希望他能出面阻止胡适等人的"胡作非为"，认为胡适等人提倡的白话文低俗不堪，玷污了北大的名声，简直和大街上小贩的叫卖声如出一辙。然而，蔡元培却没有支持他们，相反，蔡元培替胡适等人辩护说，西方的经典作品，如《茶花女》《基督山伯爵》《悲惨世界》等传世经典作品，都是用明白晓畅的文字写就的，难道能说它们就不是好作品吗？

如果说胡适除了其观点和主张比较激进外，其他各方面还是比较合众，不需要蔡元培刻意保护的。那么，陈独秀就是另外一种风格了。当时，陈独秀从日本回国后，有志于唤醒民众，特别是中国的年轻人，所以他回国后创办了一份杂志，名曰《青年杂志》，后来改为《新青年》。在这本杂志的创刊号上发表的《敬告青年》一文中，陈独秀大力提倡中国的年轻人要具有一种独立、高效、民主、科学的思想，摒弃保守、闭塞、懦弱、封建的思想。一时获得许多关心国事、有志于改变中国面貌的年轻读者的响应，大家如饥似渴地阅读杂志上的文章，陈独秀在中国的年轻读者中也获得了较高的威望和影响力。因此，蔡元培担任北京大学校长后，经人推荐，将陈独秀聘为北京大学文科学长。然而，陈独秀又是一个锋芒毕露、细行不检的人，因此，在北京大学招致了许多人的不满和反对。然而，蔡元培作为北京大学校长，却竭力保护陈独秀，在很长一段时间内，正是依靠蔡元培的支持，陈独秀才得以在北京大学顺利开展工作的。

除了胡适、陈独秀外，还有许多新派学者，如鲁迅、李大钊、钱玄同、刘半农、周作人等，都在蔡元培的大力支持下，获得了北京大学的教席，得以向年轻的大学生传播新思想、新学说、新观点，引导北大学生关心国家大事，"读书不忘救国，救国不忘读书"，如此，北京大学才得以成为新文化运动和五四运动的发源地。

然而，蔡元培对学者文人的包容思想还体现出喜新不厌旧的特点，对于熟谙中国传统文化精髓的旧派学者，蔡元培也是以开放的胸怀、包容的姿态，给予他们在北京大学登上讲台的机会。所以，在北大的教师群体中，才出现了主张复辟的辜汤生，主张恢复帝制的刘师培。正是在蔡元培的包容之下，北京大学一时云集了全国的学术名家，许多权威的学者，不管是新派的还是旧派的，不管是治中学的还是攻西学的，都得以在北京大学获得一席之地，这样，北京大学就成为一个名震全国、大家云集的学术重镇。

蔡元培工作之余，其见客之勤、荐人之勤，也体现了其包容之心。尽管身居要职，工作繁忙，但是，从早到晚，只要有时间，蔡元培总是乐于接见去找他的人。这其中，既有身居高位的政界要人，名声显赫的学界名人，也有名不见经传的普通人氏，甚至还有素不相识的陌生人登门求见，然而，无论是谁，蔡元培都是彬彬有礼地热情相待，彰显出大气包容的情怀。有时候，一个素不相识的小职员来找他，向他请教有关问题，蔡元培也是毫无倦意地耐心指导。蔡元培还乐于替人推荐介绍工作，这甚至成了他工作之余的一件重要事务。有时候，蔡元培一天要写的介绍信或推荐信就多达三四十封，少的时候也常常有十几封。蔡元培总是耐心、热情地替人介绍，其中不少人平时与蔡元培并没有交情，但只要这些人确实有才能，他总是热心举荐，乃至于被一些人称为"好好先生"。

为什么蔡元培公务那么繁忙，还要那么不厌其烦地接见各类客人，还要那么热情地替人写介绍信推荐信呢？这是一些人感到困惑的地方。其实，这同样反映了蔡元培的思想观点和行动立场。作为光复会的创立者，同盟会的元老级会员，蔡元培和孙中山之间有很深的交情，也有很多的共同语言，蔡元培尤其赞赏孙中山所提出的三民主义，亦即民族主义、民权主义、民生主义。因此，和孙中山一样，蔡元培抱有一种非常坚定的服务民众的理念，而接见客人，替人推荐，在蔡元培看来，正是服务社会、服务民众的一个重要方面。一方面，替有关部门乃至社会介绍人才；另一方面，亦使得人才找到好的归宿，使得才尽其用。而对于请求推荐介绍的人员，蔡元培总是询问其长处和才能，并根据这一点向有关单位和负责人推荐。在蔡元培看来，十全十美的人是没有的，有关用人的单位如果能够将人才的长处用起来就已经难能可贵了。可见，见客勤、荐人勤，同样很好地体现了蔡元培服务社会的精神以及开放包容的胸怀。

蔡元培开放包容的胸怀还体现在其男女平等的观念上。在中国长期占统治地位的传统文化中，妇女是没有独立地位的。"三从四德"，是传统中国社会对女子的要求。如有女子企图冲破这层藩篱，那是传统的中国男子所无法接受的。然而，身为前清翰林的蔡元培，由于传承、吸收了中西文化中倡导平等的思想，旗帜鲜明地坚持男女平等，这也是蔡元培开放、包容胸怀的重要体现。1901年，蔡元培在自己的婚礼上用行动为男女平等思想作了有力的阐释。该年，蔡元培与江西女子黄仲玉在杭州结婚。在婚礼现场，蔡元培用孔子牌位代替了传统的神道，请来宾围绕男女平等观点发表演说来代替传统的闹洞房。蔡元培的朋友陈介石发表演说，旁征博引，阐述了男女平等的观点。来宾宋平子则提出了异议，他指出："倘若黄夫人的学行高出于蔡先生，则蔡先生当以师礼待黄夫人，何止平等呢？反之，若黄夫人的学行不及蔡先生，则蔡先生当以弟子视之，又何从平等呢？"这时，蔡元培笑着说："……就学行言，固然有先后之分，就人格言，总是平等的。"[①] 后来，蔡元培在担任北京大学校长期间，其男女平等思想再次得到充分显现。长期以来，中国高校不招收女生，更没有男女同校的先例。然而，在蔡元培担任北大校长期间，却同意了一位叫王兰的女学生的请求，让她做北大的旁听生。于是，北大校园里出现了戴

---

① 许寿裳：《蔡孑民先生的生活》，陈平原、郑勇编：《追忆蔡元培》，三联书店2009年版，第32页。

着北大校徽的女学生，一时在全北大、全北京，都传得沸沸扬扬，甚至被一些封建卫道士视为骇人听闻的事件。然而，蔡元培继续坚定地一步步朝前走去，后来，又有两位女生做了北大的旁听生。次年，北京大学正式录取了三名女学生。在蔡元培的引领下，男女同校的风气逐渐形成，其他学校也开始招收女生。1927 年 1 月，蔡元培在《现代女子的苦闷问题》中，对那些做着贤妻良母的女子对家庭的贡献作了充分的肯定，同时对那些对事业有自己追求的女子，蔡元培也表示支持。他说："如有一种女子，对于研究学问或改造社会，有特别兴会，超乎性欲与狭义的爱情之上，那自可守独身主义，抛弃为妻为母的职责，而委身于学问，委身于社会。"① 在 1929 年 3 月 8 日《三八妇女节演说词》中，蔡元培认为："男女平权的问题虽然已主张了几十年，在科学的发明，文学艺术的贡献，女子并不逊于男子，然而人数的多少，尚不能相等。"所以，"男女平权的主张，现在还是准备时期，不是完成时期"。在这个准备时期，"最要关键，则在妇女界互相亲爱，同心协力，来把自身最切要的问题，作一个总解决"②。1930 年 4 月 19 日，第二次全国教育会议、南京立法院招待餐叙时，胡汉民提出三个问题，要求会员发表意见：

第一，姓的问题：（1）要姓？（2）不要姓？（3）如要姓，应从父姓，抑应从母姓？

蔡先生的回答是：不要的好，用父的姓不公道，用母的姓也不妥当，还是不要的好。可以设法用别的符号来代替。

第二，婚姻问题：（1）要结婚？（2）不要结婚？（3）如要结婚，早婚或迟婚有无限制？

蔡先生主张：在理想的新村里，以不结婚为好。在这新村里，有很好的组织，里面有一人独宿的房间，也有两人同睡的房间，跳舞场、娱乐室，种种设备，应有尽有。当两人要同房居住的时候，须先经医生检查过。并且要有很正确的登记，如某日、某时、某某同房居

① 中国蔡元培研究会编：《蔡元培全集》第 6 卷，浙江教育出版社 1997 年版，第 5—6 页。
② 同上书，第 359 页。

住。将来生出子女，便可以有记号了。

第三，家庭问题：（1）要家庭？（2）不要家庭？（3）如要家庭，是大家庭好，还是小家庭好？

蔡先生表示：不要的好；不得已而思其次，小家庭比大家庭好。①

晚年蔡元培还把自己的姓氏改成母姓"周"，取名为"子余"。

由上可见，蔡元培的思想是何等的开放、平等和自由，其倡导的男女平等思想是有其深厚渊源的。在蔡元培 68 岁那年，他为当时出版的"安徽丛书"第三集《俞理初年谱》写了一则长篇跋文，文中提到，"余自十余岁时，得俞先生之《癸卯类稿》及《存稿》，而深好之，历五十年而好之如故，欲为俞先生作年谱，苦无《四养斋诗集》"。蔡元培认为，他之所以崇拜俞先生有最重要的两个原因：一是认识人权。认为"男女皆人也"。二是认识时代。认为"人类之推理与想象，无不随时代而进步"②。所以，在这篇跋文中，蔡元培从认识人权与认识时代两个方面，详细阐述了俞氏思想之公平通达之处，特别称赞了俞氏的男女平等思想。可见，蔡元培的男女平等观点及其对女性的包容，除受其尤为敬爱的母亲的影响之外，在于他传承了中国文化中像俞理初等人的进步的男女平等思想，吸收了西方文化所倡导的人人平等思想。所以，这其实也体现出蔡元培开放、包容的胸怀。

和蔡元培相处过的人总是能感受到蔡元培那种宽以待人、严以律己的气度，实际上，这一宽大的气度来源于他责己重责人轻的思想。一些人认为，既然提倡人我平等，那么，责己重责人当也重，责己轻责人亦可轻，为什么要责己重责人轻呢？对此，蔡元培的回答是：一个人的行为，往往会受到客观因素和主观因素两个方面的影响。对自己而言，往往能清楚地把握自己所面临的客观情况，以及自己的思想动态，因此可以及时调整，适应各种现实情况，所以如果自己做得不够好，就应该多从主观方面找原因，深刻剖析，自我反省，以利于自

① 中国蔡元培研究会编：《蔡元培全集》第 6 卷，浙江教育出版社 1997 年版，第 485 页。

② 中国蔡元培研究会编：《蔡元培全集》第 7 卷，第 571—573 页。

己的进步。"而于他人呢？则其驯致和迫成的原因，我决不会完全明了的；假使我仅仅凭了随便推得的一个原因，就去严重地责备他，那里会确当呢？况且他自己自然有重责的机会，我何必越俎代谋呢？"所以蔡元培认为："责己重而责人轻，乃不失平等之真意，否则迹若平而转为不平之尤矣。"① 正是因为蔡元培把"躬自厚而薄责于人"的思想作为自己道德生活的金科玉律，他那博大自由、开放包容的思想又有了一个理论基础。

第三节　越文化视野下蔡元培务实理性的处世风格

如前所述，重农商重耕读的文化传统，使越地形成了理性务实的文化精神。这种地域文化精神作用于蔡元培的人格精神，则有了他务实理性的处世风格。而且在某种意义上，也正是蔡元培具有这样的处世风格，才使他取得了这样的成就。下面拟从学术教育、爱国救亡和文化思想等方面对蔡元培务实理性的处世风格作一探讨。

一　学术教育方面的务实理性

众所周知，蔡元培是温文尔雅的一介书生，待人文质彬彬，并无过多言语。然而，蔡元培禀赋上的温和谦恭，并不影响其任职期间所取得的事业上的成就。

当蔡元培发现清王朝已腐朽不堪、无可救药之时，他弃官南下，兴办教育。但是考虑到中国疆域辽阔，行政区域多的实际情况，蔡元培认为要一下子在全国各地推行新式学校不太可能，于是他选择回到故乡创办教育。希望由绍兴普及全浙江省，再由浙江省带动全国各地。有了这种理性的思考和设想之后，蔡元培马上付之行动。他回到故乡绍兴，一方面被聘为绍郡中西学堂总理，另一方面又积极思考和解决课程设置、学制安排、教材编写等实际问题。同时，号召学生不

---

① 许寿裳：《蔡孑民先生的生活》，陈平原、郑勇编：《追忆蔡元培》，三联书店2009年版，第31页。

要汲汲于功名利禄，而要致力于"有用之学"，以有益于己和有益于世为宗旨。于是，他把"实学"看作有用之学。后来，他游学国外，也不是为镀金或提升学历，而是学习西方进步的思想学说。回国之后，他利用担任教育总长的有利条件，借鉴西方学制，引进新式科目，探讨科学的教学方法，大力兴办新式学堂，主张五育并举，力求普及教育，使当时新式教学呈现出新气象。

所以，蔡元培的教育救国理念并非空想，而是一种付诸实践的务实行动。正因为蔡元培有这种务实作风，中国近代，陈旧落后的封建教育制度才得以废除，新式学校和新式教育体制才得以创立。在这除旧布新的过程中，蔡元培为之付出了心血和汗水。

在担任北京大学校长的 10 年半时间里，由于各种原因，他在北京大学的实际工作时间为 5 年半。有研究者还指出，去掉辞职、出国等多次离校时间，蔡元培在北京大学躬亲视事的时间仅 4 年有余。然而，就是在这区区 4 年多时间里，在蔡元培的领导下，北京大学就从一个官僚养成所变成一所名副其实的最高学府，从死气沉沉的京师大学堂变成一个生动活泼的战斗堡垒。无论是在学术方面还是在教育方面，北京大学都有了质的改变。

蔡元培认为，大学是学术的殿堂，是研究的机构，必须张扬民主、科学和自由的精神，才是符合大学的本质属性的。教师应该是学校的主人，对学校的生存和发展，教师必须有实质性的发言权。鉴于此，蔡元培在北京大学把自己的大学理念付之行动。他要求教育独立，去掉官僚化的旧习，于是建立教授委员会，实行教授治校，从管理体制上突显了其大学理念，那就是"大学者，研究高深学问者也"①，而非官僚之养成机构。在学术方面，蔡元培提出了"学术自由、兼容并包"的办学方针。这是蔡元培经过多年努力，集中西方学术和教育精髓的基础上，立足中国实际，特别是结合北京大学实际而提出的一个切实可行的办学方针。

为凸显北京大学的学术性和研究性，蔡元培到了北京大学以后，

---

① 中国蔡元培研究会编：《蔡元培全集》第 3 卷，浙江教育出版社 1997 年版，第 8 页。

大力鼓励师生设立和组织各种学会和研究会。当时，在北京大学，有名的学会、社团和研究会有："少年中国学会"（李大钊、邓中夏等主持）、"新潮社""马克思主义研究会""新闻研究会""书法研究会""画法研究会""静坐会"等。蔡元培还亲自主持成立了一个组织，名曰"进德会"。入会条件是不赌、不嫖、不纳妾，师生均可入会。此外，学校还开起了音乐会，办起了运动会，允许学生成立自治会。这样，很自然地将学生的注意力转移到研究学问以及关心国家大事上来，各种各样的文体活动和学会、研究会大大地丰富了学生的课余生活。学生可以根据自己的爱好自由选择。师生可以在校园里自由研究、自由探讨、自由辩论，经常会有这样的情况：一位教师在一间教室里讲一种学说，另一位教师在旁边教室里讲与其相左的学说，有时两位教师还会争辩起来，这时，学生可以兼听则明，自由选择，让自己获得更宽广的文化视野和学术空间。在蔡元培就任校长之前，脱胎于晚清政府创设的京师大学堂的北京大学，充满着官僚习气，不管是教师抑或是学生，总体上而言，都没有将心思和精力放在教书育人或研习学问上，打麻将、吃花酒的大有人在。但在蔡元培"学术自由"思想的倡导和践行下，当时的北大校园，思考与讨论之风盛行。这样，不仅丰富了师生的校园生活，而且有利于养成学生独立思考的习惯，提升学生各方面的能力和素养，同时，也为北大营造了宽松自由、活泼而充满生机的校园环境。

"兼容并包"是蔡元培在就任北京大学校长期间公开宣布的办学宗旨，实际上也是蔡元培在学术研究与教育工作中一贯奉行的一项原则和主张。他的这一原则和主张决不停留在口头上，而是将它转化为实际的行动和措施。所以，蔡元培到北京大学以后，本着务实的精神，着力打造一支专业的教师队伍。当时，蔡元培聘请教授的一个原则是，不看其政治主张，而察其专业学问，只要有某一方面的专门学问，就应该给予其用武之地。至于其私人的政治见解，只要不影响到其所讲授的科目，就不以之作为取舍的标准。当时，在北京大学的教员中，有几个著名的守旧派人物，如主张复辟、拖着一根长辫子的清朝遗老辜汤生，可他的英文造诣相当深厚，英国文学乃至拉丁文学讲得特别好；又如赞成帝制、曾为袁世凯旗下筹安会核心成员的刘师培，可是他的国学功底深厚，学业精湛，因此，就从他们的学问来说，两人都堪为人师。于是，蔡元培不拘一格，将他们延聘为北京大学教授，并没有因其政治主张而摒弃他们。可见，蔡元培倡导学术自由，兼容并包，并不是空想或空谈的，而是付之行动，切实加以实行的。

在蔡元培"兼容并包"的办学方针之下，北大师生在校园里尽可以挟不同的政治主张而不用担心被追究、被挤压。因此，在当时的北京大学，师生所持的政治主张涵盖左、中、右，其中，既有共产主义者，也有三民主义者；既有国家主义者，也有无政府主义者；既有立宪派、帝制派，也有复古派，真可谓形形色色、五花八门。校园里，有演讲的，有辩论的，有讨论的，有搞研究的，有办刊物的。这样，研究学问、关心国事的越来越多，吃喝玩乐的越来越少。在短短的几年时间里，北京大学在蔡元培的领导下发生了天翻地覆的变化。

可见，蔡元培在北大能取得如此卓著的成效，除归功于他"自由包容，兼收并蓄"的进步理念外，也跟蔡元培务实的工作风格密切相关。试想如果在北大期间，蔡元培不把自己"自由包容，兼收并蓄"的大学教育理念和美育理论付之实际行动，那么，这也只能是一种空想，陈腐的京师大学堂也难以被改造成充满生机和活力的新北大。但蔡元培不一样，他有思想，更有行动。因此，作为一个教育家，蔡元培不仅懂得教育理论，而且能把自己的教育理念付诸实践，为中国近现代新式教育的创立作出了切实巨大的贡献。

对于学生，蔡元培希望他们做实干家，不要做空谈家。蔡元培一生致力于教育事业，是以保国强种为旗帜的，所以，蔡元培要求青年学子立足实际，为国家、民族、社会做点实实在在的事情，反对青年学生养成纸上谈兵、坐而论道、做事马虎的习惯。他说："我们中国常常以地大、物博、民众自夸。然而地有多么大，自己还没有精密的测量与图记，往往在边界上，凭着外国的地图，把我们的地轻轻地划给外国了。人有怎么多，也没有确实的计算，或混说四万万，或说不及此数，或说远过此数，至今还没有定论。至于物产，自己现没有什么统计，专待外国人来开手。如北方的矿产，是德人先行测绘的；东三省的农产，又偏劳日本人了。……我们真太懒，不但自己不能去调查，并且别人调查所得的报告，也不去读一读。"①

所以，蔡元培曾经告诫年轻人，"凡事空话总不如实行，大的要从小的做起。要是我们空谈世界主义，一点没有实行的预备，柏拉图的《共和国》发表了已经二千多年，不是至今还没有实现么？现在少年中国学会的工学互助团，是从小团体脚踏实地的做起。"②蔡元培还希望年轻学子重视事实，从实际出发，养成脚踏实地的学习习惯和做事方式。1926年2月，他给《小学商量》杂志的题词是"实事求是"，并注曰："在东大令此书，字字从经验中得来，而以极诚恳之态度发表之，可备教育家采用。"③蔡元培的题词说明了他对事实和实践的重视，也是他对年轻人的希望和建议。

作为一名心系国家、民族、民众的福祉，以救亡图存为己任的爱国教育家，蔡元培的视野是极其宽广的，他希望年轻的学子能够踏实学习，关心国家和民族的前途和出路，关心国内外大事，博采众长，古为今用，洋为中用。

二 爱国救亡方面的务实理性

与传统中国社会"一心只读圣贤书，两耳不闻窗外事"的读书人不同，蔡元培从青年时代就开始关注书本以外的东西，其涉猎面乃至视野远较一般的读书人为广。

年轻时的蔡元培，治学偏于大义，受常州学派的今文经学家的影响，1885年左右，蔡元培居家准备乡试期间，"读庄方耕氏、刘申受氏、宋于庭氏诸家之书，乃致力于《公羊春秋》，而左之以《太史公书》，油油然寝馈于其间。……而反之于《春秋》、《孟子》及黄梨洲氏、龚定盦诸家之言，而怡然理顺，涣然冰释，豁然拨云雾而睹青天"。④蔡元培所提及的上述诸人，均为乾嘉年间常州学派一脉相承的中坚人物，他们致力于今文经学，专治《公羊春秋》，喜欢用微言

---

① 中国蔡元培研究会编：《蔡元培全集》第6卷，浙江教育出版社1997年版，第407页。

② 中国蔡元培研究会编：《蔡元培全集》第4卷，第12页。

③ 中国蔡元培研究会编：《蔡元培全集》第5卷，第383页。

④ 中国蔡元培研究会编：《蔡元培全集》第1卷，第257页。

大义来比附现实，初步打开了后人经世致用的风气。后来龚自珍、魏源等人均承继了这一学派的思想。蔡元培对今文经学也颇感兴趣，曾立志要编《公羊春秋大义》，这样的治学倾向与其后来投身社会变革、关注现实问题当不无联系。

1892 年，蔡元培再赴京城，经复试后补应殿试，当时殿试的内容是策论，正因为蔡元培平时不是只埋头读圣贤书，而是关注现实问题，且博闻强识，因此对题中有关西藏问题的策论题应答自如，详述了西藏的山川道路、行政沿革，行文旁征博引，有放有收，担任该次主考官的户部尚书翁同龢、工部左侍郎汪鸣銮等人甚为欣赏，结果被取为二甲进士，后来经过朝考，进而被点为翰林院庶吉士。

1893 年，被点为翰林的蔡元培开始游历祖国大江南北，6 月 2 日，离开绍兴，"出游，由宁波至上海，又乘长江船往南京、镇江、扬州及靖江县"。8 月初旬前后过香港。住文咸西街 10 号元发商行，受到该行经理陈春泉及其子陈汝南（字殿臣，举人）的招待。曾为该商行主人书写对联："遇事虚怀观一是，与人和气察群言。"[1] 8 月到广州，受陈陵（字孝兰，山阴人，举人，曾在广东任知县）招待，住在他所主持的清䗩总局。陶濬宣（号心云，会稽人，举人，曾任广东学海堂山长，工诗文，精书法）时在广州广雅书局主事。秋，在广州时，听到一些廖季平和康有为的轶事。冬，由广州到潮州。因同年李雪岩的介绍，寓居林冠生处，并和陈爱南等人聚谈，听到一些梁鼎芬、康有为的琐事。1894 年 4 月 1 日，由潮州到上海。同日在上海致陶濬宣函，告以顺利抵上海。1894 年春，蔡元培由绍兴赴北京任职。[2]

在蔡元培的这段经历中，值得我们思考的是，蔡元培何以选择广州等沿海通商城市作为自己点翰林之后首选的游历之地？笔者以为蔡元培选择广州等地作为自己首选的游历之地，是有他的考虑的。首先，他先后到过的宁波、上海、南京、镇江、扬州、靖江、香港、广州、潮州、汕头等地，是中国自鸦片战争以来最早与海外通商的口岸

---

① 高平叔撰著：《蔡元培年谱长编》第 1 卷，人民教育出版社 1998 年版，第 61 页。
② 同上书，第 60—63 页。

与地区，不管在经济上还是在思想上，在当时的国内都是最进步开放的。其次，这可能与蔡先生在徐家校书时所读书籍有一定关系。因为徐家的藏书中有众多介绍广东等沿海城市的书籍，蔡先生曾得以广泛阅读。最后，《蔡元培年谱长编》在介绍蔡先生的家世时，曾提及蔡先生的"高祖必达公，命诸子贩绸至广州"①，可见，自祖父辈起，蔡元培的家人多在广州做生意。所以，蔡先生的家庭和他阅读的书籍，使他对广州等沿海通商口岸经济之发展和思想之进步有较多的了解，这样，广州等沿海通商口岸也就成了蔡先生向往之所。而且蔡先生的前辈亲人曾在那里活动经商，想必有不少熟识的朋友，对宦游在那里的越地名达也会有所交往，这为蔡元培的出行提供了便利。事实证明，蔡元培到广州后，确实也受到了陈陵、陶濬宣等越地乡贤的热情招待。可见，蔡元培选择广州等沿海通商口岸作为首选的游历之地，不是一次随兴而定的旅行，而是经过理性思考、切合实际需要的周密之行。

作为一个受中国传统文化浸淫多年的青年士大夫来说，此次游历不仅是行了万里路，而且更深远的意义在于，"西方近代文明和洋务运动的清新气息足以使他拓展视野，更新观念，从而启动内心深处的某种价值转换。蔡元培游穗期间，康有为正在长兴里万木草堂招徒讲学，士林风气的更化与改革潜流的涌动，元培不可能毫无觉察而无动于衷。"1894年11月24日，孙中山在檀香山建立兴中会，以"振兴中华，挽救危局"为宗旨。孙中山兴中会的建立，不可能是一蹴而就的，所以，可想而知，1893年和1894年初，当蔡元培在广州、潮州等地游历时，兴中会的革命思想一定已在广州等地涌动和发展。会试连捷、青年得志的蔡元培意气风发，密切关注着知识界的动向与中国变动的可能性。

然而，不难发现，尽管当时蔡元培关心时政，关注士林的动向，但是他并没有参与康梁变法，原因何在？仔细考察后不难发现，其中的一个重要原因是蔡元培的民主政治理念与康有为、梁启超等人有着明显的差别：其一，戊戌年间，康梁鼓吹变法，但蔡元培认为康梁变

---

① 高平叔撰著：《蔡元培年谱长编》第1卷，人民教育出版社1998年版，第1页。

法缺乏人才基础，犹如空中楼阁，不接地气，因此，蔡元培对其并不看好。其二，康梁尽管鼓吹变法，却企图依靠朝廷，主张君主立宪，维持君主政体，这与蔡元培的政治理念不同。甲午中日战争失败后，冷静的蔡元培切实地感受到腐败的清廷已不足为依托，中国要发展，必须走民主政治之路。所以，在当时，蔡元培的政治主张和孙中山三民主义的政治思想更为合拍。所以，蔡元培在京没有参与康梁变法运动，而是在康梁变法失败之后，毅然回家乡兴办教育，培养革命需要的具有新思想的进步人才。康梁变法的失败很好地说明蔡元培的认识是理性明智而切合实际的。

笔者以为，蔡元培有过 1893 年的南下和 1894 年北上为官的经历之后，他对新思想的接受更坚定，而对旧制度旧思想的罪恶有了更清醒的认识。所以，在他回乡兴办教育的过程中，我们足可感受到他思想之进步和革命之坚定。如在绍郡中西学堂期间，他不但赞同新派的思想和看法，而且对于新派的支持毫不忌讳。"由于蔡先生不仅支持、并且站在新派立场与旧派驳辩，而餐厅里绝大多数学生又都信服新派的言论，旧派教员'引以为辱'，其中尤以蔡先生的连襟薛阆仙最有反感。他们羞恼成怒，诉诸督办徐树兰，'督办是老辈，当然赞成旧派的意见，但又不愿公开的干涉，适《申报》载本月二十一日有一正人心的上谕，彼就送这个上谕来，请总理恭录而悬诸学堂。'"而"这个'上谕'是清政府于戊戌政变后对同情变法、昌言维新之人士的恫吓，要求'京师管学大臣、各省抚学政：凡有教士之责者，务令宣明圣学……慎选生徒……其或内行不修，一乡评不洽，放言高论，气质嚣张，沾染康、梁恶习者，严斥而痛惩之。'"①

虽然对于徐氏为他提供施展才华和实现教育救国的首个舞台，蔡元培是身怀感恩的，在徐树兰去世之后，蔡元培还为徐家做过不少事情。但是对于堂董徐氏提出的这一无理要求，蔡元培是断然拒绝的。这不是蔡元培绝情，而是因为这一要求与蔡元培进步的革命思想是水火不相容的，与蔡元培南下办学的教育救国理念是截然相反的。对于

---

① 高平叔撰著：《蔡元培年谱长编》第 1 卷，人民教育出版社 1998 年版，第 171—172 页。

这一大是大非问题，蔡元培是坚定而绝不妥协的。于是充满革命进步思想的蔡元培毅然提笔给堂董徐氏写下书信，要求辞去学堂总理一职。信中，蔡元培明确表示："所属恭录二十一日上谕悬之厅事，仰见老成深虑，钦佩无任。尚有奉商者，下款请列台衔，若元培则不愿列名也。……若曰将为之避祸也，则元培固不畏祸。元培近得炼心之要，时无古今，地无中西，凡所见闻，返之吾益己益世之心而安，则虽阻之以白刃而必行；返之吾心而不安，则虽迫之以白刃而不从。……元培所理者，学堂而已。学堂者，绍兴之公事也，非元培一人所得而蟠据也。果欲责之元培与，元培之宗旨如此，有与元培同志而不畏祸者，共事可也；教习而畏祸也者，辞职可也；学生而畏祸也者，告退可也；绅董而畏祸也者，绝交而勿干与焉可也。虽然，前年之垫款，今年之用费，度非元培所能办也。……又有一上策焉，曰元培辞总理之责而已。……如荷俯允，则元培已以赴嵊之故，一切事已卸于钟生同年矣，即以今日为元培卸总理之期可也。率直之言，诸维鉴察。"[①] 写完书信的当晚，蔡元培就启行赴嵊，从中足可见出蔡元培革命意志的坚定。而他之所以如此坚定地违拗堂董之意，是因为他清醒地觉察到这与他的办学宗旨相违背。既然大家志不同，道不合，而且，元培也不可能违心地按堂董的要求去做，那么蔡元培就只能辞职不干了。所以，蔡元培致函徐树兰，要求辞去绍郡中西学堂总理之职，也是一种理性思考后的决定。

后来，蔡元培到上海南洋公学任教，因南洋公学的墨水瓶事件，蔡元培同情学生，辞去教习职务，并由蔡先生"介绍"，让南洋公学退学学生进中国教育会继续学习。其实，说到底，这次事件也是蔡元培和学生们的进步思想与当时学校中的保守势力在思想上不一致所造成的。学生是进步的，渴求新知识，但"五班教习郭氏却是保守的，他禁止学生阅读一切新书及《新民丛报》等，发现学生有读此类书籍的，每痛斥之"。于是学生内心对郭氏郁积了诸多不平，才有了墨水瓶事件。而在这事件中，我们看到蔡先生是同情学生的，甚至还因未能为学生伸张正义，争得一公正说法，蔡元培毅然辞去南洋公学的

---

① 高平叔撰著：《蔡元培年谱长编》第 1 卷，人民教育出版社 1998 年版，第 172 页。

职务。其实，蔡元培的这一立场在平时的教学中也可见出。据特班生邵力子回忆："南洋同学黄任之先生说，最早启发他革命思想的是蔡先生，我也是这样想。那时是民国纪元前十年，革命教育渐起与官僚教育抗争，蔡先生正是革命教育的领导者，他以名翰林，受盛宣怀氏礼聘来做我们的国文总教习，他当然不能明白地鼓吹革命，但早洗尽一切官僚教育的习气。他教我们阅读有益的新旧书籍，他教我们留意时事，他教我们和文汉读，他教我们以种种研究学术的方法。他不仅以言教，并且以身教。他自己孜孜兀兀，终日致力于学问；他痛心于清政府之腐败，国势之阽危，忧国的心情不时流露于辞色；他具有温良恭谦的美德，从不以疾言厉色待人，也不作道学家的论调而同学自然受其感化。我在今天回想那时一年中所得于先生的印象，觉得如在目前。"① 邵力子还告诉王世杰：他在南洋公学特班时，"蔡先生谆谆劝其勿耗工夫于写字，应习实学。"② 从邵力子的这段回忆中可见，当时社会教育中存在革命教育与官僚教育之间的斗争。蔡元培却是革命教育的领导者，他要求教育培养新式革命人才，要求学生不是只为做官，为一己之私利而读书，而是要为民族国家之振兴而读书，这是他办学的宗旨。一旦他所在教育部门与他的这一革命进步的教育理念相违背，他就不与之合作。蔡元培也因此多次辞职。辞职不合作的强硬态度是蔡元培对封建保守或反动势力的强烈抗议。因为每次这样的抉择都是蔡元培深思熟虑之后的决定，所以，蔡元培对此很少有后悔之意。

　　南洋公学墨水瓶事件发生之后，蔡元培创办了爱国学社。爱国学社与此前执教的学校明显不同。它既是一所学校，又是一个带有强烈政治色彩的团体。《爱国学社章程》第一条明确提出："本社……重精神教育。而所受各科学，皆为锻炼精神、激发志气之助。"而蔡元培到达学社后，受激烈环境的影响，遂亦公言革命无所忌。一方面在爱国女学为高才生讲法国革命史、俄国虚无党历史，一方面还"断发

---

　　① 邵力子：《我所追念的蔡先生》，陈平原、郑勇编：《追忆蔡元培》，三联书店 2009 年版，第 376—377 页。

　　② 高平叔撰著：《蔡元培年谱长编》第 1 卷，人民教育出版社 1998 年版，第 217 页。

短装与诸社员同练步伐"。后来又成立光复会，加入同盟会，进入炸弹制造的学习小组，秘密赁屋，试造炸药，并将上海的《苏报》作为自己的宣传阵地。蔡元培等人逐日轮流为《苏报》撰写论说。"苏报案"后，蔡元培由青岛回到上海，不但没有被清政府的镇压吓退，反而以更大的政治热情和勇气投入革命活动。1903 年 12 月，创办《俄事警闻》，1904 年 2 月改为《警钟》日报。因《警钟》本来就是蔡先生革命运动的刊物，一面要国人鉴于日俄之争，即时猛醒，一面译登俄国虚无党的历史，为国人种下革命思想，所以广告和销路都不甚多，不能完全自立。在这样的艰难形势下，蔡元培依旧坚守《警钟》阵地，在那里张罗着诸多事情。即使在寒冷的冬天，他仍在大而空，且无火炉设备的编辑室里撰写文章。因报纸销路不好，蔡先生很是着急。后来，在同乡何朗仙提议下，让一位绍兴工人背着写有劝国人注意日俄战争标语或国画的旗子，敲着小锣，带着报纸去街头叫卖。这样，蔡元培就成为近代中国翰林造反的第一人。

也许有人会说，蔡元培不主张戊戌变法这种温和的做法，而是主张通过民主革命，乃至暗杀的方式彻底推翻清王朝腐朽的封建统治。这难道不是蔡元培一时的冲动和鲁莽吗？其实不然。所谓理性就是对事物，对自己的言行在作出决定之前，是经过深思熟虑，综合考虑权衡的，而非莽撞行事。而蔡元培的爱国思想和言行都是经过三思而作出的。如蔡元培走出翰林，走向革命是基于其对时局的清醒认知。他是在看清清政府的腐败、封建制度的腐朽之后，才作出明智选择的。特别是在清廷顽固派残酷镇压了康有为、梁启超等人发起的戊戌变法运动后，蔡元培彻底看清了晚清统治者的昏庸暴虐，乃至无可救药，于是愤然离开翰林院回绍兴兴办教育。在兴办教育的过程中，与绍郡中西学堂堂董徐树兰的决裂，也是基于他理性的认识，徐氏让他恭录和悬挂上谕，这使他深切感受到自己和徐氏的志不同道不合，于是就选择了离开。来到上海南洋公学也一样，发现南洋公学还是一种官僚式的旧教育，与他倡导的新式教育和革命思想相违背，他也就毫不犹豫地辞去了教员之职，开始创建爱国组织，培育爱国人才。而在爱国学社期间，蔡元培表现出极为激进的革命言行。究其原因，笔者以为有两点：一是在蔡元培看来，对于已整体腐朽的政府，里面的反动官员少一个，中国获救的希望就大一点。因此，当时，蔡元培与一批同志精心研制炸弹，主张通过暗杀朝廷要员和参加民主革命的方式推翻清王朝腐朽的专制统治。二是受西方进步的民主平等思想影响，蔡元培对封建专制统治极度痛恨，所以其革命的理想是要推翻清王朝的专制统治，建立民主平等的新体制。而这一政治理想与孙中山倡导的以民族、民权、民生为核心的"三民主义"是一致的。孙中山毕生坚持"三民主义"，高举反帝反封建的旗帜，坚持民族、民主救中国的信念与理想，是中国民主革命的伟大先行者，三民主义的倡导者。这与蔡元培的革命思想甚为投合，因此，孙中山也就成了蔡元培最为敬仰的人物。于是，他组织光复会，加入孙中山组建的同盟会，与孙中山一起进行辛亥革命，并最终取得辛亥革命的胜利，成为党国四大元老之一。这其中在感受蔡元培革命勇气的同时，也能感受到他明智理性的革命选择。

1911 年，旨在推翻清朝专制帝制、建立共和政体的辛亥革命爆发。虽然此时，蔡元培在德国留学，但是身在国外的蔡元培，对革命依然十分关注。1911 年 10 月 13 日，蔡元培在日记中记道："阅报，知革命军已克武昌、汉阳。"10 月 14 日载："阅报，知革命军已克汉口，长沙革命军亦起。安徽、广东闻亦起义。"10 月 18 日给吴稚晖的回函中云："弟于一周前往山中之中学堂考察……于报纸中见吾党克复武昌之消息，为之喜而不寐。"[①] 1912 年中华民国临时政府成立，孙中山就任中华民国临时大总统，蔡元培被推选为第一任教育总长。民国初立，百废待兴，作为主管民国教育的最高行政长官，蔡元培坚信教育的首要任务是培养学生的爱国之心，"爱国之心，实为一国之命脉"，"尽爱国之心，实国民最大之义务"。在担任民国教育总长期间，蔡元培还主持制定了《大学令》，其第一条即明确指出教育的目的在于"培养硕学闳才，应国家需要为宗旨"，从而将造就大中学生的爱国责任心切实体现到教育目的与教育方针中。

而在选拔任用人员时，蔡元培坚持任人唯贤的原则。因为在蔡元培看来，中华民国成立后，兴办教育成败与否，人才是关键。身为教

---

① 高平叔撰著：《蔡元培年谱长编》第 1 卷，人民教育出版社 1998 年版，第 386 页。

育总长的蔡元培，从国家利益、民族利益出发，诚邀非国民党籍的范源濂出任教育部次长。在写给范源濂的信中，蔡元培真诚地向他发出邀请，"现在是国家教育创制的开始，要撇开个人的偏见、党派的立场，给教育一个统一的智慧的百年大计。……这不是为了国民党或我个人撑腰，乃是为国家撑腰。我之敢于向您提出这个请求，是相信您会看重国家的利益超过了党派的利益和个人的得失以上的。"最后，蔡元培的一片真情实意，终于打动了范源濂。后因袁世凯窃取革命成果，蔡元培等内阁成员全体辞职。这其中的原因，据蔡元培《自写年谱》载，一是考虑到政府中明显分成两派，两派成员互相牵掣，无一事可以进行。二是想要排斥袁派，夺回革命成果，又深感力量不足，决无希望。三是不退出的话，与袁世凯搅在一起，反使蔡元培等人为人分谤，同归于尽。于是决定在适当的机会，国民党的同志全体去职。可见，辞去教育总长职务，蔡元培也是经过深思熟虑和全面权衡的。

1916 年冬天，从欧洲回国的蔡元培受聘担任北京大学校长，虽然当时不少朋友对于蔡元培的赴任并不赞成。但蔡元培本着"我不入地狱，谁入地狱"的精神，冒失败的风险，毅然担起执掌北京大学的重任。因为中国的发展离不开青年学子的进步，以及教育风气的改观，他决心用现代新的大学理念和精神去改造北京大学，去培养和造就新的一代青年。所以，蔡元培去北京大学任校长，本身就体现了其学术救国、教育救国的政治抱负，体现了其对国家和民族的责任感以及务实理性的行事风格。

到北京大学以后，蔡元培对学生的一个主张和原则是"救国不忘读书"。在蔡元培看来，读书是救国的基础和前提，因此，他不希望学生以牺牲学业为代价参加社会工作。要求学生认真学习，将自己培养成为救国的人才，这是一方面。然而，另一方面，蔡元培又强调，"不能不以国之厉害为标准"。"即使对个人、对家庭有利，而有害于国，则绝对不行。"特别是针对民国初年，一些人提出的"学生不能干政"、学生应当"两耳不闻窗外事"的不正确主张，蔡元培对学生提出了"读书不忘救国"的要求。他希望学生不要为做官而读书，而要为国家、为社会、为民族而读书。正因为蔡元培向青年学子播下了这样的思想种子，才有了 1919 年以北京大学学生为主力的五四运动。事实上，五四运动期间，蔡元培不仅是学生精神上的导师，更是学生实际行动的领导者。

5 月 3 日，当叶景莘驾马车到东堂子胡同蔡先生处，把北京政府国务总理已密电中国代表在丧权辱国的《巴黎和约》山东条款上签字的消息告诉蔡先生。当晚九点左右，蔡先生召集北大学生代表谈话，其中有段锡朋、罗家伦、傅斯年、康白情诸先生。次日，北大学生游行，五四运动爆发。①

5 月 3 日召集北大教职员开会，商议对待学生爱国行动的问题。与会者愤于北洋军阀政府在对日交涉上的卖国行径，以及他们对北大的敌视，主张对学生的行动不加拦阻。于是，蔡先生向学生代表狄福鼎表示：他同情学生的爱国热诚。②

同日晚间，北大全体学生举行大会，北京高师、工专、法专等校学生代表参加。会上决议，定于明日，即五月四日（星期日）与各校学生一同齐集天安门，举行爱国大示威。此时，"蔡先生已知同学决计游行请愿，即召学生会干事狄福鼎等，嘱其转告同学，途中须严守秩序"③。

5 月 4 日下午一时半左右，北京十几所高校的学生 3000 余人汇集天安门，举行示威大会，发表演说，散发传单，高呼口号。随即开始游行，到赵家楼曹汝霖住宅，痛揍章宗祥，放火焚烧曹的房屋。当大批军警赶到时，绝大部分学生均已散去，仅将殿后的 32 人逮捕。④

唐伟在《蔡先生与五四运动》中回忆道："学生整队出发后，政府闻之，即开会讨论，有主格杀者，有主捕系者，有主不理者，有主独办蔡先生者，有主解散北大者，纷纷不一致。结果，命教育总长傅增湘责令蔡校长召回学生，不准游行及干涉政治。傅即回部用电话告蔡先生，并请到部商讨善后事项。蔡先生曰：'学生爱国运动，我不

---

① 高平叔撰著：《蔡元培年谱长编》第 2 卷，人民教育出版社 1998 年版，第 196 页。

② 同上书，第 197 页。

③ 同上书，第 198 页。

④ 同上书，第 198 页。

忍制止'。即将电话挂上，亦不赴教部。蔡先生一日未离校，亦未进食。"①

五四当晚，据曹建回忆："是夜北大学生群集于第三院大礼堂，商讨营救同学方法……忽闻有履声橐橐从门口入，众目集视，乃是校长蔡先生也。……第见先生从容登台，怡颜温词对诸生说：'你们今天所做的事情我全知道了，我寄以相当的同情。'语未毕，全堂呼声雷动。先生继说：'我是全校之主，我自当尽营救学生之责。关于善后处理事宜也由我办理，只希望听我一句话……从明天起照常上课'。大家一致表示听从。那时候北方政治的实权还在所谓'参战督办'的段祺瑞手里。先生离开学校后，当夜径赴段氏平日最敬重的一位孙老前辈（似为孙宝琦）家中，请求他对段氏说明当日学生的举动全出自爱国的热忱及被捕学生的无辜，希望……能释放。孙氏当时因这件事闹得太大，深表犹豫。先生就呆坐他的会客室里，从下午九时左右起一直过了十二时以后不走。孙氏无可奈何，只有劝他先回家休息，允候明日前去一试。"②

后经各方努力，北京政府为避免酿成激变，由吴炳湘提出保释被捕学生的两个条件：（1）明日不准学生参加国民大会；（2）各校学生明日起一律上课。蔡先生等当即承诺这些要求。

5月7日上午，北京各高校各备汽车前往警察厅，迎接被捕获释的同学。10时左右，一齐到达北大，然后各自回归本校。蔡先生和北大全体师生齐集红楼文科门外，列队欢迎。

五四运动爆发，北大和蔡先生成为反动势力集中攻击的目标。"所有学界事项，皆加于北京大学学生；北京大学学生事项，皆加于蔡校长一身。"早在五四当晚，内阁召开紧急会议，许多阁员纷纷攻击北大和蔡先生，傅增湘为蔡略作解释，即遭钱能训斥责："汝谓蔡鹤卿校长地位不能动摇，若蔡鹤卿死，则又如何？"随后数日中，曹汝霖、章宗祥等行将报复之说四起。蔡先生明知自己和他所领导的北

---

① 高平叔撰著：《蔡元培年谱长编》第2卷，人民教育出版社1998年版，第198页。
② 曹建：《蔡孑民先生的风骨》，陈平原、郑勇编：《追忆蔡元培》，三联书店2009年版，第14—15页。

大处于反动势力的严重威胁之下，并自知无法再留；但为营救被捕学生，仍持镇定态度，宣称"现职必辞，而非候各学生一律安宁无事，决不放手"。当时，有人劝告：恐"危及先生"，他笑而答曰："如危及身体，而保全大学，亦无所不可。"①

被捕学生释放后，北京政府对爱国学生和蔡先生个人的迫害，并未放松，拟发布三道命令：一是查办北大校长；二是由警察厅将已释学生送法庭惩办；三是整饬学风。查办北大校长令，因傅增湘拒绝副署而未能发出；二、三两令则由各报刊布。同时，安福系决定撤蔡先生的职，推出那个反对新文化运动的安徽孔教会会长马其昶继任北大校长。②

5月8日，蔡元培向北京政府总统徐世昌、教育总长傅增湘递送辞呈，云："元培自任国立北京大学校长以来，奉职无状，久思引退。适近日本校全体学生又以爱国热诚，激而为骚扰之举动，约束无方，本当即行辞职，徒以少数学生被拘警署，其他学生不忍以全体之咎归诸少数，终日皇皇，不能上课，本校秩序，极难维持，不欲轻卸责任，重滋罪决。今被拘各生业已保释，全体学生均照常上课，兹事业已告一段落。元培若再尸位本校，不特内疚无穷，亦大有累于大总统暨教育总长知人之明。谨竭诚呈请辞职，并已即日离校。一切校务，暂请温宗禹学长代行。敬请大总统简任贤者，克期接任，实为公便。"③

5月9日，蔡元培离开北京时，留下启事一则："我倦矣！'杀君马者道旁儿'。'民亦劳止，汔可小休'。我欲小休矣！北京大学校长之职，已正式辞去。其他向有关系之各学校，各集会，自五月九日起，一切脱离关系。特此声明，惟知我者谅之。"④

由上可见，对于以北大学子为主力的五四运动，蔡元培是全程关注并负责到底的。尽管蔡元培衷心希望学子们静心读书，学有所成，

---

① 高平叔撰著：《蔡元培年谱长编》第 2 卷，人民教育出版社 1998 年版，第 201—202 页。

② 同上书，第 202 页。

③ 同上书，第 201 页。

④ 同上书，第 202—203 页。

但在关系国家命运的时刻，他却引导了"五四运动"，旗帜鲜明地支持学生的爱国运动。运动发生后，面对 32 名学生被当局拘捕，蔡元培冷静思考并设法加以营救；面对反动势力的集中攻击和恐吓，蔡元培镇定处之。为了学生和北大，哪怕危及生命也毫不畏惧。虽然查办北大校长令，因傅增湘拒绝副署而未能发出，但蔡元培清醒地认识到，自己已不可能再继续担任北大校长，于是在学生被保释后的第二天就拟好辞职信，第三天就离京南下。在运动的整个过程中，蔡元培对时局都有清醒的认识，并能冷静地思考和解决问题。如果要分析运动中的不理性行为，那可能就是学生痛揍章宗祥，火烧曹宅的过激行为，以及军警抓捕学生的暴行，这可能是蔡元培所没有料及的。

所以，对于学生的爱国行动，蔡元培是不反对的，但对于那些借着爱国名义而不读书的行为蔡元培是不主张的。在他看来，作为一个学生，坐下来，静下心来，脚踏实地，专注于学业，是最重要的事情，也是学生的分内事情。1919 年 1 月，在为北京学生发行的《国民》杂志所作的序言中，蔡元培就强调了脚踏实地、保持冷静之头脑的重要性。他说："爱国不可不有热诚；而救国之计画，则必持以冷静之头脑，必灼见于事实之不诬而始下判断，则正确之谓也。"可见，蔡元培并不反对学生过问政治，也不反对学生革命，而是反对学生耐不住寂寞，操之过急。特别是在"五四运动"以后，不少青年学生动辄罢课、游行的行事方式，让蔡元培深感担忧。1920 年，他《在北京大学话别会演说词》中提到，"'五四'而后，大家很热心群众运动，示威运动。那一次大运动，大家虽然承认他的效果，但那种骤用兴奋剂的时代已经过去了。大家应该做脚踏实地的工夫"①。蔡元培的上述做法，正体现了他为公为国的爱国思想以及理性务实的救国理念。

细心的读者不难发现，蔡元培一生曾多次辞职，仔细剖析其辞职原因，我们可以明白，蔡元培的辞职其实多是其务实考量后的理性决断。例如，在五四运动之后不久，蔡元培即作了《不肯再任北大校长

---

① 中国蔡元培研究会编：《蔡元培全集》第 4 卷，浙江教育出版社 1997 年版，第 210 页。

的宣言》，蔡元培在文中详细阐述了其辞职的决心：一是绝对不能再做那政府任命的校长，二是绝对不能再做不自由的大学校长，三是绝对不能再到北京的学校任校长。蔡元培的宣言既抨击了他所深为厌恶的封建专制主义，也阐明了其追求民主和自由的理想信念。同时，蔡元培的宣言也给我们下述启示：作为一个既有着深厚的中国传统文化基础，又接受过西方文明的学贯中西的学人和通人，蔡元培希望在他有志耕耘的中国教育领域践行其民主、自由、包容的理想，然而，在封建主义思想异常顽固的旧中国，尤其在帝王长期盘踞、封建专制主义根深蒂固的北京，蔡元培的教育理想在专制政府和守旧势力的阻挠下屡屡受挫。因此，当时的现实情况是，蔡元培要么趋附于封建势力，向他们低头；要么辞职，和保守势力划清界限，没有中间道路可走。因此，蔡元培的辞职实际上是他在面临险峻形势下的一种理性务实的选择：当由于旧势力，尤其是受到专制当局的阻挠而不能实现自己的理想和抱负时，蔡元培宁愿辞职，也不愿与彼同流合污。

所以，从初出茅庐的青年时代，到壮心不已的暮年时代，蔡元培的爱国救亡情怀始终立足现实，脚踏实地，总是力所能及地为国家、为民族的发展进步尽自己的力量，这种务实理性的爱国情怀是非常难能可贵的，也得到了众人的一致称颂。1940 年，蔡元培逝世后，全国各界纷纷以各种形式予以深切的悼念，其中延安各界追悼蔡元培大会的唁电说：蔡元培先生"清末从事革命，提倡民权；民六（1917年）任北大校长，网罗人才，兼收并蓄，学术思想，主张自由。伟大的五四运动，实先生提倡诱掖，导其先路。九一八后，与宋庆龄、杨杏佛诸先生等发起人权保障同盟，从事挽救青年志士，以图保留国家元气；虽为强暴所威胁，而气不为之沮。七七抗战以来，先生老矣，犹谆谆以精诚团结，言信行果，训诫国人。哲人云亡，遗教不朽。"寥寥数语，概括了蔡元培一步一个脚印，以爱国救亡为己任的一生。

三　文化思想上的理性务实

在近代中国，国门被无奈打开之后，西学东渐，引起了一些进步国人的兴趣和关注，特别是 20 世纪初，随着资产阶级民主革命的兴起，以及后来新文化运动与五四运动的兴起，西方的学说和理论如洪水般涌进中国国内，令新派的中国学人与年轻的中国学子应接不暇，眼花缭乱，于是不少国人纷纷检讨中国传统文化的没落，主张向西方学习，出现了食而不化、照抄照搬甚至全盘西化等不良倾向。一时间，各种新异的观点与思潮充斥着中国南北各地。然而，在越文化中，求新是为了追求最大的效用，无用之新，不值得追求。所以，不管在"旧传统"面前，还是在"新思想"面前，始终应保持冷静的头脑。也就是说，对于国内传统中的好东西，如果能满足今人生存和发展需要，具有积极功用的，我们不仅要注重保存和利用，而且要积极促成其向现代的转变。同理，国外的新思想、新理念，如果对我们来说是积极有用的，那么就毫不犹豫地拿来，但如果是一些无用的思想糟粕，那么我们就要断然拒绝。

作为一名集越文化之大成的越地著名学者，蔡元培深谙中国传统文化中积淀下来的历史智慧及其现实价值，因此，对于中西方文化，蔡元培始终主张"择善而从之"，而不像有些人那样对中西方文化作笼统简单的肯定或否定。蔡元培从来不说中国文化好或西洋文化好这样的话。他认为，中国文化中的优秀因子，我们应该保持，而其缺点和不足之处应该加以纠正和改进。对西方文化也一样，吸取其优点，去除其糟粕，做到为我所用。只有这样兼取中外文化之菁华，兼容并蓄，才能造成中国之新文化。所以，他在主张向外国学习的同时，又十分注重汲取中国传统文化精神中的精髓，重视向历史学习。后来，在践行其教育救国、学术救国理念时，他同样将向外国学习与向传统学习有机地统一起来，力图在外来文化和传统文化中汲取振兴中华的养料。而对于那种不加分析，对古代传统文化和西方文化思想采取全盘否定或接受的做法，蔡元培是反对的。所以，蔡元培特别服膺《论语》上的一句话："择其善者而从之，其不善者而改之。"例如在中国文化方面，当时有人主张尊孔，定孔教为国教，蔡元培始终表示反对。

又如，当时有一种发端于西方的学说——世界主义，传入中国以后，受到不少中国知识分子和青年学生的欢迎，他们不遗余力地宣传此种主义，善良地相信随着世界主义的推行，各个国家和民族将紧密团结起来，整个世界将融为一体，不分大小强弱，没有贫富贵贱。可是，作为一个深谙中国国情，对西方资本主义国家的本性和欲望有着深刻了解的蔡元培，却对世界主义有着冷静的认识。他清醒地认为，自近代以来，积贫积弱的祖国就受到外国列强的欺凌和侵略，西方势力一步步地侵入中国的方方面面，控制了中国的诸多领域，中国，成为西方列强人尽可食的一块肥肉。在这样的背景下，实现世界主义，实现中西方和平共处，只能是中国人的一厢情愿。因此，蔡元培不赞成一些充满幻想的国人凭着善良的愿望而夸夸其谈，空谈什么世界主义。他认为，要真正改变中国，使中国强大起来，必须从小事做起，从实事做起，从国人的互帮互助做起。可见，蔡元培对待中西方文化思想的态度，是基于其理性分析的。优秀的、对我们国家和人民生活的进步和发展有用的，就采取"拿来主义"，争取为我所用。

因此，不论对学术教育，还是对爱国救亡运动和文化事业，蔡元培始终坚守理性务实的思想理念和处世原则，这种思想的形成，除受其家乡理性务实的文化精神的作用与影响外，还有其母亲的影响。我们知道，蔡元培的母亲是最慎于言语的，为了养成孩子们慎言的习惯，母亲时时择孩子们能了解的事讲给他们听。① 在母亲的影响下，蔡元培也养成了谨言慎行的习惯，不凭一时冲动而贸然行事。对各种问题，蔡元培总能用辩证、全面而富有理性的态度加以分析对待。虽然，蔡元培牢记"国家兴亡，匹夫有责"的古训，一旦国运出现危急之势，他就投笔而起，勇敢地举起革命的旗帜。但作为一个博古通今、学贯中西的学者，蔡元培的爱国和一般的年轻人相比，少了一份草莽，多了一份理性，往往能够在辩证、全面分析的基础上作出理性的决断。

第四节　越文化视野下蔡元培刚柔兼济的人格精神

如前所述，越地靠山面海，山水相间，形成了越地刚柔兼济的文化精神。这种地域文化精神作用在绍兴名士蔡元培身上，铸就了他刚柔兼济的人格精神。"刚"与"柔"是相对的两个概念，这里我们用

---

① 中国蔡元培研究会编：《蔡元培全集》第 17 卷，浙江教育出版社 1997 年版，第 427 页。

这两个字来形容蔡元培先生的人格精神，其词意包含着特定的理解。这里所谓蔡先生的"刚"是指其坚韧刚毅、不屈不挠的人格精神；而所谓"柔"则是指其温和柔韧、谦恭平易的个性修养。考察蔡元培的一生，其性格中既体现了温文尔雅、春风化雨的"温和平易"的一面，又体现了坚忍不拔、刚直不阿的一面。下面从各方对蔡元培的评价及其刚柔兼济人格精神的具体表现等方面作一阐释。

一　各方对蔡元培人格精神的评说

在蔡元培不幸逝世之后，各方撰文悼念蔡先生，这其中，有不少与蔡元培有过接触交往的人士，在回忆中时有提及蔡先生人格精神的话语。一提到蔡元培，大家的第一个反应就是蔡先生是一位温文尔雅、满腹才学的伟大教育家，但阅读陈平原和郑勇先生编撰的《追忆蔡元培》，我们发现，其实在很多人的记忆里，柔和是他的外表和风度，而骨子里隐藏的却是坚韧刚毅的不屈精神。

如曹建的《蔡孑民先生的风骨》说："不错，他的风度是柔和雍穆，与人无忤，与世无争，其最犀利的武器充其量不过是'不合作'三字而已。他是柔性型的人，如拿一些硬性或刚性的词语来说他，好像有些不伦不类。实则凡是亲炙过先生的人，都知道柔是他的外表和风度，至于骨子里却洋溢着刚劲不挠的气概。"[1]

陈西滢在《关于蔡先生的回忆》中说："蔡先生的所以能给予我以不可磨灭的印象，推求起来，完全是由于他人格的伟大。他应小事以圆，而处大事以方。他待人极和蔼，无论什么人有所请托，如写介绍信之类，他几乎有求必应，并不询问来人的资格学问经验。可是到了出处大节，国家大事，他却决不丝毫含糊，而且始终如一，不因事过境迁而有迁就。他是当代最有风骨的一个人。"[2]

黄炎培在《吾师蔡孑民先生哀悼辞》中言："入室则图书满架，吾师长日伏案于其间，无疾言，无愠色，无倦容，皆大悦服。"[3]"吾

---

①　曹建：《蔡孑民先生的风骨》，陈平原、郑勇编：《追忆蔡元培》，三联书店 2009 年版，第 13 页。

②　陈西滢：《关于蔡先生的回忆》，陈平原、郑勇编：《追忆蔡元培》，第 63 页。

③　黄炎培：《吾师蔡孑民先生哀悼辞》，陈平原、郑勇编：《追忆蔡元培》，第 91 页。

师生平风度休休焉，其言恳恳款款焉，独于其所不好者，绝不假词色。其行至方，语至耿直，从不阿合于人。胡先生元倓偿以八字状吾师曰：有所不为，无所不容。盖有所不为者，吾师之律己也；无所不容者，吾师之教人也。有所不为，其正也；无所不容，其大也。"①

郑天挺在《蔡先生在北大的二三事》中说："蔡先生待人接物，彬彬有礼。很多人称他为'好人'，是有原因的，但绝不是世俗的'滥好人'。蔡先生对大是大非是严肃不苟的。"②

姜绍漠认为："蔡先生在小事上很谦和，对于大问题他却是很执着，绝不妥协的。"③

林语堂在《记蔡孑民先生》中说："其实蔡先生软中带硬，外圆内方，其可不计较者，他不计较，大处出入，却不肯含糊。"④ 在《想念蔡元培先生》一文中，他又说蔡先生"说话总是低微的声音，待人总是谦和温恭，但是同时使你觉得他有临大节凛然不可犯之处"⑤。

罗家伦在《伟大和崇高》中评道："慈祥恺悌，谦光中流露至诚，是先生对人的感化"⑥，"柔亦不茹，刚亦不吐，是先生的风骨"。读着这些话语，内心对蔡先生更是满怀敬仰。一般而言"大家只看见先生谦冲和蔼的方面，而少知道先生坚毅之〔不〕拔、风骨嶙峋的方面。"⑦ 其实，蔡先生除待人温和平易之外，还是一个具有崚嶒风骨的人物。"刚"与"柔"这两种看似互不相融的性格，在他身上，却得到了有机的兼容与和谐的统一。

二　蔡元培"柔性"性格的体现

蔡元培先生长得"文质彬彬，身材短小，儒雅风流"⑧，说话极

---

① 黄炎培：《吾师蔡孑民先生哀悼辞》，陈平原、郑勇编：《追忆蔡元培》，三联书店2009 年版，第 93 页。

② 郑天挺：《蔡先生在北大的二三事》，陈平原、郑勇编：《追忆蔡元培》，第 160 页。

③ 姜绍漠：《随侍蔡先生的经过及我对他的体认》，陈平原、郑勇编：《追忆蔡元培》，第 249 页。

④ 林语堂：《记蔡孑民先生》，陈平原、郑勇编：《追忆蔡元培》，第 260 页。

⑤ 林语堂：《想念蔡元培先生》，陈平原、郑勇编：《追忆蔡元培》，第 263 页。

⑥ 罗家伦：《伟大与崇高》，陈平原、郑勇编：《追忆蔡元培》，第 193 页。

⑦ 同上书，第 194 页。

⑧ 蒋梦麟：《试为蔡先生写一笔简照》，陈平原、郑勇编：《追忆蔡元培》，第 95 页。

有条理，声音并不洪亮，但是恳挚亲切，温和绵密，吸引着无数青年的神经，让他们听着乐而不倦。他长日伏于案前，无疾言，无愠色，无倦容，总是那样谦让和蔼，温良恭俭，他"一生和平敦厚，蔼然使人如坐春风"①。对此，冯友兰列举了一件发生在他身上的生活琐事。他回忆说，他在北大读书时，有一天，在一个穿堂门的过道中走过，蔡先生正坐在过道中，他从这位新校长身边走过，蔡先生一句话也没有说，但蔡先生蔼然仁者、慈祥诚恳的气象，使他心里一阵舒服，受到了一次春风化雨式的不言之教，这种不言之教比什么言都有效。②我们不知道冯先生的话是否有夸张的成分，但至少可以说明一点，那就是蔡先生温和平易、慈爱宽容的博大气度。所以，周新称他的姑父是一位"和蔼的长者"③。林语堂称他为"温文尔雅的长辈"④。冯友兰认为，"蔡先生的精神境界和气象是和程明道相类似的。认为《论语》中子贡形容孔子的'温、良、恭、俭、让'五个字用在蔡先生身上也至为合适。因为称蔡先生为集'温、良、恭、俭、让'于一体的谦谦君子是当之而无愧的"。

当然，蔡先生温文尔雅的君子风格不仅体现在他温和敦厚的外表风度上，更体现在他待人接物的言行态度中。

首先，对于家人，蔡先生总是那么温和慈爱。小时候，蔡元培生性平和宁静。他不吵闹，喜欢静静地读书。对于母亲，他敬爱有加。母亲病重时，他偷偷割肉给其做药引，希望母亲能延年益寿。对于妻子，虽然与鲁迅一样，蔡元培的第一段婚姻也是旧式婚姻，由兄长做主，娶了一位旧式女子王昭为妻。最初蔡元培与原配夫人王昭也合不太来，两人婚后经常发生口角。但蔡元培并没有像鲁迅那样把妻子搁在老家，而是与王昭一起生活，并以自己的进步思想去影响她，劝王昭放脚，不要迷信鬼神，对妻子不愿跟官场太太往来的淡泊态度，也给予理解。而王昭对蔡先生的建议也乐于接受并准备逐步实行。当蔡

---

① 柳亚子：《纪念蔡元培先生》，陈平原、郑勇编：《追忆蔡元培》，三联书店2009年版，第98页。

② 冯友兰：《我所认识的蔡孑民先生》，陈平原、郑勇编：《追忆蔡元培》，第128页。

③ 周新：《我的姑丈及其教育理想》，陈平原、郑勇编：《追忆蔡元培》，第388页。

④ 林语堂：《想念蔡元培先生》，陈平原、郑勇编：《追忆蔡元培》，第263页。

先生弃官回乡教书时，王昭也给予支持。当生下两个儿子之后，他们却找到了夫妻生活的融洽和美好。1900 年，王昭因病去世，蔡元培曾撰文悼念。所以，蔡元培的女儿在回忆父亲的婚姻生活时，觉得他们这段感情胜过新婚。与自己并不心仪的妻子尚且能和谐相处，那么跟自己挑选的新式才女黄仲玉女士更是举案齐眉，相敬如宾。1920年底，蔡元培在欧洲考察的时候，黄仲玉病逝，蔡元培挥泪写下《祭亡妻黄仲玉》一文，以寄托哀思，并对自己常年在外，使得妻子劳累病逝满怀愧疚之情。而第三段婚姻是老夫少妻的组合。年轻的周俊女士对蔡元培一直怀有敬佩与热爱之情，蔡元培对年轻的周夫人更是疼爱有加。结婚 10 天后，便带着她和家人去了布鲁塞尔，让周夫人和女儿都进了国立美术学院。在晚年港居生活中，常诗作相和。周夫人为他画像，他则在画像上题词："唯卿第一能知我，留取心痕永不磨。"黄昏，布鲁塞尔的林间小道上，有一对老夫少妻在散步，那就是蔡元培和他的妻子周俊女士。对于孩子，蔡元培当然也是关爱备至。虽然前期，为了革命，为了爱国学社，他顾不上大儿子的病逝。但这是为了更多的人，他只能挥泪忍情。晚年，全家寓寄香港时，逢儿童节，他总会和朋友的孩子一起，为孩子们准备一些有趣的活动。所以，在蔡先生去世之时，夫人诉说先师心慈如佛，及相待之厚，语哽咽不成声。其儿子称自幼小至长成，只蒙慈爱，从未打骂过一次。随从冯桂与后堂老妪也说，先生全无架子，极平民化，只要称先生，不许呼老爷。皆相向零涕不已。连九龙的旧房东们，闻先师殁，齐声说死了好人。出殡日，附近居民都焚纸钱冥锭叩拜，齐说是送先师归天成神。从中足见先生之温和慈爱。

其实，蔡先生不仅对家人温和慈爱，而且对于他身边的人也一样温和平易。1917 年初，蔡元培到北大上任的第一天，校工们排队在门口恭恭敬敬地向他行礼，他脱下自己头上的礼帽，郑重其事地向校工们回鞠了一个躬。北大的校工和学生们见此大为吃惊，因为以前北大的历任校长已形成了目中无人、不予理睬的惯例。

杨亮功的祖母 80 大寿时，杨先生特请求蔡先生题字，蔡先生亲笔题写"美意延年"四个大字制为匾额。而北大学生在蔡先生面前言谈举止，全无拘束。尤其是傅孟真，在校长面前指手画脚，做出各种怪样子，有时候还大叫一声，一点规矩也没有。但蔡先生从不介意。

1918年，冯友兰先生有一件事需要北大的证明书，时间紧迫，照正常手续办来不及了，他决定直接去见校长。只见院子里一片寂静，校长室的门虚掩着，门前没有一个保卫人员，也没有服务人员。他推门进去，里面没有秘书，也没有其他职员。蔡先生一个人坐在办公桌前静静地看文件，见冯友兰进去，亲切地问："有什么事吗？"冯友兰把写好的信递过去，请他批一下。他看了看信说："这是好事，当然出证明书。"提起笔就签字，并亲切交代说："你拿着这个到文书科，叫他们开一个证明书。"① 蔡先生虽有北大校长之尊，却从不讲校长排场，也不摆校长架子。

1922年，蔡先生以北大校长的资格到欧洲和美洲参观调查，在纽约的北大同学会，听说蔡先生要从伦敦到纽约，就组织了一个接待委员会，到纽约码头去迎接蔡先生。而蔡先生仍是一介寒儒，书生本色，没有带秘书，也没有带随从人员。虽然蔡先生那时已是50多岁了，但是，他还像一个老留学生一样，一个人独来独往。既不惊动驻纽约的中国领事，也不惊动驻华盛顿中国使馆的外交人员，住在哥伦比亚大学附近的小旅馆内，和同学们在一起。

蔡先生住在南京成贤街中央研究院办公处的时候，他房间的外间为某君所住，而蔡先生的房间却必须经过外间方能通到外面。蔡先生某日起身较早，某君在外间犹酣眠未醒，蔡先生恐惊动了外间的某君，竟一声不响地在自己房里看书，等某君起身以后，才唤人侍候盥洗。② 五四时期，天津学生联合会请他去讲演，地点是在维斯理堂。当时到车站去迎接他的代表并没接着他，因为蔡先生已经自己去真素楼吃饭了。民国20年前后，讲究"西化"的人士已经开始在接待室里贴上"谈话以十五分钟为限"的条子，但蔡先生的办公室里没这样的字条儿。③

① 冯友兰：《我所认识的蔡孑民先生》，陈平原、郑勇编：《追忆蔡元培》，三联书店2009年版，第128页。

② 任鸿隽：《蔡先生人格的回忆》，陈平原、郑勇编：《追忆蔡元培》，第242—243页。

③ 何容：《对"卯"字号前辈的一些回忆》，陈平原、郑勇编：《追忆蔡元培》，第238页。

正因为蔡元培有着一颗温和平易的宽容之心，他对身边的人总是充满关爱。对于他人，只要这个人有一技之长，没有不取其所长，但决不问其短处。只要这个人有一点可取之处，蔡元培就总是待他很好，只要他做的事有益于党国，没有不赞同的，真可谓"尊贤而容众，嘉善而矜不能"①。

北大在蔡先生的支持下，新思想不断发展，各种社团如雨后春笋般地涌现出来。邵飘萍同学写信给蔡先生，倡议设立新闻学会。蔡校长因势利导，积极支持并参加了新闻学会的工作，被选为该会会长，亲自拟写新闻学会的章程，在成立大会上演说组织该会的目的。新闻学会成立后不到两年，在蔡先生的支持下，北大又成立了马克思学说研究会。因同学的要求，他同意将启事刊登在《北京大学日刊》上。尔后，不但同意马克思学说研究会在北大会议厅召开成立大会，他还应邀出席成立大会并讲话，从而使马克思主义研究会得以公开成立。成立以后，蔡先生又同意给马克思主义研究会两间房子，以作为办公室和图书室。蔡先生顶着反对派的压力，从精神到物质上对马克思学说研究会予以支持。因为对待进步事业，蔡先生总是全心全意地支持、扶植。1922年冬，马克思学说研究会的成员去苏联圣彼得堡出席东方民族大会，途中在黑龙江满洲里有五六个同学被当地军阀逮捕了。有同学去找蔡校长，蔡先生马上打电报给东三省的地方行政长官，最后成功地营救了这些学生。

蔡先生对青年的关爱不仅体现在对他们的支持和帮助上，还体现在对年轻人的指导上。有时，蔡元培发现他们的思想行为不合理，就会温和地加以指出，显得那么真诚坦率。据姜绍漠回忆，蔡先生每顿饭都要喝一壶酒。当他们在象山黄公岙史文若兄家中时，每日早餐也预备了丰盛的酒菜。姜绍漠也颇能喝酒，但是早晨没有喝酒的习惯。有一次早上喝酒时，他把杯子倒过来，表示不愿意喝。蔡先生当时没有说什么。事后蔡先生对他说："你不吃酒不要紧，倒一杯好了，摆在那里，你早上不吃不要勉强；你把酒杯倒过来表示你不喝，这样子不大好。"① 所以，在姜绍谟的印象中，蔡先生讲话总是这样的，从不疾言厉色，在桌面上也不说他没有礼貌，而是私下里真诚相告。

正因为蔡先生对青年充满爱护关切之情，他们对蔡先生也是万分敬爱。蔡元培去欧洲留学，在纽约的中国留学生为蔡先生开了一个欢迎会，会场设在哥伦比亚大学的一个大教室内，到会的人很多，座无虚席。蔡先生一进会场的门，在座的人呼的一声都站起来了，他们的动作是那样的整齐，好像听到一声口令一样。其实并没有什么口令，也没有人想到要有什么口令，他们每一个人都怀着自发的敬仰之心，不约而同地一起站了起来。而蔡先生慈祥诚恳而又风趣的发言，使这些留学青年又享受了一次春风化雨式的精神熏陶。当时，有一个中国的中年教育工作者也在哥伦比亚大学进修，她公开说："我算是真佩服蔡先生了。北大的同学都很高傲，怎么到了蔡先生的面前都成了小学生了。"② 我想，看了蔡先生的这些言行，她该明白其中的原因了吧。

蔡先生这样热心关爱青年，虽然有时也难免被人利用或欺瞒，但他从不介意。据余天民先生回忆，在蔡先生港居时期，曾接到某君由渝寄来的快函，自称北大毕业，困顿渝市，无以为生，恳赐嘘植。先生素不识其人，阅其文字可用，即飞函介绍渝方某机关，不久发生效力，已到差矣。讵某机关登记证件，验明非北大毕业，乃系北京某私立大学出身，其主持人急函先师，是否认识其人，先师覆函，大意谓不必问是北大、非北大；但看是人才、非人才。如果北大出身不是人才，亦不可用；如果非北大出身是人才，仍然要用。君有用人之权，我尽介绍之责。请自行斟酌，结果某仍照用。后某君有函向先师道歉，并谢提拔。先师覆函，不特不责其欺阁蒙蔽，反勉其努力服务，不必再提往事云云。③ 从中也可见出蔡先生恢宏的气度与平和的态度。

傅孟真说："蔡先生之接物，有人以为滥，这全不是事实，是他

① 姜绍谟：《随侍蔡先生的经过及我对他的体认》，陈平原、郑勇编：《追忆蔡元培》，三联书店 2009 年版，第 247 页。

② 冯友兰：《我所认识的蔡孑民先生》，陈平原、郑勇编：《追忆蔡元培》，第 129 页。

③ 余天民：《蔡先师港剧侍侧记》，陈平原、郑勇编：《追忆蔡元培》，第 319—320 页。

一种高深的理想上，与众不同，大凡中国人以及若干人，在法律应用上，是先假定一个人有罪，除非证明其无罪；西洋近代法律，是先假定一个人无罪，除非证明其有罪。蔡先生不特在法律上如此，一切待人接物，无不如此。他先假定一个人是善人，除非事实证明其不然；凡有一人以一说进，先假定其意诚，其动机善，除非事实证明其相反。如此办法，自然要上当，但这正是孟子所谓'君子可欺以其方，难枉以非其道'。"[1]蔡先生所持的就是这样一种思维方式，所以，他任何客人都见，凡有请求都尽力协助，极富有道义精神，而很少有人敢以不义之事求他的。这就是蔡先生的恕德。

三　"刚性"人格之体现

集温、良、恭、俭、让于一身的蔡先生，似乎就是一个好好先生，但他绝不是没有原则没有主见的一团和气与宽容，而是一个该喜就敢喜，该怒就敢怒，该恨就敢恨的真君子。遇到重要之事，他的主张是非常坚决的，而且一旦作出决定，无论什么人也不能使他改变。因为好好先生的骨子里面藏的却是坚韧刚毅、方正不阿的品质。

譬如，蔡先生乐于周济扶助古旧亲戚，但如果亲戚所提要求触犯了他的为人做事原则，他决不姑息。据曹建先生回忆，有一位北大俄文系毕业的马君，和先生原是表亲，他幼年丧父，先生代予养育。20年以后，先生兼任国民政府委员，照例蔡先生可以配备一位秘书。当时马君忽遭失业，知道蔡先生身边的秘书一职还在虚悬中，于是他跟蔡先生说，能否把秘书职位赐给他。先生听了，带怒说："某某，你每次来谋事，我没有一次不给你想办法的，但你也不可硬枝枝地要我做我不愿意的事啊！"蔡元培帮过不少亲戚，但这些帮忙不能逾越蔡先生的帮忙原则，否则也将被严词拒绝。他给亲戚谋到的职位大多是一些需要实干苦干的活儿。而在夫人看来，这些亲戚当中也不乏可以造就的，所以希望蔡先生能选择几位最优秀的替他们谋一个独当一面

---

[1]　傅斯年：《我所景仰的蔡先生之风格》，陈平原、郑勇编：《追忆蔡元培》，三联书店 2009 年版，第 164—165 页。

的事，免得老来麻烦。有时甚至会钩指敲桌地指责蔡先生。面对这样的情况，蔡先生总是木坐倾听，不则一声，但无论怎样也扳不动他"学生都是人才，亲戚都是庸才"的固执。

虽然"学生都是人才"只是蔡夫人的气话，但蔡先生对于学生，尤其是北大的学生确实非常关爱，甚至到了有求必应的地步。当然，他对青年学生的关爱也不是无原则的庇护。对于青年学生中所存在的不好的思想和行为，蔡先生是要严词责备的。在北大时，有一次他们班的同学反对一位教授举行临时考试，先生就陪着这位教授来到讲堂，正色严词，责备同学们一番，并亲至监试。可见，先生办学，虽讲自由，但对于学生不守秩序，不守纪律，是极端厌恶的。

对此，傅斯年曾用"有时也很严词责人"来形容蔡先生。他回忆说，蔡先生到北大的第一年中，有一个同学，长成一副小官僚的面孔，又做些不满人意的事，于是有同学就在西斋壁上贴了一张"讨伐"的告示。两天之内，墙上贴满了匿名文字，把这个同学骂了个"不亦乐乎"。傅斯年因为极讨厌此人，也贴了一份匿名揭帖，帖中表面上都是替此君抱不平，深层次的语意却是挖苦他。同学们很是赏识，在上面浓圈密点，批评狼藉。后来，蔡先生在大会上说到此事，意思是说，诸位在墙壁上攻击某某君的事，是不合做人的道理的。诸君对某君有不满，可以规劝，这是同学的友谊。若以为不可规劝，尽可对学校当局说，这才是正当的办法。至于匿名揭帖，受之者纵有过，也决不易改悔，而施之者则为丧失品性之开端。凡做此事者，以后要痛改前非，否则这种行动，必是品性沉沦之渐。听了这番话，傅斯年深受教训，从此做事，决不匿名，也决不推诿自己的责任。而北大的匿名"壁报文学"从此也减少了，几至绝迹。

另外，在学生无理的要求面前，蔡元培是决不妥协的。那时北大名教授众多，每位教授除将他研究心得登台讲述外，大都另发讲义一种以资参考。当时学校经费短缺，学校议定征收讲义费来弥补。这事引起了部分学生的反对。某日下午，学生鼓众拥至总务处门口寻找沈士远，气势汹汹。先生闻讯挺身而出，厉声问道："你们闹什么？"为首的学生说："沈士远主张征收讲义费，故来找他理论。"先生说："收讲义费是校务会议决定的，我是校长，有理由尽管对我说，与沈先生无关。"群众仍呼啸着要寻找沈氏，先生亦大声呼道："我是从手枪炸弹中历练出来的，你们如有手枪炸弹尽不妨拿出来对付我，我在维持校规的大前提下，绝对不会畏缩退步！"

再如，1922 年前后，北大的一部分学生要求废除考试，闹得很厉害，他们去见蔡先生。蔡先生说，你要文凭，就得考试；你如不要文凭，就不要考试；上课随你的便，你愿意上就上，不愿意上就不上，但是你对外不能称是北京大学的学生，同时你也不能有北京大学毕业的资格。还有一位政治系四年级的同学，在《公言报》上写文章，把学校机密的事写出来，他也不稍顾惜，立刻令其退学。

可见，蔡元培对学生的平和、宽容和爱护不是无原则的，如果有学生做了他以为大不可之事，他的处置也是毫不留情的。但对于学生的合理要求，蔡先生总是满足的；对于学生的正义行为，蔡先生总是支持的，甚至可以为此而辞去职位。如南洋公学的"墨水瓶风潮"，蔡先生同情学生，回去后与当事者力争，争之不获，南洋公学学生全体退学，蔡先生亦因此愤而辞职。退学后，不少学生学习无所归依，蔡元培将退学学生组织起来，征得中国教育会同人的赞同和支持，创立了爱国学社。

又如 1919 年 5 月 4 日，因巴黎和会对山东问题作出了不合理的处置，北平学生自发组织游行示威，导致部分学生被捕。蔡先生一方面要求学生"从明日起照常上课"，另一方面想方设法营救被捕学生。等被捕学生恢复了自由，蔡先生毅然离开了北大。这就是蔡先生，对学生平和关爱而又严格要求，对学生的合理要求和正义行为，蔡元培不仅同情他们，还想方设法帮助他们，但对于当局者，蔡元培毫无顾忌，毫不妥协，甚至与之决裂也在所不惜。

而对于革命事业，先生更表现出一种临危不惧、大难不惑的无畏精神。戊戌变法失败之后，残酷的现实使蔡元培意识到，要拯救中国，需要培养一批年轻人，形成一个组织和团体，才有力量与清政府斗争。于是蔡元培毅然弃官南归，绝意仕进，从事教育工作。1900年夏天，蔡元培离开故乡前往上海，开展爱国、反帝的革命活动。他在上海担任中国教育会会长，后又组织爱国学社等，爱国学社表面上是一所学校，实际上是一个"秘密赁屋，试造炸药"的革命组织，领导学生从事革命暴动工作。而蔡元培就是这一组织的组织者和领导者。为推翻封建专制统治，蔡元培不惜由翰林走向革命，乃至采用暗杀、暴动等激进的革命形式，其目的就是要坚决推翻清王朝及其封建专制统治，建立资产阶级民主共和国。因此，蔡元培对孙中山最为敬仰，对他倡导的"三民主义"也极为推崇。1904 年，蔡元培与同乡陶成章等一起，将原来的"军国民教育会暗杀团"改组扩大为光复会。蔡元培当选为光复会会长，并吸收徐锡麟、秋瑾等为光复会骨干。1905 年 10 月，孙中山接见并委任蔡元培为同盟会上海分会负责人。这样蔡元培在光复会和同盟会开展的一系列革命活动，对推翻封建专制统治，建立中华民国起到了举足轻重的作用。在推翻封建专制统治过程中，蔡元培表现出来的革命精神是刚烈无畏的，这似乎与他温文尔雅的君子风格有些相异，而事实并非如此，"刚"和"柔"两种性格始终并存在他身上。只是对一般的人事，他是宽和的，但对于反动的封建专制统治，他是坚决反对的。为在中国建立一个民主国家，蔡元培显出了一个革命者的刚毅本色。

1911 年，辛亥革命爆发后，蔡元培马上取道西伯利亚回国。辛亥革命胜利后，中华民国临时政府在南京成立，蔡元培就任南京临时政府教育总长。后来革命成果被袁世凯窃取，1912 年 7 月，蔡元培因不愿与袁世凯政府合作，毅然辞去教育总长一职，再次赴欧学习。所以，在民国元二年间，孙中山先生卸总统职，国民党商议组阁问题的时候，党中有许多同志认为，倘以党中某君组阁，或不免为袁氏所毁；倘以蔡先生组阁，袁氏威胁利诱之技穷矣。从中足见蔡先生的道义和勇气，也足见蔡先生的正气和刚毅不屈。

1916 年 11 月 8 日，蔡元培由法国马赛回到上海。12 月 26 日，49 岁的蔡元培受命担任北京大学校长。面对北大混乱的局面，蔡元培在接任和整顿北大的过程中也表现出非凡的胆魄。首先，在蔡先生将赴北平任北京大学校长时，很多朋友极力劝阻他不要去北大，但蔡先生还是凭着"我不入地狱，谁入地狱"的精神决然前往。而在北大十年，蔡先生经历了无数恶劣环境，但他从来没有向任何恶势力作所谓通权达变的妥协。

在蔡先生任北大校长以前，开教务会议的时候，多半用英文，特别是预科教务会议全讲英文，不懂英文的教授只能像哑子吃黄连有苦无处诉。蔡先生到北大后，开校务会议一律改用中文。外国教授起而反对，说："我们不懂中国话。"蔡先生回答说："假如我在贵国大学教书，是不是因为我是中国人，开会时你们说的是中国话？"从那时起，开会发言，一律讲中文，不再用英文。① 北大有两位英国教授品行不端，常带学生逛八大胡同。蔡先生很不高兴，到其聘约期满，不再续聘。英国驻北京公使朱尔典为此事找蔡先生谈判，要求续聘，但蔡先生坚决加以拒绝。朱尔典背后对人说："我看你蔡鹤卿还能做几天校长？！"为了此事，这两位教授告到法庭，蔡先生委托王宠惠出庭，结果学校胜诉。② 可见，蔡元培为人虽然平和，但涉及原则问题却是强硬的。

五四前夕，北京的空气因为北大师生的作品而动荡得很了，北洋政府觉得不安，对蔡先生大施压力与恫吓，甚至派侦探跟随，这都是极小的事了。有一天晚上，蔡先生与他的两个"谋客"在商量如何对付北洋政府，其中一个老谋客劝蔡先生解聘陈独秀先生，并约制胡适之先生，以便保存机关，保存北方读书人。蔡先生一直不说一句话。直到他们说了几个钟头以后，蔡先生站起来说："这些事我都不怕，我忍辱至此，皆为学校，但忍辱是有止境的。北京大学一切的事，都在我蔡元培一人身上，与这些人毫不相干。"③ 在当时的环境中，蔡元培敢这样说，一个人在那里办北大，为国家种下读书、爱国、革命的种子，体现出何等的担当和无畏精神。

据林语堂回忆，有一次，北京诸大学教职员在清华开会。会场有不少激昂慷慨是可忍孰不可忍的陈词滥调。而蔡先生却雍容静穆地站起来说："我们这样抗议，有什么用处？应该全体总辞职"。他说话的声音是低微的，但那天晚上，蔡校长马上实行了自己的主张，一人静悄悄地乘火车南下了。而林语堂次日见蔡先生时，最使他触目的是

---

① 杨亮功：《蔡先生的文化思想及与北大中公的两件事》，陈平原、郑勇编：《追忆蔡元培》，三联书店 2009 年版，第 196—197 页。

② 同上书，第 197 页。

③ 傅斯年：《我所景仰的蔡先生之风格》，陈平原、郑勇编：《追忆蔡元培》，第 165页。

北大校长候客室当中玻璃架内，陈列了一些炸弹，手榴弹。①

蔡先生入主北大的十年时间里，是顽固腐败的思想和势力极坚强普遍的时期，也是思想革命最迫切的时期。蔡元培带领北大师生，不断地向这些顽固腐败势力进攻，摧毁无数不合理的政治思想和社会思想，给予了全国青年以一种新的头脑和新的血液。这其中，蔡先生决不只是一个同情者，他哪怕不是一个发起者，也一定是一个忠实的、勇敢的、终始不变的保护者。②

在白色恐怖笼罩上海，进步文化界人士遭到逮捕暗杀的黑暗岁月里，蔡先生挺身而出，同宋庆龄、鲁迅等发起中国民权保障同盟，公开反对国民党反动派的法西斯统治。他还大力支持文化反"围剿"斗争，热情关怀进步出版事业，用他的笔，为进步书刊题字写序。③

曹建在《蔡孑民先生的风骨》中回忆道，民国二十一年冬，他经蔡先生介绍，加入"民权保障同盟会"。在同盟会的首次集会中，在讨论如何保障民权的问题时，蔡先生独奋然挺立，陈述自己的意见，后经各人反复讨论，先生坚持己见，且言论滔滔，鞭辟入里，最后照先生的意见来决定。继而讨论营救某某等被拘捕及其他各案，每案先生都起立发表意见，规范他们离法越轨之言，而且必使会众折服而后已。④

1912年，陶成章被暗杀于上海广慈医院，光复会中有号召力的实力派没有了。当时上海都处于都督陈其美势力范围之下，沪上各报对陶成章被刺不加评论，唯《越铎日报》发表评论略谓：陶之死，各方反应甚微，唯有光复会会长蔡元培在南京为陶举行之追悼会上致悼词，痛惜备至，甚至泣下沾襟。1933年6月8日，中国民权保障同盟总干事，也是中央研究院的总干事杨铨，被国民党特务暗杀，蔡先

---

① 林语堂：《记蔡孑民先生》，陈平原、郑勇编：《追忆蔡元培》，三联书店2009年版，第260页。
② 王世杰：《追忆蔡元培》，陈平原、郑勇编：《追忆蔡元培》，第65页。
③ 赵家璧：《想起蔡元培先生的一个遗愿》，陈平原、郑勇编：《追忆蔡元培》，第269页。
④ 曹建：《蔡孑民先生的风骨》，陈平原、郑勇编：《追忆蔡元培》，第16页。

生哭之甚恸。

段锡朋的《回忆》说，他在巴黎见过先生一次。那次，在美国某个小城市，大家迎接先生至一旅馆，刚进房门，听说有一位中国官僚亦在这里，先生立刻就要走。段先生表示，他们素以为先生是和平的，可是他那种嫉恶如仇的精神他才初次识得。①

1930 年秋，国民党某省政府改组，一个北大同学请蔡先生向蒋介石推荐他，并托老同学联名致电蔡先生促成。蔡先生很快给了回电，只坚定的一句话："我不长朕即国家者之焰。"可以看出蔡先生在大问题上的不妥协。朱经农对老朋友说过，抗战时蒋介石在重庆自兼中央大学校长，请他做教育长，两人同去就职，车上蒋介石痛诋蔡先生在北大的办学（这时蔡先生已逝世），可见蒋介石对蔡先生是始终不满的。②

在近现代中国政治演进中，鼓吹者、暴动家，先生都做过，无疑，先生亦是革命领导者，他和帝制的斗争，和军阀的斗争，都表现出十分的热情和勇气。晚年，虽已是衰病之身，还作反侵略歌词，这都充分表现出先生对民族对世界的正义感和责任感。

有人说，先生的处世谦逊，可以代表东方文化之精华，而先生对于国事的积极，却不少勇敢进取之气概，再加以道德的修养，正义感的锐烈，铸就了先生刚柔兼济的人格精神。这话不错。一方面，作为一个学贯中西、涵养深厚的东方知识分子，蔡元培温和谦恭（庄敬），平易近人。但是，在涉及大是大非的原则问题时，在涉及国家民族社会的存亡进退问题时，蔡元培一言一行中又毫不含糊地表现出其铮铮铁骨。因此"刚"与"柔"这两种性格特征在蔡元培身上得到了很好的融合和统一，而蔡元培这种刚柔相济人格精神的形成离不开越文化的滋养。

综上所述，越文化视野下的蔡元培有着爱国包容、自由开放、理性务实和刚柔兼济的伟大人格精神。其伟大的人格精神赢得了众口一

---

① 段锡朋：《回忆》，陈平原、郑勇编：《追忆蔡元培》，三联书店 2009 年版，第 218 页。

② 郑天挺：《蔡先生在北大的二三事》，陈平原、郑勇编：《追忆蔡元培》，第 160 页。

词的赞誉。在蔡元培去世之后，吴敬恒挽以"生平无缺德，举世失完人"①，蒋梦麟挽以"大德垂后世，中国一完人"②，毛泽东誉之为"学界泰斗，人世楷模"。周恩来挽云："从排满到抗日战争，先生之志在民族革命；从五四到人权同盟，先生之行在民主自由。"冯友兰认为，"蔡先生是近代确合乎君子的标准的一个人""蔡先生的人格，是儒家教育理想的最高的表现"③。因此，不论在近代，还是现当代，人们对于蔡先生都满怀爱戴和敬仰之情。

---

① 转引自王世杰《蔡先生的生平事功和思想》，陈平原、郑勇编：《追忆蔡元培》，三联书店 2009 年版，第 350 页。

② 蒋梦麟：《试为蔡先生写一笔简照》，陈平原、郑勇编：《追忆蔡元培》，第 96 页。

③ 冯友兰：《〈蔡元培自写年谱〉跋》，陈平原、郑勇编：《追忆蔡元培》第 345 页。

第四章　越文化视野下蔡元培的
美育思想

美能陶冶人的性情，美化人的生活，所以，美是人类永恒的追求。虽然，在中国古代教育中，早已有了礼乐诗教这样的审美教育形式，但是，直到近代社会，王国维把西方"美学""美育"思想传播到中国，中国才有了"美学""美育"等新概念。① 蔡元培对近代美学、美育思想的启蒙虽然在王国维之后，但是蔡元培结合其"教育救国"思想，积极倡导和践行美育不仅为美育注入了新内容，而且使中国近代美育建设取得卓著成效。1912 年 1 月，中华民国临时政府成立，蔡元培在就任教育总长时，发表了《对于教育方针之意见》一文，阐述了新式教育理论，着手教育改革，提倡"美育主义"，在中国近代教育史上第一次把美育确立为国家教育的一项方针。1917 年蔡元培就任北大校长，不仅在北大首开新风，使美育得以切实实施，而且利用其大学校长和文化教育界领袖的有利地位和崇高威望，不遗余力地传播美育思想，让美育在短短几年时间里在全国普遍开花结果。同时，蔡元培还把美育与救国革命和反帝反封建的斗争实际紧密结合在一起，为中国近代社会的发展作出了卓著贡献。② 因此，蔡元培是中国近代美育思想的全力提倡者和积极践行者。他不仅创建了一套比较系统的美育理论，而且把美育理论付诸实践，经过几十年的努力，终于在中国大地上建立了一套完整的美育新体系，成为近代新式教育体系的有机组成部分。所以，蔡元培在中国近现代美育思想史上

---

① 聂振斌：《中国美育思想述要》，暨南大学出版社 1993 年版，第 323 页。
② 同上书，第 344 页。

的地位和贡献是无人能企及的。

第一节　越文化视野下蔡元培美育
思想的哲学渊源

　　虽然蔡元培曾明确表示："我所最喜欢研究的，却是美术。"
1935 年 4 月，年近古稀的蔡先生在《假如我的年纪回到二十多岁》
一文中也深情地说道："我若能回到二十多岁，我一定要学几种外国
语……然后专治我所最爱的美学和世界美术史。"① 但是"蔡元培从
事学术研究，最早是从哲学开始的"②。所以，蔡元培美育思想的形
成有着深厚的哲学基础。一般认为，蔡元培美育思想的形成主要是学
习西方康德和叔本华等人的美学哲学理论的结果。但笔者以为，蔡元
培只是在西方康德、叔本华等人的哲学美学理论中找到了阐释其思想
的工具和方法。西方康德、叔本华等人的理论为蔡元培美育思想的形
成提供了理论框架，而其美育思想的哲学基础仍扎根在中国本土化的
哲学文化思想里。正如钱斌所说的："蔡元培接受西方文化是有意识
的，而流露出来的'宋儒'思想却是无意识的，是很自然的，而正
是这种无意识的东西恰恰是骨子里的、渗透在血液里的，决不是靠意
识就能挥之却去的。"③ 蔡元培这种渗透在骨子和血液中的儒学思想，
尤以越地先贤王阳明的心学思想影响最大，两者之间存在一定的哲学
渊源关系。

一　蔡元培美育理论与阳明心学存在不少相通之处

　　面对黑暗腐败、动荡落后的中国近代社会，蔡元培深切感受到：
政治体制和科学技术不如西方固然是中国落后于西方国家的原因所
在，而国民素质的低下，思想的落后，是中国近代社会落后于西方

---

　　① 中国蔡元培研究会编：《蔡元培全集》第 8 卷，浙江教育出版社 1997 年版，第
48 页。
　　② 聂振斌：《蔡元培美学思想研究》，商务印书馆 2012 年版，第 104 页。
　　③ 钱斌：《从绍兴志学会到北大进德会——兼论周蕴良对蔡元培的影响》，王建华主
编：《中国越学》第 2 辑，中国文联出版社 2010 年版，第 141 页。

的根本原因。所以国家富强、民族独立的根本在于提高国民的精神素质。而要提升国民素质，养成国民高尚的思想，在蔡元培看来，就要倡导美育。因为美育有助于陶养人的精神世界，使人冲破自私自利的计较，走向无私高尚的思想境界。国民一旦养成这种"舍己为群"的高尚品质，就不会有争权夺利的征战了，腐败现象也将随之消失。可见，蔡元培美育理论的哲学基础，就是强调精神的第一性。即精神不仅支配着行为，而且影响着国家、社会乃至整个客观世界的发展。蔡元培这一思想的形成，与宋明以来的陆王心学是一脉相承的。

（一）两者都强调主体精神的重要性

蔡元培认为，现象世界存在于一定的空间和时间中，是有形有限的、受客观规律制约的物质世界；它的存在是有条件的，是相对的，因此，对现象世界的认识依赖于经验。而实体世界即为精神世界，它是一种看不见、摸不着，不受客观规律制约的，全凭直观去把握，是高悬于现象世界之上的一种精神意志。这一意志是"超物质形式之畛域而自在者"，是"世界各分子之通性"，也是"世界之本性"[1]。在蔡元培看来，任何物质存在都是意志的表象。他说："盖道德属于意志，近世哲学家谓人类不外乎意志。不惟人类，即其他一切生物及无生物，亦不外乎意志。婴儿之吸乳，植物之吸收养料，矿物质之重量，皆意志也。"[2] 可见，意志以一种自在的力量主宰着一切。所以，蔡元培主张用美育去陶养国民的感情，树立崇高的信仰，从而使意志行动超越现实世界的利害纠纷和人我差别，进入自由的实体世界。"从基本倾向看，蔡元培同一切唯心主义哲学家一样，把世界的物质性都归原于精神性上来"[3]，认为世界的本原在精神意志，物质只是意志的反映。这一点与阳明"心即理"的观点是相通的。

王阳明认为，天地万物与人原是一体，其发窍之最精处，是人心一点灵明。冲塞在天地中间的，只有"心"这个灵明，而"心不是

---

①　中国蔡元培研究会编：《蔡元培全集》第 2 卷，浙江教育出版社 1997 年版，第 215 页。

②　《蔡元培选集》，中华书局 1959 年版，第 38 页。

③　聂振斌：《蔡元培美学思想研究》，商务印书馆 2012 年版，第 122 页。

一块血肉，凡知觉处便是心。如耳目之知视听，手足之知痛痒，此知觉便是心也"①。也就是说，在王阳明的心目中，"心"不再是一种物质存在，而是一种精神实体。它不仅是人身的主宰，而且也是天地、鬼神、万物的主宰。所以，"心"就是性，就是天理，就是天地万物的本体。这样，王阳明所谓的"心"就变成了精神本体，同时也变成了宇宙的最高本体。从"心即理"的观点出发，王阳明引申出"心外无事"和"心外无理"两个命题。认为心外一切事物的存在及其意义，都要靠人心去认识和评定。② 可见，蔡元培所谓的"意志""观念"和阳明心学中的"心""天理"相似，都是指精神世界中的最高观念，都是人类和世界万物的本性之所在。所以，在物质世界和精神世界两个方面，蔡元培和王阳明都强调主体精神的重要性，都带有主观唯心主义的色彩。

（二）两者都重视道德修养

蔡元培认为："现象世界间之所以为实体世界之障碍者，不外二种意识：一、人我之差别；二、幸福之营求是也。"③ 如何除去这两种障碍性意识呢？"教育者，则立于现象世界，而有事于实体世界者也"。④ 认为通过教育能引导人由现象世界进入实体世界。因为人的一生，不外乎意志的活动。"意志表现为行为。行为之中，以一己的为生而免死、趋利而避害者为最普通；此种行为，仅仅普通的知识，就可以指导了。……更进一步，于必要时，愿舍一己的生以救众人的死；愿舍一己的利以去众人的害，把人我的分别，一己生死利害的关系，统统忘掉了。这种伟大而高尚的行为，是完全发动于感情的。"⑤但这种伟大高尚的感情不是人人都有的，它需要美的陶养。因此，蔡元培又说："人人都有感情，而并非都有伟大而高尚的行为，这由于感情推动力的薄弱。要转弱为强，转薄而为厚，有待于陶养。陶养的

---

① 《王文成全书》卷3《语录三·传习录下》。
② 张伟：《浙东思想家评传》，海洋出版社2009年版，第162页。
③ 中国蔡元培研究会编：《蔡元培全集》第2卷，浙江教育出版社1997年版，第12—13页。
④ 同上书，第12页。
⑤ 中国蔡元培研究会编：《蔡元培全集》第7卷，第290页。

工具，为美的对象；陶养的作用，叫做美育。"① 可见，美育是引导人们由现象世界到达实体世界之观念的"津梁"。蔡元培积极倡导美育，其目的就是辅助德育的完成，培养国民高尚的人格精神，实现由现象世界向实体世界的转变。这一观点与王阳明"致良知"的核心思想是相通的。

"王阳明发挥了《孟子》的'良知'说，把'良知'与'心'、'天理'等同。"② 他说："良知者，心之本体。"③ "天理在人心，亘古亘今，无有始终。"④ 认为良知先验地存在于人心之中，不分圣愚，人人皆有。圣人之所以能致其良知，是因为圣人能不昏蔽于物欲，而愚夫愚妇之所以不能致良知，是因为愚夫愚妇不能去物欲，于是物欲就蒙蔽了他们的良知。所以，要"致良知"，"须学以去其昏蔽"⑤。即通过学习，加强自己的道德修养，去掉昏蔽，去掉人欲，才能恢复心体之本然。对此，蔡元培解释说："盖阳明之所谓知，专以德性之智言之，与寻常所谓知识不同。"⑥ 认为王阳明所谓的"良知"是"德行之智"，是与道德紧密联系在一起的。

可见，蔡元培以完成德育为目标的美育理论与王阳明以道德修养为目标的"致良知"说相类似。两者都以提升国民道德修养，培养完全人格为目的，而且两者都希望通过教育来提升人，完善人。只是蔡元培学习西方的教育理念，主张通过审美教育来消除人我之见，提升国民素质，培养高尚情感，从而辅助德育的完成。而王阳明主张通过学习、自省、存养等方式，来加强自身的道德修养，最终去掉私欲，体认天理。可见，西方为蔡元培美育思想提供了一套理论工具，而其倡导美育的内驱力与阳明心学中"致良知"的核心思想是相通的，都是中国传统的"崇德利用"思想的体现。

---

① 中国蔡元培研究会编：《蔡元培全集》第 7 卷，浙江教育出版社 1997 年版，第 290 页。

② 张伟：《浙东思想家评传》，海洋出版社 2009 年版，第 163 页。

③ 《王文成全书》卷 2《语录二·传习录中·答陆原静书》。

④ 《王文成全书》卷 5《书二·答舒国用》。

⑤ 《王文成全书》卷 2《语录二·传习录中·答陆原静书》。

⑥ 中国蔡元培研究会编：《蔡元培全集》第 1 卷，第 573 页。

（三）两者都主张知行合一

蔡元培不仅提出"艺术者，超于利害生死之上，而自成兴趣。故欲养成高尚、勇敢与舍己为群之思想者，非艺术不为功"① 的美育思想，而且把美育作为"五育"之一列入教育方针，并通过各种形式加以实施，如成立艺术教育委员会，设立音乐院，召开美术展览会，建立美术学校和美术馆等。另外，蔡元培还开设美学课程，亲自登台讲学，并奔赴各地演讲。可见，蔡元培的美育思想不只是空洞的理论，而是充满务实创新的实践性品格，这与阳明心学所倡导的"知行合一"思想是一致的。

王阳明不但在理论上否定程、朱的"先行后知"之说，倡导"知行合一"，提出"知者行之始，行者知之成"的观点，而且在实践中积极践行自己的思想观点。为推行其致良知的核心思想，他自34 岁开始授徒讲学，前后达20 多年，足迹遍布长江以南。他每到一地，在从政之余，总是兴学校，创书院，集门人于白鹿洞讲学；在绍兴，开辟稽山书院，再立阳明书院；在家乡余姚，他多次讲学于龙泉山中天阁。到广西，兴办思田学校、南宁学校和敷文书院，把讲学活动和兴办教育看成是倡明学术、转变风气和立政治民之本。因此，蔡元培评道："希腊之苏格拉底，吾国之王阳明，皆以为即知即行"②"良非虚言也"③。

不难看出，不管是蔡元培的美育实践，还是王阳明"知行合一"的道德实践论，两人都重实行而反空言，都希望通过审美教育或重新践行儒学理论道德来改变世风和学风。因此，蔡元培的美育思想和王阳明的心学虽然都带有主观唯心主义的色彩，但也具有实学倾向。

总而言之，认真研读蔡元培的美育理论及其理论构建的哲学基础，可以发现，蔡元培美育思想与阳明心学构建起来的那套以"心即理""致良知"和"知行合一"为核心的心学理论体系是一脉相承的。因为蔡元培对中国古代心学有着扎实的根底，所以蔡元培虽然受

① 中国蔡元培研究会编：《蔡元培全集》第 6 卷，浙江教育出版社 1997 年版，第161 页。

② 同上书，第 160 页。

③ 中国蔡元培研究会编：《蔡元培全集》第 1 卷，第 573 页。

康德的影响，把世界分为现象和实体两方面，却不拘泥于康德的理论，认为通过美育和世界观教育，可以实现由现象世界向实体世界的转变。同时，他虽然接受了叔本华的唯意志论，认为意志是盲目的、非理性的，却得出与叔本华完全相反的结论：认为意志虽然是盲目的，但是通过科学和美术，亦即理性和感性相结合的教育，仍可进入自由的实体世界，并最终实现救国的目的。

二 从蔡元培生活的环境看，其美育思想存在受阳明心学影响的可能性

（一）蔡元培生活的时代正是阳明心学盛行的时代

蔡元培1868年出生，1940年去世。从时间上说，蔡元培生活在动乱贫弱的晚清和近现代社会里。而中国历史发展到近现代，出于人性启蒙的需要，弘扬主体精神的陆王心学被推上了中国近代思想史的舞台，"沉寂了三百多年的陆王心学又出现了复苏的态势，以致形成了一股强大的社会思潮"①。这股思潮在南方江浙地区尤为盛行。如浙江杭州的龚自珍喊出了"不拘一格降人才"的时代呼声，并把陆王心学重新提了出来，提倡"我心"，主张"尊心"，要求张扬人的主体精神，肯定人的自我价值，把人的个性、自由从传统、权威的统治中解放出来，为解放思想，复苏陆王心学开辟了道路。龚自珍之后，康有为、梁启超、谭嗣同、章太炎、孙中山等近代杰出的资产阶级思想家，他们在为各自的政治理想寻求哲学根据的时候，都在很大程度上受到陆王心学的影响。② 对此，梁启超说："明末王学全盛时，依附王学的人，我们很觉得可厌。清康雍间，王学为众矢之的，有毅然以王学自任者，我们却不能不崇拜到极地。"③ 他认为："凡大思想家所留下话，虽或在当时不发生效力，然而那话灌输到国民的'下意识'里头，碰着机缘，便会复活，而且其力极猛。清初几位大师——实即残明遗老——黄梨洲、顾亭林、朱舜水、王船山……之流，他们

---

① 王朴：《近代心学思潮与中国文化危机》，《船山学刊》2001年第3期。
② 同上。
③ 梁启超：《中国近三百年学术史》，商务印书馆2011年版，第67页。

许多话，在过去二百多年间，大家熟视无睹，到这时忽然像电气一般把许多青年的心弦震得直跳，他们所提倡的'经世致用之学'，其具体的理论，虽然许多不适用，然而那种精神是'超汉学'、'超宋学'的，能令学者对于二百多年的汉宋门户得一种解放，大胆的独求其是。"① 梁启超的这番话有力地说明，在清末和近代中国社会，心学震动着青年的心灵，被不少有识之士所崇拜和追求。也有学者提出，虽然"近代思想家都大倡西学，热衷于西方的自然科学和社会学说。但总的说来，由于他们大都生活在封建文化的熏陶和习染之中，中国古代文化对他们的影响远远要比西学深刻、广泛和强烈地多。尽管亡国灭种的危险使他们也对中国古代文化掠过一丝不满、憎恨和动摇，但通过一阵撕心裂肺的痛苦、徘徊和抉择之后，他们还是怀着深深的眷恋复归于封建旧学"②。

蔡元培作为这一时期的知识分子，其内心和思想也是一样的。也就是说，蔡元培虽然有意识地接受了西方文化，而无意识中流露出来的却是中国传统文化中的"宋儒"思想，而且这种思想的流露是最自然真切的。因此，笔者以为，蔡元培在接受西方哲学美育思想的同时，也深受中国本土文化思潮的影响。

（二）蔡元培生活的绍兴地区，阳明心学源远流长

蔡元培出生并成长在浙江绍兴，这里不仅是阳明心学的发源地，而且自阳明之后，心学在绍兴的发展更是源远流长。如明清时期的绍兴，出现了源于阳明心学的蕺山学派和浙东学派。蕺山学派的创始人刘宗周，提出了以形气为本的人性论，非常重视人的主体意识。对刘宗周之学，清四库馆臣在评述其所著《学言》时说："宗周生于山阴，守其乡先生之传，故讲学大旨，多渊源于王守仁，盖目染耳濡，其来有渐。……故其平生造诣，能尽得王学所长而去其所短，卒之大节炳然，始终无玷，为一代人伦之表。"可见，刘宗周的学说与阳明心学存在一定的渊源关系。对此，近人梁启超也说："王学在万历、天启年间，几已与禅宗打成一片。东林领袖顾泾阳、高景逸

① 梁启超：《中国近三百年学术史》，商务印书馆 2011 年版，第 34—35 页。
② 魏义霞、王春燕：《中国近代心学探源》，《哈尔滨师专学报》2000 年第 4 期。

提倡格物，以救空谈之弊，算是第一次修正。刘蕺山晚出，提倡慎独，以救放纵之弊，算是第二次修正。明清嬗代之际，王门下唯蕺山一派独盛，学风已渐趋健实。"① 这表明，以刘宗周为代表的蕺山学派，不仅是阳明心学的继承者，而且是阳明心学的修正者，而"刘宗周无疑是明代继王阳明之后的又一位思想大师"②。因此，刘蕺山的思想在当时的绍兴影响很大。浙东学派的开山鼻祖黄梨洲，少年时便受学刘蕺山，受其影响尤为突出。因刘蕺山之学多源于王阳明，因此，梁启超说："梨洲之学，自然是以阳明为根底"③，也许他们自己不承认是"从'阳明学派'这位母亲的怀里哺养出来的"，但"他们的学风，都是在这种环境中间发生出来"④。所以梁启超认为梨洲是"王学的修正者"⑤，称"清初王学，不能不认他为嫡派"⑥。

由上可见，以刘蕺山为首的蕺山学派和黄梨洲开创的浙东学派，其思想都源于阳明学派。而"阳明、蕺山、梨洲，皆浙东人。所以王学入到清代，各处都渐渐衰息，惟浙东的流风余韵，还传衍得很长。"⑦ 对此，梁启超也多次讲到。他说："明清嬗代之际，王门下惟蕺山一派独盛，学风已渐趋健实。清初讲学大师，中州有孙夏峰，关中有李二曲，东南则黄梨洲。……所讲之学，大端皆宗阳明，而各有所修正。三先生在当时学界各占一部分势力，而梨洲影响于后来者尤大。"⑧ 浙江鄞州的万氏兄弟师从梨洲，两人受黄梨洲先生的影响甚大。万氏兄弟之后，全祖望自称梨洲私淑弟子，在学术上也推崇黄宗羲，并为其辑补《宋元学案》，堪称贯彻其学术宗旨的典范。"谢山（全祖望）是阳明、蕺山、梨洲的同乡后学，受他们的精神感化甚

① 梁启超：《中国近三百年学术史》，商务印书馆2011年版，第53页。
② 张伟：《浙东思想家评传》，海洋出版社2009年版，第178页。
③ 梁启超：《中国近三百年学术史》，第59页。
④ 同上书，第16页。
⑤ 同上书，第60页。
⑥ 同上书，第58页
⑦ 同上书，第65页。
⑧ 同上书，第53页。

深。所以他的学术根柢，自然是树在阳明学派上头。"① 对此，章学诚在评浙东学术时也说："梨洲黄氏，出蕺山刘氏之门，而开万氏弟兄经史之学，以至全氏祖望辈尚存其意。……梨洲出于浙东，虽与顾氏并峙，而上宗王、刘，下开二万，较之顾氏，源远而流长矣。"② 可见蕺山、梨洲、万氏兄弟、祖望的学术思想虽各人有各人的创见，但他们的源头是相同的，都源于阳明心学。

通过思想溯源，我们发现：在浙江绍兴地区，阳明心学的发展源远流长，而且对后世影响巨大。近代名士蔡元培是在绍兴土生土长起来的，身处其中，耳濡目染，不可能不受其影响。对此，程沧波在《蔡先生永生》一文中说："蔡先生是近五百年来中国历史上一个继往开来的人物，蔡先生生长的时代虽然在同光，但继承的精神，至少在明末的梨洲船山诸氏。"③ 胡愈之先生也说："绍兴在清代，受乡贤刘蕺山先生的影响，气节与理学的风气，深入于知识分子中间，在学术方面，述宋儒的余绪，把'知'和'行'打成一片，因此到了清代末年，民族革命思想日见发扬。又因受了戊戌政变与甲午战争的震荡，科学与民主思想，也逐渐萌芽。在这样的时间空间中，蔡先生一方面接受了固有的文化遗产，一方面又吸收了十九世纪的民主主义自由主义的新思想，加以发挥广大，这样才成了中国近代思想界的炬火。"④ 可见，蔡先生思想的形成，除了受西方新思想影响之外，也深受家乡地域文化的影响。

三 从蔡元培所受教育及其对阳明心学的评价看，阳明心学是被蔡元培所推崇的

（一）从接受的教育看，蔡元培的老师王懋修先生曾是阳明、蕺山的崇拜者

蔡元培六岁进家塾接受中国传统的文化教育，14—17 岁师从王懋修先生。虽然蔡元培在王懋修先生那里只学了四年光景，但是不管

---

① 梁启超：《中国近三百年学术史》，商务印书馆 2011 年版，第 116 页。
② 同上书，第 113 页。
③ 同上书，第 40 页。
④ 同上书，第 7—8 页。

在学业上还是在思想上，王先生都给予蔡元培不小的影响。1896 年，蔡元培在《展先师王子庄先生墓记》中写道："培从事四年，所以策励之者尤挚。"① 晚年，他在《自写年谱》中又说："我自十四岁至十七岁，受教四年，虽注重练习制艺，而所得常识亦复不少。"② 可见，王懋修是蔡元培私塾学习期间对他影响最大的一位。

而这位王懋修先生虽只中过秀才，却博学通经，熟谙明清两朝八股文，在当时的绍兴颇有名气。王先生不只是八股名家，而且深谙宋明理学，尤服阳明、蕺山两先生之说，常向学生讲述山阴名儒刘宗周的故事。对于这一点，蔡元培在文中多次提及。如晚年在《自写年谱》中说：王先生"又喜说吕晚村，深不平于曾静一案。又常看宋明理学家的著作，对于朱陆异同，有折衷的批判。对于乡先正王阳明固所佩服，而尤崇拜刘蕺山，自号其居曰'仰蕺山房'"③。在《展先师王子庄先生墓记》中，蔡元培又回忆说："先师讳懋修，字子庄，会稽县学增广生员，生平博览群书，尤服阳明、蕺山两先生之说。"④

既然对蔡元培影响最大的老师——王懋修先生是王阳明和刘宗周先生的崇拜者，那么，在讲学过程中，王懋修总会把阳明心学和蕺山学派的一些思想讲授给他的学生听，学生在聆听、学习的过程中，他们的思想势必会受老师思想观念的影响。对此，蔡元培在《传略》中明确说明："孑民自十三岁以后，授业于同县王子庄君。王君名懋修，亦以工制艺名而好谈明季掌故，尤服膺刘蕺山先生，自号其斋曰仰蕺山房。故孑民二十岁以前最崇拜宋儒。"⑤ 认为自己 20 岁之前特别崇拜宋儒，是深受塾师王懋修先生的影响。对此，汤广全也认为王氏深谙理学，常向学生讲述绍兴名儒刘宗周的故事，所以宋儒对蔡元培产生了很深的影响。⑥ 因此，笔者以为，从蔡元培接受的教育看，

① 中国蔡元培研究会编：《蔡元培全集》第 1 卷，浙江教育出版社 1997 年版，第 160 页。

② 中国蔡元培研究会编：《蔡元培全集》第 17 卷，第 423 页。

③ 同上。

④ 中国蔡元培研究会编：《蔡元培全集》第 1 卷，第 160 页。

⑤ 《蔡元培自述》，人民日报出版社 2011 年版，第 123 页。

⑥ 汤广全：《试论蔡元培的哲学观》，《玉溪师范学院学报》2004 年第 11 期。

其美育哲学思想的形成与阳明心学和蕺山学派也存在不可分割的联系。

（二）从蔡元培对阳明心学的评价看，阳明心学是被蔡元培所推崇的

蔡元培对阳明心学及其后继者的态度，主要见诸蔡元培的《中国伦理学史》。由前可知，心学始于陆九渊，集大成于王阳明，因此，心学又叫"陆王心学"或"阳明心学"。阳明之后，心学经刘宗周、黄宗羲等人修正之后，又被二万、祖望等人继承和发展。而蔡元培对这些人物都持一种肯定和褒扬的态度，体现出他对心学这种主观唯心主义学说的推崇。

对于朱、陆异同，蔡元培评述道："朱子偏于道问学，尚墨守古义，近于荀子。陆子偏于尊德性，尚自由思想，近于孟子。"① "象山之学，得阳明而益光大；晦庵之学，则薪传虽不绝，而未有能扩张其范围者也。朱学近于经验论，而其所谓经验者，不在事实，而在古书，故其末流，不免依傍圣贤而流于独断。陆学近乎师心，而以其不胶成见，又常持物我同体知行合一之义，乃转有以通情而达理，故常足以救朱学末流之弊也。惟陆学以思想自由之故，不免轶出本教之范围。"② 认为朱学虽薪传不绝，但因偏于道问学，尚墨守古义，近于经验论，所以"益无新思想之发展"。而陆象山的心学偏于尊德性，尚自由思想，因近乎师心，不拘泥于成见，坚持物我同体，知行合一，通情达理，所以被王阳明不断发扬光大。从这一对比中，我们可以明显感受到蔡元培对陆学的肯定和褒扬之意。

在评论王阳明时，蔡元培赞扬道："阳明以至敏之天才，至富之阅历，至深之研究，由博返约，直指本原，排斥一切拘牵文义区画阶级之习，发挥陆氏心理一致之义，而辅以知行合一之说。孔子所谓我欲仁斯仁至，孟子所谓人皆可以为尧舜焉者，得阳明之说而其理益明。……苟寻其本义，则其所以矫朱学末流之弊，促思想之自由，而

---

① 中国蔡元培研究会编：《蔡元培全集》第1卷，浙江教育出版社1997年版，第544页。

② 同上书，第576页。

励实践之勇力者，其功固昭然不可掩也。"① 这里，蔡元培对阳明及其学说作了高度的评价，认为"明之中叶，王阳明出，中兴陆学，而思想界之气象又一新焉"②。

1903 年，蔡元培在向旅沪绍兴人所作的一次演说中也盛赞："自汉以来，儒林、文苑诸传，无不有绍兴人者，而王阳明氏之道学，乃今尚为海外哲学之一派。"③

基于对阳明心学的推崇，蔡元培还积极提倡和致力于阳明心学的研究。直至生命的最后一年，寓居香港的蔡先生还在借书研读王阳明的著作学说。

从上面这些评价和记录看，蔡元培对阳明心学是肯定和推崇的。既然阳明心学是被蔡元培肯定和推崇的思想，那么，这种思想也就容易为蔡元培所接受，同时也容易受其影响。

因此，不管是从蔡元培的生活环境看，还是从蔡元培所受的教育及其对阳明心学的评述和载录看，蔡元培作为清末绍兴名士，身处这样的文化环境中，其美育思想与阳明心学之间存在一定的哲学渊源关系不但是可能的，而且也是自然在理的。

第二节　越文化视野下蔡元培美育
思想的形成与发展

关于蔡元培的美学选择和美育实践，程镇海在他的《蔡元培美学选择和美育实践的传统生成性》一文中提出，蔡元培的美学选择和美育实践浸润着中国思想文化中的优秀传统，虽然他不是传统的因袭者，但中国传统思想文化对他的美育思想起到了很大的作用和影响。这话的确不错，但是在众多学科门类中，蔡元培为什么会选择美学作为提升国民素质的工具呢？为什么蔡元培能把中西方的美学思想结合得这么完美呢？为什么蔡元培在强调审美的超脱性的同时，又那么重

---

① 中国蔡元培研究会编：《蔡元培全集》第 1 卷，浙江教育出版社 1997 年版，第 575 页。

② 同上书，第 572 页。

③ 同上书，第 412 页。

视审美实践的功利性呢？这是下文拟讨论的话题。

一 越文化对蔡元培美育选择的影响

如前所述，蔡元培的故乡越地，是一片古老、灵秀、丰饶而灵异的土地。南部是苍茫的会稽山脉，绵延起伏，山峦重叠。东北面是宽广的平原。浣溪沙、若耶溪、剡溪等众多河流从群山中向北而下，经过平原蜿蜒入海。平原上河渠纵横，湖泊星布。据《世说新语》注引《会稽郡记》曰："会稽境特多名山水，峰崿隆峻，吐纳云雾。松栝枫柏，擢干疏条，潭壑镜彻，清流泻注。"名山秀水令历代文人学士流连忘返，赞不绝口。《世说新语·言语》记载："顾长康从会稽还。人问山川之美。顾云：'千岩竞秀，万壑争流，草木蒙茏其上，若云兴霞蔚。'"大书法家王羲之则留下"山阴道上行，如在镜中游"这样的千古佳句。越地优美的山水景致不仅成了一代代文人墨客聚会的理想之地，而且培育了越地人顺应自然、热爱艺术的审美情趣。如被誉为一代"书圣"的王羲之等士族盛会于兰亭，曲水流觞，饮酒赋诗，尽享兰亭周围的山水之美和聚会的欢乐之情，写下了被称作"天下第一行书"的《兰亭集序》。又如明代才子徐渭，绍兴府山阴人，号天池山人、青藤老人、青藤道人、青藤居士、山阴布衣等，充满了对越地山水的独特感情。的确，会稽宜人的自然景色"从客观上迎合了士大夫文人追求人身自由和崇尚玄学的审美趣味"。所以，"稽山鉴水一旦进入士大夫文人视野，马上就成为他们生活中无法分割的情趣和牵念"[①]。对此，蔡元培在1938年为《鲁迅全集》出版所写的序言中也写道："'行山阴道上，千岩竞秀，万壑争流，令人应接不暇'。有这种环境，所以历代有著名的文学家、美术家，其中王逸少的书，陆放翁的诗，尤为永久流行的作品。最近时期，为旧文学殿军的，有李越缦先生，为新文学开山的，有周豫才先生，即鲁迅先生。"[②] 认为是绍兴这方水土培育了像王羲之、陆游、鲁迅这样著名

---

① 王建华：《鉴湖水系与越地文明》，人民出版社2008年版，第13页。

② 中国蔡元培研究会编：《蔡元培全集》第8卷，浙江教育出版社1997年版，第525页。

的文人学士。

"其实蔡元培的这段话，用于他本人也是十分适合的。他后来所表现出来的性格特征、生活习惯和所选择的人生道路，在许多方面反映的也正是越人的精神。"① 这一说法很有道理。因为幼年和青少年时期的蔡元培就生活在这样一个景色如画，有着浓厚历史文化积淀的古城中。从出生到1894年赴京做官，蔡元培在绍兴生活了整整26年，加上后来返乡休假，前后约有3年时间也是在绍兴度过的。也就是说，蔡元培一生有2/5的时间是在绍兴度过的。而且对故乡绍兴的湖光山色和历史人文精神，蔡元培一直充满着喜爱和自豪之情。如在1896年10月4日的日记中写到自己去"谒外姑"，并附七律一首，首句就盛赞"柯南大好水云居，画苑菁英众妙储"②。所以，回到家乡蔡元培总喜欢到故乡的各处名胜走走，如兰亭、大禹岭、快阁、新昌南明山大佛寺和嵊州戴颙的听鹂处等，都是蔡元培喜欢游览之地。即使身在异国他乡，蔡元培也总时时惦念着家乡美景。这美景在蔡元培笔下就转化为一首首充满深情的诗作，在蔡元培的内心则孕育为一种追求美、崇尚美的情怀。

蔡元培这种追求美、崇尚美的情怀表现在外部世界，即是对音乐、戏剧、书法、绘画等艺术形式的钟爱，以及对理想世界的向往和对纯洁美好感情的崇尚。查阅相关资料，可以发现在《蔡元培全集》第15卷的日记中，提到看戏、听琴、观剧达四十余次。在生活中，我们知道，除了他的原配妻子王昭外，其他两位伴侣都是从事美术工作的。原配夫人王昭因病去世后，很多文人志士纷纷上门来给他说媒。而蔡元培却提出了五条惊世骇俗的"征婚启事"，上门的人顿时退避三舍。在1901年的一天，蔡元培在余杭某局长叶祖芗家看到了悬在大厅里的一幅极精细的工笔画，线条秀丽，题字秀劲。经了解，此画出自黄尔轩的女儿黄仲玉之手。画的作者是江西有名的才女。天足，识字，精通书画，孝敬父母。于是蔡元培马上就托叶祖芗去说媒。同样，黄仲玉过世以后，蔡元培再娶的周峻女士也是一个美术爱

---

① 崔志海：《蔡元培传》，红旗出版社2009年版，第5页。
② 蔡元培：《蔡元培日记》（上），北京大学出版社2010年版，第46页。

好者。他的爱女蔡威廉也是一个著名的女画家，女婿是美术理论家。而蔡元培自己也是一名书画艺术爱好者，所以在他交往的朋友中，也有不少书画艺术家。蔡元培不仅喜欢欣赏各种书画艺术，而且常为他们的书画作品题诗作序。

对音乐、美术、书法等审美艺术，蔡元培十分钟爱，也多有论述。如他在《假如我的年纪回到二十多岁》一文中说道："我若能回到二十多岁，我一定要学几种外国语……要补习自然科学，然后专治我所最爱的美学和世界美术史。"①

正是因为自幼成长在如诗如画的江南水乡的蔡元培，其心里早已播下了美的种子，所以，当他来到具有浓厚美学氛围的莱比锡大学时，一直怀有的审美情感马上被激发出来。看到莱比锡大学礼堂里的壁画，蔡元培被深深地吸引住了。业余时间常常参观当地美术馆、博物馆，以致想到"我们将来设美术馆，于本国古今大家作品而外，不能不兼收外国名家作品。但近代作品或可购得，而古代作品之已入美术馆，无法得之，参用陈列照片的方法，未尝不可采用"②。椰园中"有一演奏厅，星期日午后及晚间奏音乐，我常偕同学往听"③。甚至学弹钢琴，学拉小提琴，与同学张君仲苏一同去看戏。星期天出去旅行时，曾"见百舍尔（Basel）博物馆目录中有博克令（Bocklin）图画，遂先于百舍尔下车，留两日，畅观博氏画二十余幅，为生平快事之一。博氏之画，其用意常含有神秘性，而设色则以沉着与明快相对照，我笃好之"④。

基于对美术、音乐等审美艺术的极大兴趣，蔡元培于众多学科门类中，毫不犹豫地选择了美学和美育作为他的研究方向。他说："我于讲堂上既常听美学、美术史、文学史的讲演，于环境上又常受音乐、美术的熏习，不知不觉的渐集中心力于美学方面。尤因冯德在讲哲学史时，提出康德关于美学的见解，最注重于美的超越性与普遍性，就康德原书详细研读，益见美学关系的重要。德国学者所著美学

---

① 蔡元培：《蔡元培自述》，人民日报出版社 2011 年版，第 209 页。
② 同上书，第 39 页。
③ 同上书，第 40 页。
④ 同上书，第 42 页。

的书甚多，而我最喜读的，为栗丕斯的《造形美术的根本义》，因为他所说明的感人主义，是我所认为美学上较合于我意之一说，而他的文笔简明流畅，引起我屡读不厌的兴趣。"① 这里他提到"美学上较合于我意之一说"，也可见他之所以选择美学，除了受德国学者的影响之外，是因为他一直以来对美的追求和崇尚。而且在1907年赴德留学之前，蔡元培在1901年的《哲学总论》中就已经提出了美育这一概念。他说："教育学中，智育者教智力之应用，德育者教意志之应用，美育者教情感之应用是也。"② 又如在蔡元培、蒋观云等人发起的爱国女学里，据《中国近代学制史料》（第2辑）载，在爱国女学举行放假典礼时，开场首先唱校歌，典礼终结前，教师唱别学生歌、学生唱别本校歌（年假结业歌）、学生相别歌等。③ 而蔡元培还亲自为爱国女学撰写了《年假结业歌》和《校歌》。由此可见，受中国传统"乐教""诗教"文化的影响，蔡元培在接触西方康德等人的美学理论之前，已充分认识到音乐、美术等审美艺术活动在涵养国民心灵、提升精神境界中的巨大作用，所以蔡元培特别重视审美艺术教育，只是尚未形成完整的审美理论而已。所以，当接触到康德关于美的普遍性和超越性的论述时，他就开始详细研读，认真研究，更加深刻地体会到美育的重要性。1912年1月4日，刚从德国留学归来的蔡元培就任南京临时政府教育总长。1912年2月8日在《对于新教育之意见》一文中，蔡元培明确提出"五育并举"的思想，并把五主义分配于各教科中，认为"军国民主义当占百分之十，实利主义当占其四十，德育当占其二十，美育当占其二十五，而世界观则占其五"④。这里，蔡元培不仅明确将"美育"列为中国教育的五大内容之一，而且把美育放在仅次于实利主义的位置，足见其对美育的重视。

---

① 蔡元培：《蔡元培自述》，人民日报出版社2011年版，第41页。
② 中国蔡元培研究会编：《蔡元培全集》第1卷，浙江教育出版社1997年版，第357页。
③ 朱有瓛主编：《中国近代学制史料》第2辑下册，华东师范大学出版社1989年版，第626页。
④ 中国蔡元培研究会编：《蔡元培全集》第2卷，浙江教育出版社1997年版，第15页。

综上所述，笔者以为，越地的名山胜水不仅培育了蔡元培的审美情怀，而且在一定程度上影响着蔡元培的美育选择。

二 越文化对蔡元培美育思想形成的影响

越地不但风景优美，而且历史悠久。如前所述，远古越文化是在水环境中发展起来的。越地人祖祖辈辈都生活在水环境中，几乎天天与水打交道。大自然给越人得天独厚的地理环境，也给越人带来无穷的灾难。为寻求新的发展空间，他们被迫迁移。于是，越族有过几次大规模的北迁和南徙。"于越民族的北迁和南徙，或是被迫，或是自发，但共同之处是培养了越人顽强拼搏、开拓进取的精神，孕育了古越人不固守家园、自由开放的思想传统。'鸡犬之声相闻，民至老死不相往来'的'小国寡民'思想，在于越人的观念中，没有丝毫的影子。"① 所以，"从历史上看，越地人安土重迁的观念比较淡薄，不是居家过安稳日子的主，甚至偏远山区的老百姓也愿意外出闯荡。"② 明清至近代，越人的足迹仍旧遍布四方。越文化的开放性特征影响着一代代越地名士，让他们拥有了开放进步的眼光，与时俱进的精神，使他们始终能够站在时代的前列。蔡元培作为其中的一位，当然也不例外。正是因为蔡元培具有与时俱进的进步思想，才使蔡元培从一位旧学深厚的儒生发展成为一名学贯中西的民主主义战士；也正是因为蔡元培具有开放进步的文化精神，才使蔡元培在看透清政府的腐败本质之后，毅然决然地走出翰林，投入民主革命的洪流，并像孙中山、陶成章等人那样走出国门，寻求救国救民的真理，从而使他有机会接触西方进步的美学理论。

越人在迁徙过程中，加强了与周边各族的联系与交往。频繁的对外交往一方面把越文化传播到全国各地，同时也广泛地吸取了中原和周边国家的文化成就，使"文化的互补性、渗透性和包容性，在越文化中的表现十分明显"③。环境影响着人的性格，蔡元培生长

---

① 刘亦冰：《论越文化的开放性特色》，《绍兴文理学院学报》2003 年第 6 期。
② 朱志勇：《越文化精神论》，人民出版社 2010 年版，第 38 页。
③ 刘亦冰：《论越文化的开放性特色》，《绍兴文理学院学报》2003 年第 6 期。

在这块充满开放包容精神的土地上。开放包容的土地孕育了蔡元培博大宽容的胸怀，兼收并蓄、自由开放的思想。正因为越文化精神培育了蔡元培这种博大开放的思想，所以，当蔡元培走出国门，面对他最喜爱的美学理论时，他就敞开自己博大包容的胸怀，一方面积极吸收西方先进的美学理论，另一方面又能结合本国的特点，对西方的美学观念进行学习和创新，从而形成独具特色的美育理论。如在康德审美无功利思想的影响下，蔡元培强调审美的超脱性和普遍性是美的本质特征。认为美的事物不像食物那样，进了我的嘴巴，就不能兼顾他人之腹；不像衣服那样穿在我的身上，就不能兼供他人保暖。相反，美的事物，像北京的西山，我能游览，别人也能游览，我无损于人，人也无损于我；像相隔千里的明月，我能欣赏，别人也能欣赏，我不能占为己有，别人也不能揽为己有。这就是美感的普遍性。因为美感没有人我之别，没有自私自利的计较，所以美感具有超功利性和超实用性。这是蔡元培对美的本质特性的基本认识。

　　但蔡元培对西方审美理论的学习并没有停留在对美感本质特性的认识上，而是立足传统，结合现实，重视审美的社会价值。正如聂振斌所说："他的目的是想通过具有超脱性的审美熏陶，逐渐冲刷个体的自私的欲望（如占有欲），抵制'卑劣的诱惑'，以成为忘利而行义的高尚的人，到了关键时刻和生死关头，做到为民族为国家而献身。"① 可见，蔡元培的美学思想没有空谈美的普遍性和超脱性，而是植根于审美领域，把审美放在现实人生这一广阔的社会背景之中，充分发挥美学陶养人的作用。蔡元培这一充满着强烈的济世意识和社会责任感的美育理论的形成，除受西方审美理论的影响之外，还与中国传统文化中"崇德利用"思想和越文化中事功务实的精神密切相关。

　　从中国传统文化的大背景看，在中国文化史上，儒家思想一直占据着主导地位。而蔡元培作为中国传统教育培养出来的最优秀的人物之一，其思想理论深受儒家文化思想的影响。在1894年以前，蔡元

---

① 聂振斌：《蔡元培及其美学思想》，天津人民出版社1983年版，第258页。

培学习的主要是儒家学说，他是一位标准的儒生，对此，蔡元培在《传略》中写道："子民二十岁以前，最崇拜宋儒。母病，躬侍汤药，曾刲臂和药以进。母居丧，必欲行寝苦枕块之制，为家人所阻，于夜深人静后，忽挟枕席赴棺侧，其兄弟闻之，知不可阻，乃设床于停棺之堂，而兄弟共宿焉。母丧既除而未葬，其兄为其订婚，子民闻之痛哭，要求取消，自以为大不孝。其拘迂之举动，类此者甚多。"① 这足见中国传统思想对蔡元培影响之深刻。对此，张晓唯说："蔡元培自幼生长于儒家文化占主导的文化环境中，他砥砺品行，饱读经史，对孔夫子的学说体系深得要领，虽接触西方文化后价值观念有所丰富，但浸入身心的儒学风范不可能根本改变。"② 但他不是传统文化思想的因袭者，而是吸取了传统文化的精华，去除了传统文化的糟粕，从而使蔡元培成为"儒家教育理想的最高表现"③。而儒家积极用世的精神使蔡元培在一次次的挫折和失败面前没有丝毫的气馁，始终为振兴中华寻找着出路，对美育的积极倡导就是他救国的一种途径。

从区域文化看，蔡元培充满着济世意识的美育思想的形成与越文化的事功精神一脉相连。"事功之学在越地有着深厚的历史积淀，从越国时代开始，追求实际效用而不事浮夸，就已经内化为越地民众的文化性格。"④ 东汉王充倡导"疾虚妄"的批判精神，反对空洞无稽之谈，主张实事求是，追求知识的实用价值；清代学者章学诚是蔡先生所佩服的人。他明确说："我是佩服章实斋先生的。"⑤ 而章学诚的《文史通义》是"蔡元培自由读书期间，得益最大、所受影响最深的三本书之一"⑥。在《文史通义》中，章学诚强调的就是"经世致用"

---

① 中国蔡元培研究会编：《蔡元培全集》第 3 卷，浙江教育出版社 1997 年版，第 658 页。

② 张晓唯：《蔡元培与胡适（1917—1937）：中国文化人与自由主义》，中国人民大学出版社 2003 年版，第 105 页。

③ 冯友兰：《蔡先生的人格与气象》，《学界泰斗》，东方出版中心 1999 年版，第 319—323 页。

④ 朱志勇：《越文化精神论》，人民出版社 2010 年版，第 146 页。

⑤ 蔡元培：《蔡元培自述》，人民文学出版社 2011 年版，第 169 页。

⑥ 王建华主编：《中国越学》第 2 辑，中国文联出版社 2010 年版，第 133 页。

之思想。所以，越地这些事功思想对蔡元培产生了不小的影响，尤其是章学诚和他的《文史通义》对蔡元培的影响更大。这种影响反映在其审美理论上，就是蔡元培在强调美的普遍性和超脱性的同时，十分重视审美的社会功用。

因此，我们说蔡元培融中西方审美理论以及越文化精神为一体的美育思想的形成，是蔡元培兼收并蓄、开放包容思想的反映。而蔡元培开放包容精神的形成在一定程度上是受越文化开放包容精神的影响。由此推知，越文化开放包容的精神影响着蔡元培独具特色的美育思想的形成。

三　越文化对蔡元培美育思想发展的影响

如前所述，越地土地贫瘠，国小势危，以种植业为主。在传统的农业社会中，越人深知一分耕耘一分收获的道理，养成了越人勤劳务实的传统。这种务实精神反映在越地名士身上，就有了王充的"疾虚妄""尚实际"；有了王羲之的为官需务实，做实事，造福百姓，少虚谈；有了马寅初的战时经济理论和新中国成立后的新人口理论；当然也就有了蔡元培的"教育救国"理论。在蔡元培看来，康、梁变法之所以失败，是因为"不先培养革新人才，而欲以少数人弋取政权，排斥旧顽，不能不情见势绌"，于是就携眷出京，返回绍兴，开始兴办新式学堂。1901 年 4 月，他在杭州自题照片时写下了这样的誓言："志以教育，挽彼沦胥。众难群疑，独立不惧。"[①] 1912 年 1 月任教育部长，2 月就发表《对于新教育之意见》，指出："满清时代，有所谓钦定教育宗旨者，曰忠君，曰尊孔，曰尚公，曰尚武，曰尚实。""尚武，即军国民主义也。尚实，即实利主义也。尚公，与吾所谓公民道德，其范围不免有广狭之异，而要为同意。"而"忠君与共和政体不合，尊孔与信仰自由相违"，所以他摒弃"忠君""尊孔"的传统观念，代之以世界观和美育主义。"唯世界观及美育，则为彼所不道，而鄙人尤所注重，故特疏通而证明之，以质于当代教育家，

---

① 中国蔡元培研究会编：《蔡元培全集》第 1 卷，浙江教育出版社 1997 年版，第 313 页。

幸教育家平心而讨论焉。"① 认为"五者,皆今日教育所不可偏废者也"②。他把五育"譬之人身",说:"军国民主义者,筋骨也,用以自卫;实利主义者,胃肠也,用以营养;公民道德者,呼吸机循环机也,周贯全体;美育者,神经系也,所以传导;世界观者,心理作用也,附丽于神经系,而无迹象之可求。此即五者不可偏废之理也。"③1917 年,蔡元培执掌北大,为了打破几千年文化专制主义的积弊,冲破北大守旧僵化的沉闷气氛,推动学术研究生动活泼地展开,他借鉴西方各国的经验,提出"兼容并包""思想自由"的方针,为当时学术界、文化界开了新风。"不满现状、敢于开拓,勇于创新、特立独行,这是绍兴历代先贤所走过的共同道路。"④ 所以说,越地勤奋踏实、务实创新的文化精神对蔡元培学以致用、敢于革新、勇于实践的精神有一定的影响。

而蔡元培这种人格精神反映在他的美育理论上就表现为:他对美育思想的探讨不仅仅停留在理论研究上,而是将其美育理论付诸实践,身体力行。有学者把蔡元培美育思想的发展过程分为三个时期:"融合中西美学思想时期,将美育理论转化为美育实践,普及美育知识时期,美育理论和实践的反思总结时期。"⑤ 的确,蔡元培在初步形成自己的美育理论之后,就开始了一系列美育实践活动,并在实践中不断总结经验,发展和完善其美育思想。在任教育总长时,把他的美育思想作为"五育"中的一育列入了教育方针。在任北京大学校长期间,蔡元培对北大进行了一系列改革,并采取具体措施来实施他的美育主张,如成立音乐、书法、绘画等艺术研究社团,开设美学和美学史课程,还多次登上讲台,亲自给学生讲授美学课程,把原先死气沉沉的旧北大改造成了充满生机活力的新北大。在改造旧北大的美育实践和卓著成效中,蔡元培最终完成了其美育思想从理论到实践的

① 中国蔡元培研究会编:《蔡元培全集》第 2 卷,浙江教育出版社 1997 年版,第 16 页。
② 同上书,第 14 页。
③ 同上书,第 15 页。
④ 朱志勇:《越文化精神论》,人民出版社 2010 年版,第 87 页。
⑤ 王列盈:《蔡元培美育思想发展时期划分的探讨》,《湛江师范学院学报》(哲学社会科学版)1999 年第 3 期。

转变和跨越。

蔡元培深知在美育理论基础薄弱的中国倡导美育之艰难。所以，在将美育理论付诸实践的同时，他不遗余力地鼓吹美育，努力做普及美育知识、探讨美育理论的工作。他奔赴各地讲学，作有关美学和美育的讲演，并在全国范围内设立艺术专门学校。如 1927年和音乐教育家萧友梅博士一起在上海创办了国立音乐学院；1928年在杭州创办了国立艺术院，以培养了艺术专门人材，还撰写题词。另外，他还发表《以美育代宗教说》《文化运动不要忘了美育》《美术的起源》《美学的研究方法》《美学的对象》《美育实施方法》等文章。经过二十多年的理论探讨与实践，蔡元培对美育问题的看法日趋成熟。

所以，蔡元培的美育思想不只是空洞的理论，更是务实的创新观念。而这种务实创新观念的形成同样离不开越文化精神对他的哺育。

第三节　越文化视野下蔡元培美育思想的基本特征

蔡元培喜欢学术研究，但是革命、救国的历史重任不允许这位伟大的爱国者、教育家和美育家坐下来专门从事学术研究，因此他没有留下系统的美育理论专著，但专门讨论美学和美育的文章、讲演却不少。认真研读这些讲演、书信和论文，可以发现他的美育理论内容丰富，而且在越文化精神的影响下颇具地域特色。

一　审美与功利的统一

蔡元培的美学理论主要来自康德的美学观点。康德从审美超越功利关系的先验论出发，认为"美是无一切利害关系的愉快的对象"[1]，所以，审美愉快不同于欲望上的满足和道德上的完善而产生的那种愉快，而是不受利害关系和道德观念限制的，这种愉快是自由的，具有超越个人欲望的普遍有效性。对康德关于美感的界说，蔡元培作了合理的概括

---

[1]　康德：《判断力批判》上卷，宗白华译，商务印书馆 1964 年版，第 48 页。

和评价。他说："康德立美感之界说，一是超脱，谓全无利益之关系也。二曰普遍，谓人心所同然也。三曰有则，谓无鹄的之可指，而自有其赴的之作用也。四曰必然，谓人性所固有，而无待乎外铄也。"①

正是在康德这种美学观点的影响下，蔡元培在肯定美感是一种情感活动的同时，认为普遍性和超脱性是美的本质特征。而所谓美感的普遍性即"美感的共享性"②。他说："食物之入我口者，不能兼果他人之腹；衣服之在我身者，不能兼供他人之温，以其非普遍性也。美则不然。即如北京左近之西山，我游之，人亦游之；我无损于人，人亦无损于我也。隔千里兮共明月，我与人均不得而私之。中央公园之花石，农事试验场之水木，人人得而赏之；埃及之金字塔，希腊之神祠，罗马之剧场，瞻望赏叹者若干人，且历若干年而价值如故。"③认为物质只能满足人的生理欲望的需要，助长人我的区别，自私自利的计较，不能以美论；而艺术形象能满足人的精神生活需要，能"一视同仁""天下为公"，才属于美的范围。

正因为美感具有普遍性，所以美感也就具有了超脱性，蔡元培说："美以普遍性之故，不复有人我之关系，遂亦不能有利害之关系。马牛，人之所利用者，而戴嵩所画之牛，韩干所画之马，决无对之而做服乘之想者。狮虎，人之所畏也，而卢沟桥之石狮，神虎桥之石虎，决无对之而生搏噬之恐者。植物之花，所以成实也，而吾人赏花，决非作果实可食之想。善歌之鸟，恒非食品。灿烂之蛇，多含毒液。而以审美之观念对之，其价值自若。美色，人之所好也；对希腊之裸像，决不敢作龙阳之想。对拉飞尔若鲁滨司之裸体画，决不敢有周昉秘戏图之想。盖美之超绝实际也如是。"④可见，在蔡元培看来，美感的超脱性是建立在美感普遍性基础之上的。它主要指美感的超功利性和超实用性，所以它可以摆脱因果律的束缚，可以超越现实的生死利害之上，从而进入绝对自由的实体世界。

---

① 高平叔编：《蔡元培全集》第 2 卷，中华书局 1984 年版，第 380 页。
② 陈望衡：《美是一种价值的形容词——简评蔡元培的美本体论》，《安徽师范大学学报》（人文社会科学版）2000 年第 4 期。
③ 高平叔编：《蔡元培教育论著选》，人民教育出版社 1991 年版，第 87 页。
④ 同上书，第 87 页。

但蔡元培对美的特性论述，没有停留在空谈美的普遍性和超脱性上，而是立足传统，把审美放到现实人生这一广阔的社会背景之中，将审美活动与中国当时的社会现实紧密结合起来，充分发挥美育陶养人和改造社会的功能，体现出审美的功利目的性，表现出一位重视实际的学者的思想特征。

首先，从美育的概念和目的看，"美育者，应用美学之理论于教育，以陶养感情为目的者也"①。可见，蔡元培所谓的美育就是美学理论在教育领域的有效运用，也就是说，"美育在理论上属于美学，在实践上属于教育"②，而"陶养感情"是蔡元培倡导美育的主要目的。对此，蔡元培不止一次地说到。如1930年在《美育》一文中说："故教育之目的，在使人人有适当之行为，即以德育为中心是也。顾欲求行为之适当，必有两方面之准备：一方面，计较利害，考察因果，以冷静之头脑判定之；凡保身卫国之德，属于此类，赖智育之助者也。又一方面，不顾祸福，不计生死，以热烈之感情奔赴之。凡与人同乐、舍己为群之德，属于此类，赖美育之助者也。所以美育者，与智育相辅而行，以图德育之完成者也。"③ 1931年在《美育与人生》中又说：美的对象"既有普遍性以打破人我的成见，又有超脱性以透出利害的关系；所以当着重要关头，有'富贵不能淫，贫贱不能移，威武不能屈'的气概；甚且有'杀身以成仁'而不'求生以害仁'的勇敢；这种是完全不由于知识的计较，而由于感情的陶养，就是不源于智育，而源于美育。"④

在这段话中，我们可以看出，蔡元培认为教育应以德育为中心，教育的目的就是使人有适当的行为，高尚的品质。而审美具有破人我之别的普遍性和超脱性，所以陶养感情，培养国民"舍己为群"的崇高品质有赖于美育。虽然，蔡元培反复强调审美的普遍性和超脱

① 中国蔡元培研究会编：《蔡元培全集》第6卷，浙江教育出版社1997年版，第599页。

② 聂振斌：《蔡元培美学思想研究》，商务印书馆2012年版，第303页。

③ 中国蔡元培研究会编：《蔡元培全集》第6卷，浙江教育出版社1997年版，第599页。

④ 中国蔡元培研究会编：《蔡元培全集》第7卷，第291页。

性，但这不是他研究的最终目的，他强调美的超脱性和普遍性，旨在利用这无功利目的的审美活动实现育人救国的功利目的。所以，蔡元培强调审美的普遍性，更多的是强调审美活动的社会功用和价值的普遍有效性。认为人对美的追求应遵循从个体到社会，从自私到为公的规律的，把私美变为公美，这才是审美目的之所在。蔡元培所谓美的"超脱性"也不同于没落士大夫所追求的那种消极遁世的超脱，而是对人生采取一种积极的态度，不是自私的占有。他肯定的是为公、爱国，反对的是贪生怕死、自私自利，希望通过具有普遍性和超脱性的审美熏陶，逐渐冲刷个体的自私的欲望，抵制卑劣的诱惑，以成为忘利而行义的高尚之人，到了关键时刻和生死关头，做到为民族为国家而献身。很清楚，"他的审美超脱的最终目的和他的伦理关系的最高原则——'舍己为群'是完全一致的"①，完全是出于当时革命救国的需要。

其次，关于美育的功能，蔡元培也多次论及。1934 年，他在为金公亮《美学原理》所写的序言中说："我以为如其能够将这种爱美之心因势而利导之，小之可以怡性悦情，进德养身，大之可以治国平天下。"② 在蔡元培看来，美育不仅有利于陶养感情，美化人生，而且对于社会的稳定和发展也大有裨益。所以，面对黑暗动荡的中国近代社会，蔡元培提出"我以为吾国之患，固在政府之腐败与政客军人之捣乱，而其根本，则在于大多数之人皆汲汲于近功近利，而毫无高尚之思想，惟提倡美育足以药之"③。认为近代政府的腐败和军阀间你争我夺的战争频繁发生，其根本原因就是这些人都急功近利，缺乏高尚的思想境界。而美育是培养国民健全人格，塑造国民高尚心灵和整治中国近代社会的一剂良药。所以，当发现当时青年学生中存在"不正当"的娱乐活动时，他坚决反对，强调通过审美活动来提高他们的道德情操，以便为革命救国，为社会建设事业作贡献。在《对于学生的希望》一文中，他明确指出："近来学生多有为麻雀、扑克或

---

① 聂振斌：《蔡元培及其美学思想》，天津人民出版社 1983 年版，第 258 页。
② 中国蔡元培研究会编：《蔡元培全集》第 7 卷，浙江教育出版社 1997 年版，第 623页。
③ 中国蔡元培研究会编：《蔡元培全集》第 3 卷，第 630 页。

阅读恶劣小说等不正当之消遣，此固原因在于其人不悦学，尤以社会及学校无正当之消遣，为主要原因。甚有生趣索然，意兴无聊，因而自杀者。所以吾人急应提倡美育，使人生美化，使人的性灵寄托于美，而将忧患忘却。……人是感情的动物，感情要好好涵养之，使活泼而得生趣。"①

蔡元培不但要求学校重视美育的育人作用，而且要求新闻宣传、文学艺术都能承担起思想教育、审美教育的神圣使命，而不应成为奢侈淫逸和无聊消遣的东西。他在《国民杂志》序中说："救国者，艰苦之事业也。墨翟生勤而死薄，勾践卧薪而尝胆，范仲淹先天下之忧而忧，后天下之乐而乐。断未有耳目之娱，侈靡之习，而可以言救国者。"可见，蔡元培提倡的艺术审美活动虽然也有"耳目之娱"的作用，但这只是一种表面作用，其真正之目的"在陶冶活泼敏锐之性灵，养成高尚纯洁之人格……以引起学者清醇之兴趣，高尚之精神"②。即"开民智"，"养德性"，为社会培养高尚的人，最终实现"立人""救国"之目的，这才是美育的真正意义之所在。

正因为蔡元培是立足于中国社会现实来观察和分析美育的，所以蔡元培充分认识到美育在近代社会的重要地位和作用。在《传略》中他明确表示："美育者，孑民在德国受有极深之印象，而愿出全力以提倡之者也。"③在教育实践中，他高擎美育的旗帜，把美育理论应用到教育实践中去，充分发挥美育完善国民道德，提升国民精神境界和改良社会的作用。所以，蔡元培对美与美育问题的思考，最终落实在对美和美育功能的认识上，他突破了康德审美无功利的理论局限，以无目的无功利的审美性实现了美化人生、陶养人格和改良社会等功利目的。而这正是蔡元培美育思想中最富有生命力的思想内容。

二　感性与理性的统一

越文化视野下蔡元培美育思想呈现出感性与理性相统一的理论

---

① 中国蔡元培研究会编：《蔡元培全集》第4卷，浙江教育出版社1997年版，第336页。

② 中国蔡元培研究会编：《蔡元培全集》第6卷，第134页。

③ 中国蔡元培研究会编：《蔡元培全集》第3卷，第668页。

特征。

首先，从美育的概念看，美育是通过美的感性形式，唤醒我们的眼睛和耳朵，唤起我们对生命的感悟，从而达到育人的目的。在《哲学总论》中蔡元培把宇宙分为客观物质和主观心性两大类别，哲学者为心性之学，心理学即心象之学，"心象有情感、智力、意志之三种"。"伦理学说心象中意志之应用；论理学示智力之应用；审美学论情感之应用。"在教育学中，"智育者教智力之应用，德育者教意志之应用，美育者教情感之应用是也"。情感是人内心世界活动的一种表现，在蔡元培看来，它是美育的基本要素，在美育中居于重要地位。

1917 年在《以美育代宗教说》一文中，蔡元培提出："纯粹之美育，所以陶养吾人之感情，使有高尚纯洁之习惯，而使人我之见、利己损人之思念，以渐消沮者也。盖以美为普遍性，决无人我差别之见能参入其中。"[①] 1931 年，在《美育与人生》一文中又指出："人人都有感情，而并非都有伟大而高尚的行为，这由于感情推动力的薄弱。"[②] 这种感情要转弱而为强，转薄而为厚，有待于美育的陶养。从蔡元培对美育的阐述中，我们可以发现情感在蔡元培美育理论中的重要作用，它是人们行为的内驱力。"例如走路是一种行为，但先要探听：从那一条路走？几时可到目的地？探明白了，是有了走路的知识了；要是没有行路的兴会，就永不会走或走得不起劲，就不能走到目的地。又如踢球的也是一种行为，但要先研究踢的方法；知道踢法了，是有了踢球的知识了；要是不高兴踢，就永踢不好。"[③] 行走的兴会，踢球的兴致，说到底就是一种审美心境。可见，情感对人行为的巨大推动作用。而伟大高尚的行为更需要强大的情感驱动力，这种强大的感情驱动力需要美的对象进行陶养，以消除人我之别和利己损人的思想行为。人一旦有了"不顾祸福，不计生死"的热烈感情，就有了舍己为人的高尚品格。

---

① 中国蔡元培研究会编：《蔡元培全集》第 3 卷，浙江教育出版社 1997 年版，第 60 页。

② 中国蔡元培研究会编：《蔡元培全集》第 7 卷，第 290 页。

③ 中国蔡元培研究会编：《蔡元培全集》第 4 卷，第 325 页。

的确，美的对象是具体可感的，美育和情感是密切相关的，但美感陶养作用的产生有待于理性知识的指导。如走路要走到目的地，就要知道自己去哪里，走哪一条可以到达，否则不管兴致有多高，都不可能到达预期的目的地；想把球踢好，就要懂得踢球的方法规则，否则也不可能把球踢好。因为正确的判断、有效的行动总是需要科学的理性知识作为指导。审美判断也一样。从这一角度出发，蔡元培对美育又作了这样的界定："美育者，应用美学之理论于教育，以陶养感情为目的者也。"① "美育者，与智育相辅而行，以图德育之完成者也。"② 也就是说，美育不仅要有感性的审美对象，还要有美学理论为指导，使审美主体对自己的审美需求、审美能力和审美活动作出理性的思考和判断，只有这样，才能使审美活动有效进行。即美育需要审美主体全身心地融入审美活动中，进行情感体验，同时进行自我审视和反省，从而达到物我融为一体的境地，只有这样，才能产生陶养的作用，久而久之，就会形成一种审美自觉。所以，"美的对象总是以自身生动具体的形象和感染力打动人心，引起审美主体的情感活动，并通过主体情感活动快与不快的体验，作出肯定性或否定性的审美判断。这就是蔡元培所说情感的'陶养'作用。经过无数次的'陶养'、潜移默化的过程，自然养成一种爱美斥丑的行为、习惯，铸成表里一致、'文质彬彬'的高尚人格。"③ 所以，"在蔡元培看来，所谓美育，是一种多元化的综合式感性教育，它以情感为基本要素，结合于理性教育，通过具体可感的审美实践活动，使人的情感得到净化，使心灵得到升华，并成为一种自觉的理性力量。其目的是培养人的审美感受力和创造力，培养一种具有超越性的审美心胸和人生结构，使知、情、意和谐发展，从而实现人格的完整和谐；其价值在于关怀人生、关注人的生命，从而达到一种审美化的人生境界。"④

---

① 中国蔡元培研究会编：《蔡元培全集》第 6 卷，浙江教育出版社 1997 年版，第 599 页。

② 同上书，第 599 页。

③ 聂振斌：《中国美育思想述要》，暨南大学出版社 1993 年版，第 340 页。

④ 李莎莎：《论蔡元培美育思想及其现代意义》，硕士学位论文，山东师范大学，2007 年。

其次，蔡元培在阐述智、情、意三者的关系时，虽然接受了叔本华意志盲目论的思想，却得出与叔本华截然相反的结论。他说："人的一生，不外乎意志的活动，而意志是盲目的，其所恃以为较近之观照者，是知识；所以供远照、旁照之用者，是感情。"①认为意志虽然是非理性的，但通过科学与美术，亦即理性与感性相结合的教育，一方面提高人的知识、智慧和创造力，从物质上使大多数人获得幸福。另一方面，通过审美文化活动丰富人们的精神生活，增加快乐，同时也提高人的道德境界。那么营求之心，人我差别也会逐渐冲淡，久而久之，就可以进入自由的实体世界。所以他把意志归属为伦理学的研究范围，认为人的行为、实践要达到目的，必须借助于科学知识提高理性认识，以探求正确的方法、途径，同时要通过美感教育激情导欲，提高对事业的兴会，树立崇高的信念并为之献身。这才是最高尚的自由——美德。这是一种最高的善，一种完全超脱利害关系的自由。要达到这种道德境界，既要借助科学理性知识的指导，又要通过情感的陶养，才能使人们的道德观念完全超越功利关系，进入实体世界。"所以知识与感情不好偏枯，就是科学与美术，不可偏废。"②

再次，蔡元培在分析美的感性形式时，也采用科学理性的方法，从比例、色彩、光线等方面对美的形式作了具体分析。"盖物体之美，有形式上之关系，如长短、部位、比例等，有颜色配合之关系，如各色之是否调和等。"声音、色彩、形体是构成形式美的因素。认为色彩与光度的变化有一定的关系。色彩因吸收或反射太阳光程度的不同而形成不同的颜色。而不同的色彩给人以不同的感觉，人对色彩的感觉不同，往往会形成不同的情感。蔡元培说："红黄等色，叫人兴奋；蓝绿等色，叫人宁静。又把各种饱和或不饱和的颜色配置起来，竟可以唤起种种美的感情。"③而且不同年龄段的人，对色彩的感悟是不一样的。"儿童与初民，所激赏的，是一种活泼无垠的印象。""比例

---

① 中国蔡元培研究会编：《蔡元培全集》第7卷，浙江教育出版社1997年版，第290页。

② 中国蔡元培研究会编：《蔡元培全集》第4卷，第325页。

③ 同上书，第326页。

是在一种美的对象上，全体与部分，或部分与部分，有一种数学的关系。""美术上的比例、节奏，全是数的关系，截金术是最显的例。"只有符合一定比例关系的事物才是美的、和谐的，否则就是丑的、畸形的。而"声学与音乐，光学与色彩，密切的很"，"雄强的美，全是力的表示"。由上可见，蔡元培对美感产生的原因和各种情况是从科学角度作出理性分析的。

但蔡元培在科学分析美感产生原因的同时，也十分重视在科学中发现美的感性形式。他认为科学中也有美的感性形式，也可以引起我们的美感。如"算术是枯燥的科学，但美术上有一种截金法的比例，凡长方形的器物，最合于美感的……形学的点线面，是严格没有趣味的，但是图案画的分子，有一部分竟是点与直线、曲线，或三角形、四方形、圆形等凑合起来……不是很美观的么？声音的高下，在声学上，不过一秒中发声器颤动次数的多少。但是一经复杂的乐器，繁变的曲谱配置起来，就可以成为高尚的音乐。色彩的不同在光学上，也不过光线颤动迟速的分别。但是用美术的感情试验起来……又把各种饱和或不饱和的颜色配置起来，竟可以唤起种种美的感情。矿物学不过为应用矿物起见，但因此得见美丽的结晶，金类宝石类的光彩，很可以悦目。生物学，固然可以知动植物构造的同异、生理的作用，但因此得见种种植物花叶的美，动物毛羽与体段的美。"[1] "星月的光辉，在天文学上不过映照距离的关系，在文学、图画上便有绝大的魔力。矿物的结晶、闪光与显色，在科学上不过自然的结果，在装饰品便作重要的材料。植物的花叶，在科学上不过生殖与呼吸机关，或供分类的便利，动物的毛羽与声音，在科学上作为保护生命的作用，或雌雄淘汰的结果，在美术、文学上都为美观的材料。地理学上云霞风雪的变态、山岳河海的名胜、文学家美学家的遗迹，历史上文学美术的进化、文学家美术家的轶事，也都是美育的资料。"[2] 可见，科学艺术中都含有美育的因素。所以，蔡元培希望治科学的人，在治学的

---

① 中国蔡元培研究会编：《蔡元培全集》第 4 卷，浙江教育出版社 1997 年版，第326—327 页。

② 同上书，第 670 页。

余暇，也可以选几种美术，供自己陶养，就是在所钻研的科学上面，也可以兼得美术的趣味。因为专治科学，太偏于概念，太偏于分析，太偏于机械的作用了。如果抱了这种机械的人生观与世界观，那么不但对于自己竟无生趣，对于社会毫无爱情，就是对于所治的科学，也不过"依样画葫芦"，缺乏创造的精神。所以，为防这种流弊，蔡元培要求知识以外，兼养感情，就是在治科学以外，兼治美术。只有这样，才能感受人生的意义，才能在治科学的时候，也平添一种勇敢活泼的创造精神。①

最后，在阐述"以美育代宗教"的观点时，蔡元培也用科学的思维方法对其进行论证。在他看来"初民时代没有科学，一切人类不易知道的事，全赖宗教去代为解释"②，认为宗教只是人类科学欠发达的产物。一个社会文化、文明的进步不能依赖于宗教，而应依赖于科学和审美。因为科学不仅能推动物质水平的提高，而且具有破除愚昧迷信的作用；美育则怡情养性，提升人的精神境界。所以，蔡元培多次发表演说，告诫我们不但要有科学的知识，养成科学的思维方法，同时还要培养艺术的兴味。如1927年10月30日在南京特别市教育局演说词中，他提出教育应特别注意以下三点：第一点就是"养成科学头脑"。对此，他解释说："余所谓养成科学头脑者，不但养成几许之科学家，而实希望教育家无论何地何时，对于任何事件，均以科学眼光观察之，思考之，断定之。余意任一事之结果，自己相信，决不盲从，务以科学有条理的方法去应付，然后方能不说乱话，不做错事。总理所著《三民主义》、《建国大纲》等，皆依社会现象与国家环境，本科学手腕与各方法而著成。诸位信任三民主义，亦非强迫的与盲从的，盖凭科学方法观察之结果而信任之，服从之。国民政府现设大学院，院中设中央研究院，院中各种学科，如天文、地理、历史、教育、心理、美术、哲学等，皆依科学方法研究之，探讨之。研究之人，专召集各大学区之大学教授及大学高才生等。中、小学生虽无研究此高深

① 中国蔡元培研究会编：《蔡元培全集》第4卷，浙江教育出版社1997年版，第38页。
② 《蔡元培美学文选》，北京大学出版社1983年版，第160页。

学科之能力，但亦须慢慢养成此种科学头脑，以待将来之用。"① 第二点是"养成劳动习惯"。认为研究教育事业，必须脑力、劳力同时互用，否则不能有良好结果。第三点是"提倡艺术兴味"。认为"人生由小而长，而老，而死，苟无艺术之调和，则一世生活，真无兴趣之可言……美术事业，又重在改良自己之固有者及改造环境现象为第一要义，不能盲从，更不可强人盲从。苟仅知描写模仿，而不知创造，则不配称之曰美术家。故艺术兴味，确为教育上第一要义。"②

蔡元培对科学研究方法的重视，最终使宗教能够退出历史舞台，但他在重视科学和科学研究方法的同时，也非常重视培养人的艺术兴味。认为"研究学理，必要有一种活泼的精神，不是学古人'三年不窥园'的死法能做到的，所以，本校提倡体育会、音乐会、书、画研究会等，来涵养心灵"③。对此，1927 年 11 月 12 日，蔡元培在《中国新教育的趋势》中也这样讲，1928 年 1 月在《大学院公报》发刊词中也作了如此强调。面对愚昧落后的宗教迷信，我们应用科学理性的方法去破除它对自然、人类和社会的种种错误解释，用自由、进步、普及的美育思想去替代强制、保守、有界的宗教信仰。

面对西方进步的美学美育理论，蔡元培怀着救国救民的热情大力吸收和积极倡导，同时根据中国社会和中国教育的实际情况，提出了独具特色的美育理论，并对如何有效实施美育作了理性周密的思考和布置。可见，蔡元培倡导的美育思想既充满科学理性，也注重感性的艺术兴味，是感性和理性的有机统一体。

三 个体和群体的统一

蔡元培倡导美育，把发展个体、变革人心作为首要任务。在蔡元培看来，现象世界即客观的物质世界；而实体世界即为精神世界，是一种高悬于现象世界之上的精神意志。这种精神意志以一种自在的力量主宰着一切。所以面对危机四起的旧中国，蔡元培清醒地认识到，

① 中国蔡元培研究会编：《蔡元培全集》第 6 卷，浙江教育出版社 1997 年版，第 92—93 页。
② 同上书，第 94 页。
③ 中国蔡元培研究会编：《蔡元培全集》第 3 卷，第 701 页。

要救国，就得自强；要自强，就得对国民进行思想启蒙，变革人心风俗。于是，蔡元培萌发了启蒙国民、开启民智的教育救国思想。"戊戌政变后，先生知清廷之不足为，革命之不可以已，乃毅然弃官归里，主持教育，以启民智。"

人的精神意志决定着人的行为。所以培养人，最重要的是培养人良好的精神意志。中国几千年来的科举制度，扼杀了人的个性，禁锢了人的思想，影响着个体创造力的发展。所以，蔡元培认为，新式教育应从受教育者出发，来制定适应受教育者发展的方针政策，要允许个体有自己的思想、个性和自由，要为个体的个性发展创造有利条件。基于这种认识，蔡元培的现代教育理念把"发展个性"摆在了重要位置。

1917 年 3 月 29 日，《在清华学校高等科演说词》中，他对清华学生提了三点希望，其中第一点就是发展个性。提出"分工之理，在以己之所长，补人之所短，而人之所长，亦还以补我之所短。故人类分子，决不当尽归于同化，而贵在各能发达其特性。吾国学生游学他国者，不患其学科程度之不若人，患其模仿太过而消亡其特性"。认为"学者言进化最高级为各具我性，次则各具个性，能保我性，则所得于外国之思想、言论、学术、吸收而消化之，尽为'我'之一部，而不为其所同化。"只有这样，才能"吸收其优点"，"发达我特性"。

1918 年 5 月 30 日，蔡元培在《新教育与旧教育之歧点》的演说中也说道："吾国之旧教育以养成科名仕宦之才为目的。……是教者预定一目的，而强受教者以就之；故不问其性质之动静，资禀之锐钝，而教之止有一法，能者奖之，不能者罚之，……新教育则否，在深知儿童身心发达之程序，而择种种适当之方法以助之。如农学家之于植物焉，干则灌溉之，弱则支持之，畏寒则置之温室，需食则资以肥料，好光则覆以有色之玻璃；其间种类之别，多寡之量，皆几经实验之结果，而后选定之；且随时试验，随时改良，决不敢挟成见以从事焉。""因而知教育者，与其守成法，毋宁尚自然；与其求划一，毋宁展个性。"①

---

① 中国蔡元培研究会编：《蔡元培全集》第 3 卷，浙江教育出版社 1997 年版，第 12 页。

可见，蔡元培要求新式教育"尚自然""展个性"。所谓"尚自然"就是要求遵循天性，按照孩子身心发展的自然规律来进行教育。所谓的"展个性"就是要根据学生不同的年龄阶段，不同的心理特点和个性特征，采取不同的教学方法。对于这一点，蔡元培在谈到美育的实施方法时也非常注意。如三岁以前，儿童在公共育婴院内，主要通过优美整洁、宁静雅致的环境，优雅动听的音乐让孩子受到美的熏陶，用院内成人适当的音调态度、语言行动和优美服饰打扮作为儿童学习的模范。但当儿童满了三岁，进了幼稚园，"那时候儿童的美感，不但被动的领受，并且自动的表示了"，这时蔡元培主张开设舞蹈、唱歌、手工等美育的专课，就是教他们计算、说话，也要从排列上、音调上迎合他们的美感，不可用枯燥的算法与语法。而儿童满六岁，进入小学校，主张通过音乐、图画、运动、文学等专属美育课程来实施审美教育。到中学时代，他们自主力渐强，表现个性的冲动渐渐发展，选取的文字、美术可以复杂一点。悲壮、滑稽的著作都可应用了。美育的范围也不再局限于这几个科目，凡是学校所有的课程，都蕴含着美育的资料，教师随时都可以对他们进行审美教育。而到大学时代，则有专门的艺术教育。可见，蔡元培的美育实施办法是根据儿童的个性发展情况来进行的。而蔡元培之所以倡导个性化的教育，是因为他认为个性化的教育更有利于培养孩子的创造力。而美育不仅有利于学生审美情感的陶养，而且有利于激发孩子的学习兴趣和创造潜能。对此，蔡元培深信不疑。他曾在《美术与科学的关系》一文中明确指出："常常看见专治科学、不兼涉美术的人，难免有萧索无聊的状态。……为防这种流弊，蔡元培要求知识以外，兼养感情，就是治科学以外，兼治美术。有了美术的兴趣，不但觉得人生很有意义，很有价值，就是治科学的时候，也一定添了勇敢活泼的精神。"①有了这种自由活泼的精神，就有了研究的兴味和行动，也就更能激发个体的创造力。所以，蔡元培的美育思想非常重视对个体审美情趣和创造力的培养。他主张"延聘教员，不但是求有学问的，还要求于学

---

① 中国蔡元培研究会编：《蔡元培全集》第 4 卷，浙江教育出版社 1997 年版，第 327—328 页。

问上很有研究的兴趣，并能引起学生的研究兴趣的"①。因为只有拥有审美情趣的教师才能把学生内在的天赋本性唤醒并激发出来。

蔡元培美育思想还非常重视对个体完全人格的培养。在蔡元培看来，国家富强、民族独立的根本在于提高国民的精神素质。美育有助于培养国民高尚无私的精神品质，因为审美具有超脱性和普遍性的特征，所以人一旦进入审美状态，就能使人在审美体验中获得精神的超越，破除人我之间的界限，进入超功利的精神境界。人长期沉浸在审美的环境中，就能削减占有的冲动，增进创造的冲动，让自己超越于生死利害之上，从而形成健全的人格，养成高尚、勇敢和舍己为群的美德。如果每个个体都不汲汲于功利，都能有舍己为群的无私无畏之精神，那么，救中国于危亡之际也就有希望了。所以，蔡元培把美育作为整治中国近代社会的一剂良药。他说："爱美之心因势而利导之，小之可以怡性悦情，大之可以治国平天下。"

此外，蔡元培美育思想还十分重视对个体生活环境的美化，同时也很关注个体的生存状态。如在《美育》一文中，讲到社会美育时，蔡元培要求都市的街道，"分步行、车行各道，而旁悉植树""其无力自营而需要住所者，由行政处建筑公共之寄宿舍。或为一家者，或为一人者，以至廉之价赁出之"，"于小学校及幼稚园外，尚有寄儿所，以备孤儿或父母同时作工之子女可以寄托，不使抢攘于街头"，"载客运货之车，能全用机力，最善。必不得已而利用畜力，或人力，则牛马必用强壮者，装载之量与运行之时，必与其力相称。人力间用以运轻便之物，或负担，或曳车、推车。若为人舁轿挽车，惟对于病人或妇女，为徜徉游览之助者，或可许之"，而"对于老牛、羸马之竭力以曳重载，或人力车夫之袒背浴汗而疾奔"，蔡元培希望不要出现这种场景。另外，蔡元培主张"设习艺所，以收录贫苦与残疾之人，使得于能力所及之范围，稍有所贡献，以偿其所享受，而不许有沿途乞食者"。可见，在蔡元培的美育思想中，人被放在了主体地位，注重人身心的和谐发展，关注人的生存状态，充满人文关怀。蔡元培希望社会没有困苦艰难、贫苦无依的人，人与人之间能互助互爱，和

---

① 蔡元培：《蔡孑民先生言行录》，山东人民出版社1998年版，第169页。

谐相处，社会井然有序。

由上可见，蔡元培美育思想的首要任务在于关注个体，发展个体，变革人心，完善国人，但蔡元培对个体的关注和发展，最终还是为了群体，即为了振兴国家，为了拯救整个中华民族。因为只有优良的个体，才能组建一个和谐的群体，才能实现国家独立与富强。正如梁启超的《少年中国说》所言："今日之责任，不在他人，而全在我少年。少年智则国智，少年富则国富；少年强则国强，少年独立则国独立；少年自由则国自由，少年进步则国进步；少年胜于欧洲则国胜于欧洲，少年雄于地球则国雄于地球。"这里，我们不妨说，今日之责任，不在他人，而全在国民。国民智则国智，国民富则国富；国民强则国强，国民独立则国独立；国民自由则国自由，国民进步则国进步；国民胜于欧洲则国胜于欧洲，国民雄于地球则国雄于地球。只有国民富有思想、智慧和创造力，国家才有希望重新发展强大；只有国民拥有美好的品德，高尚的情操，无私的奉献精神，才会日渐消除你争我夺的冲突和征战，国家才会安定和谐。可见，蔡元培把美育作为完善个人道德和实现社会改良的一种手段，把个体发展与社会群体发展紧密联系在一起，从而使蔡元培美育思想呈现出"个体与群体相统一"的思想特征。

四 理论与实践的统一

如前所述，"学以致用""知行合一"的越文化精神，反映在越地人们身上，就养成讲究实干、反对空浮的思想性格。在越地人看来，只想不做没有意义，只说不做也成不了人。做人一定要做事，否则任何想法都是空想，任何说法只是空话。而"做"说到底就是一种行动，一种实践。蔡元培一直生活在越地，这种地域文化潜移默化地影响着他，使他成了敢想、敢说、敢做的刚毅之人。这种性格反映在他的美育思想上，就是他不仅重视美育理论的探讨，而且重视美育理论的推行与实践。聂振斌在《蔡元培美学思想研究》中指出："蔡元培的美学思想和艺术见解，可以说都是围绕教育实践需要而发挥的，很少就理论而理论的纯学术研究。"① 的确如此，蔡元培利用自

---

① 聂振斌：《蔡元培美学思想研究》，商务印书馆 2012 年版，第 3 页。

己的社会政治地位和崇高的威望,不仅使美育思想在学校教育中得以实施,而且向全社会普及,取得明显成效,从中体现出蔡元培美育思想的另一特征,即理论和实践的有机统一。

(一)蔡元培的美育理论

在理论上,蔡元培对其美育思想作了系统的阐述。具体说来,主要包括以下几个方面:

1. 主张以世界观和美育主义代替"忠君""尊孔"的传统观念。1912年2月21日在《对于新教育之意见》中,蔡元培说:"满清时代,有所谓钦定教育宗旨者,曰忠君,曰尊孔,曰尚公,曰尚武,曰尚实。"[1] "尚武,即军国民主义也。尚实,即实利主义也。尚公,与吾所谓公民道德,其范围不免有广狭之异,而要为同意。""忠君与共和政体不合,尊孔与信仰自由相违",所以,他摒弃"忠君""尊孔"的传统观念,代之以世界观和美育主义。认为"惟世界观及美育,则为彼所不道,而鄙人尤所注重,故特疏通而证明之"[2]。

蔡元培认为,世界可以分为现象世界和实体世界。"现象世界之事为政治,故以造成现世幸福为鹄的;实体世界之事为宗教,故以摆脱现世幸福为作用。而教育者,则立于现象世界,而有事于实体世界者也。"[3] "其现象世界间所以为实体世界之障碍者,不外两种意识:一、人我之差别,二、幸福之营求是也。人以自卫力不平等而生强弱,人以自存力不平等而生贫富。有强弱贫富,而彼我差别之意识起。弱者贫者,苦于幸福之不足,而营求之意识起。有人我,则于现象中有种种之界画,而与实体违。有营求则当其未遂,为无己之苦痛。及其既遂,为过量之要索。循环于现象之中,而与实体隔。能剂其平,则肉体之享受,纯任自然,而意识界之营求泯,人我之间亦化。合现象世界各别之意识为浑同,而得与实体吻合焉。"[4] 所以,"在现象世界,凡人皆有爱恶惊惧喜怒悲乐之情,随离合生死祸福利

---

① 中国蔡元培研究会编:《蔡元培全集》第2卷,浙江教育出版社1997年版,第16页。

② 同上。

③ 同上书,第12页。

④ 同上书,第13页。

害之现象而流转。至美术则即以此等现象为资料，而能使对之者，自美感以外，一无杂念。例如采莲煮豆，饮食之事也，而一入诗歌，则别成兴趣。火山赤舌，大风破舟，可骇可怖之景也，而一入图画，则转堪展玩。是则对于现象世界，无厌弃而亦无执著也。人既脱离现象世界相对之感情，而为浑然之美感，则即所谓与造物为友，而已接触于实体世界之观念矣。故教育家欲由现象世界而引以到达于实体世界之观念，不可不用美感之教育"①。"美感者，合美丽与尊严而言之，介乎现象世界与实体世界之间，而为津梁。"② 这里所谓的"美感之教育"即为蔡元培积极倡导的美育。在蔡元培看来，美感是超功利的，能消解人我之区划，自私之营求，因此能最终实现从现象世界通达实体世界，而美育则为现象世界通往实体世界之桥梁。

2. 对美育的概念和功能的阐释。关于美育的概念和功能，蔡元培在不同的阶段、不同的场合有不同的论述。如在 1901 年的《哲学总论》中，蔡元培认为"审美学论情感之应用"③，"美育者教情感之应用是也"④。1917 年在《以美育代宗教说》一文中，蔡元培提出："纯粹之美育，所以陶养吾人之感情，使有高尚纯洁之习惯，而使人我之见、利己损人之思念，以渐消沮者也。盖以美为普遍性，决无人我差别之见能参入其中。"⑤ 1931 年，在《美育与人生》一文中指出："人人都有感情，而并非都有伟大而高尚的行为，这由于感情推动力的薄弱。要转弱而为强，转薄而为厚，有待于陶养。陶养的工具，为美的对象，陶养的作用，叫作美育。"⑥ 认为当着重要关头，有"富贵不能淫，贫贱不能移，威武不能屈"的气概；甚至有"杀身以成仁"而不"求生以害仁"的勇敢；这种是完全不由于知识的计较，而由于感情的陶养，就是不源于智育，而源于美育。在蔡元培看来，因为美具有普遍性和超脱性，所以美的对象不仅有利于陶养感

---

① 中国蔡元培研究会编：《蔡元培全集》第 2 卷，浙江教育出版社 1997 年版，第 13—14 页。
② 同上书，第 13 页。
③ 中国蔡元培研究会编：《蔡元培全集》第 1 卷，第 357 页。
④ 同上。
⑤ 中国蔡元培研究会编：《蔡元培全集》第 3 卷，第 60 页。
⑥ 中国蔡元培研究会编：《蔡元培全集》第 7 卷，第 290 页。

情，美化人生，而且对于社会的稳定和发展也大有裨益。他说："我以为如其能够将这种爱美之心因势而利导之，小之可以怡性悦情，进德养身，大之可以治国平天下。"① 正因为蔡元培充分认识到美育在近代社会的重要地位和作用，所以，在《传略》中蔡元培明确表示："美育者，孑民在德国受有极深之印象，而愿出全力以提倡之者也。"②

3. 主张"以美育代宗教"。针对袁世凯封建复辟以来宗教活动猖獗的社会现实，蔡元培于 1917 年 8 月发表了《以美育代宗教说》的讲演，其后又不止一次以此为题进行演讲和撰文，积极倡导"以美育代宗教说"。在蔡元培看来，宗教本旧时代教育，虽然宗教中兼含着智育、德育、体育、美育的原素，但自从科学发达以后，自然历史、社会状况，都可以用科学的方法来研究出他的真相。而宗教上的解说，在现代多不能成立；现代人的道德与宗教上所悬的戒律，不仅疏漏太多，而且有不少与事实相冲突的；现代体育也不必依赖宗教。

宗教中只有美育的原素是不朽的，往往能引起审美者的联想，但仍不能以宗教充美育，而只能以美育代宗教。因为宗教不能为纯粹的美感，以其关系宗教之故，时时现出矛盾之迹，例如美育是超越的，而宗教是计较的；美育是平等的，而宗教是有差别的；美育是自由的，而宗教是限制的；美育是进步的，而宗教是保守的；美育是普及的，而宗教是有界的。所以到现时代，宗教已成为腐朽、落后、狭隘的东西，已不足为美育之助而反为其累。因此，蔡元培主张"以美育代宗教"。

（二）美育实施的途径和方法

1. 美育实施的三大途径

在蔡元培看来，美育是潜移默化的过程，它伴随着人的一生，是终身必修的课程。所以，蔡元培主张通过家庭、学校、社会三大途径实施终身美育。1922 年 6 月，李石岑要蔡元培说说"美育实施的方

---

① 中国蔡元培研究会编：《蔡元培全集》第 7 卷，浙江教育出版社 1997 年版，第 623 页。

② 中国蔡元培研究会编：《蔡元培全集》第 3 卷，第 668 页。

法"，蔡元培把自己的意见写在《美育实施的方法》一文中，对美育实施的方法作了具体而详尽的说明。他认为："照现在教育状况，可分为三个范围：一、家庭教育；二、学校教育；三、社会教育。"而"我们要作彻底的教育，就要着眼最早的一步。虽不能溢出范围，推到优生学，但至少也要从胎教起点"。按当时中国的国民教育和生活水平，蔡元培认为，家庭有完美教育，可能性不大，所以他主张从"公立的胎教院与育婴院着手"。"公立胎教院是给孕妇住的，要设在风景佳胜的地方，不为都市中混浊的空气、纷扰的习惯所沾染。建筑的形式要匀称，要玲珑，用本地旧派，略参希腊或文艺中兴时代的气味。凡埃及的高压式，峨特的偏激派，都要避去。四面都是庭园，有广场，可以散步，可以作轻便的运动，可以赏月观星。园中杂莳花木，使四时均有雅丽之花叶，可以悦目。选毛羽秀丽、鸣声谐雅的动物，散布花木中间；须避去用索系猴、用笼装鸟的习惯。引水成泉，勿作激流。汇水成池，蓄美观活泼的鱼。室内糊壁的纸、铺地的毡，都要选恬静的颜色、疏秀的花纹。应用与陈列的器具，要轻便雅致，不取笨重或过于琐巧的。一室中要自成系统，不可混乱。陈列雕刻、图画，都取优美一派；应有健全体格的裸体像与裸体画。凡有粗犷、猥亵、悲惨、怪诞等品，即使描写个性，大有价值，这里都不好加入。过度激刺的色彩，也要避去。备阅览的文字，要乐观的，和平的；凡是描写社会黑暗方面、个人神经异常的，要避去。每日可有音乐，选取的标准，与图画一样，激刺太甚的，卑靡的，都不取。总之，各种要孕妇完全在平和活泼的空气里面，才没有不好的影响传到胎儿。这是胎儿的美育。"①

"孕妇产儿以后，就迁到公共育婴院，第一年是母亲自己抚养的；第二、三年，如母亲要去担任他的专业，就可把婴儿交给保姆。育婴院的建筑，与胎教院大略相同，或可联合一处。其中陈列的雕刻图画，可多选裸体的康健儿童，备种种动静的姿势；隔几日，可更换一套。音乐，选简单静细的。院内成人的言语与动作，都要有适当的音

---

①　中国蔡元培研究会编：《蔡元培全集》第 4 卷，浙江教育出版社 1997 年版，第 668—669 页。

调态度，可以作儿童的模范。就是衣饰，也要有一种优美的表示。"①

在这些公立机关未成立以前，若在家庭里面，也能按照上列的条件小心布置，也可承认为家庭美育。等儿童满了三岁，就可以让他进幼稚园学习。幼稚园是家庭教育与学校教育的过渡机关，那时候儿童的美感，不但只是被动的领受，并且有自动的表示了。这时，在幼稚园可以设立舞蹈、唱歌、手工等艺术课程。哪怕教他们计算、说话的时候，也要从排列上、音调上迎合他们的审美需要，不能只用一些枯燥的算法与语法。等孩子满了六岁，就可以进小学校了。此后十一二年，就是孩子接受普通教育的时期。这时候，除传授一些简单知识外，也可设立如音乐、图画、运动、文学等专属美育的课程。"到中学时代，他们自主力渐强，表现个性的冲动渐渐发展，选取的文字、美术，可以复杂一点。悲壮、滑稽的著作，都可应用了。"②

但是，在蔡元培看来，"美育的范围，并不限于这几个科目，凡是学校所有的课程，都没有与美育无关的。例如数学，仿佛是枯燥不过的了；但是美术上的比例、节奏，全是数的关系，截金术是最显的例。数学的游戏，可以引起滑稽的美感。几何的形式，是图案术所应用的。理化学似乎机械性了；但是声学与音乐，光学与色彩，密切的很。雄强的美，全是力的表示。美学中有'感情移入'论，把美术品形式都用力来说明他。文学、音乐、图画，都有冷热的异感，可以从热学上引起联想。磁电的吸拒，就是人的爱憎。有许多美术工艺，是用电力制成的。化学实验，常见美丽的光焰；元子、电子的排列法，可以助图案的变化。图画所用的颜料，有许多是化学品。星月的光辉，在天文学上不过映照距离的关系，在文学、图画上便有绝大的魔力。矿物的结晶、闪光与显色，在科学上不过自然的结果，在装饰品便作重要的材料。植物的花叶，在科学上不过生殖与呼吸机关，或供分类的便利，动物的毛羽与声音，在科学上作为保护生命的作用，或雌雄淘汰的结果，在美术、文学上都为美观的材料。地理学上云霞

---

① 中国蔡元培研究会编：《蔡元培全集》第4卷，浙江教育出版社1997年版，第669页。
② 同上书，第670页。

风雪的变态、山岳河海的名胜、文学家美学家的遗迹，历史上文学美术的进化、文学家美术家的轶事，也都是美育的资料。"①

等到由普通教育转到专门教育，此时，一方面学生可以根据自己的兴趣爱好进入专门的艺术学校接受教育，如爱音乐的进音乐学校，爱建筑、雕刻、图画的进美术学校，爱演剧的进戏剧学校，爱文学的进大学文科，爱别种科学的人就进别的专科。另一方面学校的建筑、陈列品等环境布置都要合乎美育的条件，也可以利用辩论会、音乐会、成绩展览会、各种纪念会等形式来普及美育。

等到学生离开学校以后仍"不能不给他们一种美育的机会"，所以蔡元培认为，此时需要有社会美育。那么如何实施社会美育呢？一方面，蔡元培主张设立美术馆、剧院、影戏馆、历史博物馆、古物学陈列所、人类学博物馆、博物学陈列所、植物园、动物园等机关，举办美术展览会、音乐会，采用演剧等方式实施美育。另一方面，蔡元培主张从城市道路建设，建筑设计和改造，公园名胜的布置，古迹的保存，乃至公坟的建筑等方面着手，为城市居民生活提供优美整洁的环境，希望从环境育人的角度，实现美育陶养人的目的。

这样，蔡元培不仅从纵向详尽而完整地阐述了实施美育的具体办法；而且从横向提出了美育实施的三大途径：家庭美育、学校美育和社会美育。认为家庭是美育的启蒙阶段，学校是美育的基础，社会使美育最终得以完成。这三个方面相互联系，互相补充，共同完成贯穿人一生的审美教育。另外，还根据人成长的不同阶段，提出了实施美育的不同要求和方法，足见蔡元培对美育之重视与思考之周密。

2. 美育实施的方法

（1）环境美育。在蔡元培看来，优美自然景观和社会环境可以消解和节制人的欲望，使人从欣赏的角度观察自然社会，从而有利于培养人们的审美情感，陶养人们的情操。一方面，他建议把学校建在风景佳胜、有山水可观赏的地方，让学生生活在一种清新自然、平和活泼的空气中，感受四周优美的环境，使其心情愉悦，以利于学生的健

① 中国蔡元培研究会编：《蔡元培全集》第 4 卷，浙江教育出版社 1997 年版，第 670 页。

康成长。另一方面，他十分重视社会环境的美化。主张环境建设不仅要美观而富有艺术品质，而且要充满人文关怀。他要求人们从艺术审美的角度，为自己营造整洁美观、文明和谐的生存环境，同时在美好和谐的环境中不断提升和完善自身的人格。为此，蔡元培不仅要求家庭、学校把环境布置得整洁雅致、平和活泼、健康优美，避免出现偏激粗犷、猥亵悲惨、刺激怪诞的声色；而且对地方城市环境美化也提出了切实可行的实施办法。1930 年，蔡元培在《美育》一文中，不仅对美育的概念作了重新阐释，而且对美育实施的办法作了更为具体的说明。认为美化城市环境，首先要做好规划工作；其次，要做好街道的布置工作。不但要求把街道、建筑、公园、公墓等布置得整洁大方，宽敞美观，而且要让城市建设充满人文关怀。再次，主张在社会上营造健康洁净的文化环境。一方面加强对文化艺术出版物的检查审核，另一方面通过专设各种机关，如美术馆、美术展览会、音乐会、影戏馆、历史博物馆、古物学陈列所、人类博物馆、博物学陈列所与植物园等，来营造一种良好的文化氛围。通过良好的文化氛围来弘扬民族文化，丰富人们的生活，培养艺术兴味，提升人们的审美情操，净化人们的心灵。对于青年中"有为麻雀、扑克或阅读恶劣小说等不正当之消遣"的现象进行了严肃的批评，认为这种消遣娱乐会妨碍健康、消磨意志，以至道德堕落。主张用健康的具有思想和道德教育意义的文化艺术活动，取代那些不正当的消遣和娱乐。如果人们生活的市乡环境不能达到美育的要求，那么即使学校、家庭竭力推行美育，终会因受社会环境恶劣之影响，而难以全面有效的实施。所以，在蔡元培看来，美化城乡生活环境是一项最重要的美育工作。

（2）生活美育。认为成人生活中的言谈举止、衣着服饰都在美育范围之内。他说："个人的谈话与容止，社会组织与演进，凡有美化的程度者，均在所包。"① 首先，服饰要美。人类爱美的本能使服饰成为个人审美情趣和审美品格的体现。服饰不仅是为了御寒保暖，也是向社会展示自己的一种方式。所以蔡元培认为，在衣服上加些如

---

① 中国蔡元培研究会编：《蔡元培全集》第 6 卷，浙江教育出版社 1997 年版，第 585 页。

"冠、服、带、佩及一切金、钻、珠、玉之饰,既美观,又能给人以审美愉悦"。所以,个体的服饰要自然整洁,美观大方。其次,语言要美。语言是人类交际的重要工具。语言美标志着一个人文化教养所达到的程度。蔡元培积极提倡文明用语,摒弃恶俗之语。他说:"其最必要而为人人所能行者,清洁与整齐。其他若鄙陋之辞句,如恶谑与谩骂之类,粗暴与猥亵之举动,无论老幼、男女、主仆,皆当屏绝。"① 最后,行为要美。蔡元培提倡人的行为举止要自然豁达,文明礼貌。同时也要富有生活的情趣,不能太机械。

　　总之,从个体上讲,蔡元培要求人们以适当的音调态度、美好的言行服饰去影响孩子,让他们在优美的环境中健康成长。在生活中,蔡元培要求营造和谐的家庭生活、美好的婚姻生活和健康的娱乐活动来进行审美教育。在家庭生活中,"夫妇以同心办事为重",夫妻应齐心协力,以美好的情感为交流,扮演好各自的角色,处理好家庭成员之间的关系,才能让彼此感到家庭的和谐与温馨。这不仅能给家庭人员带来幸福感,而且有利于孩子健康快乐地成长。关于婚姻,在蔡元培看来,婚姻之美基于纯洁的爱情,那些以金钱、相貌为基础,以物质功利为转移的婚姻,是不会有长久的幸福的。所以蔡元培反对纳妾、狎妓、通奸等不道德不健康行为。健康美好的婚姻要懂得自我保健和修养,尤其是女性。蔡元培反对女子缠足,认为缠足会影响身体的健康和协调性,主张男女平等,要求男女双方都学习文学、美术等相关的美育课程,培养丰富高尚的生活情趣,完善健全的人格精神。蔡元培指出:"非只女学生应重手工、美术,即男学生亦应重手工、美术,此即男、女教育平等之一端也。"② 男女双方都应接受美育,使自己受到美的熏陶,以不断完善自己的人格。

　　(3)重视艺术教育。1928年1月,他在《〈大学院公报〉发刊词》中说:"艺术者,超于利害生死之上,而自成兴趣。故欲养成高尚、勇敢与舍己为群之思想者,非艺术不为功。本院是以有艺术教育委员会,

　　①　中国蔡元培研究会编:《蔡元培全集》第6卷,浙江教育出版社1997年版,第601页。

　　②　中国蔡元培研究会编:《蔡元培全集》第2卷,第246页。

负计画全国艺术教育之责,并直接设立音乐院;明年将开美术展览会;其他若美术学校、美术馆等,亦将次第成立焉。"① 这里,蔡元培把艺术教育作为近代教育的骨干,足见他对艺术教育之重视。在他看来,音乐、美术、舞蹈、影视、文学等艺术教育直接作用于人的审美情感,是最具美育功能的。他说:"音乐者,合多数声音,为有法之组织,以娱耳而移情者也……合各种高下之声,而调之以时价,文之以谐音,和之以音色,组之而为调、为曲,是为音乐。故音乐者,以有节奏之变动为系统,而又不稍滞于迹象者也。其在生理上,有节宣呼吸、动荡血脉之功。而在心理上,则人生之通式,社会之变态,宇宙之大观,皆得缘是而领会之。此其所以感人深,而移风易俗易也。"② 认为音乐不仅可以影响人的生理运行机能,而且在心理上可以通过音乐来领会人生的各种现象,社会的风云变幻,宇宙的各种景观。因此,音乐具有深刻的感人力量,可以达到移风易俗的目的。书法、美术、舞蹈、影视、文学等艺术形式也同样具有陶养个体精神的作用。因此,艺术教育作为实施美育的一种方式,承担着美育建构人格的使命。

(4)重视在普通学科教学中渗透美育。蔡元培认为,普通学科中也蕴涵着美的因子,例如,"数学中数与数常有巧合之关系。几何学上各种形式,为图案之基础。物理、化学上能力之转移,光色之变化;地质学的矿物学上结晶之匀净,闪光之变幻;植物学上活色生香之花叶;动物学上逐渐进化之形体,极端改饰之毛羽,各别擅长之鸣声;天文学上诸星之轨道与光度;地文学上云霞之色彩与变动;地理学上各方之名胜;历史学上各时代伟大与都雅之人物与事迹;以及其他社会科学上各种大同小异之结构,与左右逢源之理论;无不于智育作用中,含有美育之原素;一经教师之提醒,则学者自感有无穷之兴趣。"③ 所以,教育就是要在智育、德育的各个学科中挖掘美育的材料,让人在这些看似枯燥的学科中也能受到美的熏陶。只有在教育中不断渗透美育的精神,才能把学生培养为具有"狮子一样的体力"

---

① 中国蔡元培研究会编:《蔡元培全集》第 6 卷,浙江教育出版社 1997 年版,第 161 页。

② 中国蔡元培研究会编:《蔡元培全集》第 2 卷,第 419—420 页。

③ 中国蔡元培研究会编:《蔡元培全集》第 6 卷,第 600—601 页。

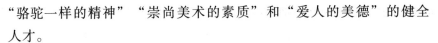

"骆驼一样的精神""崇尚美术的素质"和"爱人的美德"的健全
人才。

（三）蔡元培的美育实践及成效

蔡元培美育理论的实践不仅仅停留在对美育实施途径和方法的思
考上，而是身体力行，躬身践行。1901 年他发表的《哲学总论》中，
开始出现"美育"一词。虽然此时的蔡元培并没有对美育给予充分
的关注，但美育与情感的关联性从这个时候就得到了确立。1912 年，
蔡元培留学归国，担任民国临时政府教育总长，提出"五育并举"，
在中国教育史上第一次把美育作为"五育"之一列入了国家教育
方针。

1912 年 7 月 10 日，全国临时教育会议召开之后，以教育部的
名义陆续公布了《小学校令》《中学校令》《师范教育令》和《大
学令》，对美育方针作出了政策性的说明，规定了各级学校艺术课
程的具体内容，明确了艺术教育在学校教育中的地位。中小学设置
音乐（或唱歌）、美术（或图画）、手工等课程，这种教育模式影
响至今。

1921 年，时任北京大学校长的蔡元培率先在北大开设美学和美
学史课程，蔡校长多次登上讲台，亲自给学生讲授美学课程，编写教
材，组织各种艺术研究团体，积极开展学术活动，特别是审美活动和
艺术教育活动，激发师生为学的热情和"读书救国"的精神。在文
学艺术方面，文学、新闻、音乐、绘画等艺术研究团体相继成立。书
法作为美育的一个重要内容，也是蔡元培先生所积极倡导的。1917
年，在蔡先生的关注下，北京大学成立了书法研究会，以"昌明书
法，陶养性情"为该会宗旨。北大书法研究会的成立及活动是蔡元培
美育思想的重大实践，其意义在于开创了高等学府书法普及教育的先
河。对音乐、绘画两个艺术团体，蔡元培尤为关注。1918 年 2 月，
蔡元培发起创办北京大学画法研究会，并发表《北京大学画法研究会
志趣书》；6 月，发表了《在北大画法研究会行休业式之训词》；1919
年 10 月，又发表了《在北大画法研究会之演说词》，强调中西画法要
取长补短，融合出新。蔡元培对北京大学音乐研究会的设立和发展也
是关怀备至。蔡元培不仅参与活动，发表演说，还由学校租赁房屋作

为活动场所，延请导师，指导研究和练习，并亲自为北大乐理研究会拟订章程，确立"敦重乐教，提倡美育"的宗旨，为音乐研究会创办的《音乐杂志》撰写发刊词。在北大，蔡元培采取一系列措施来践行他的美育主张，使陈旧腐朽的北大焕然一新，最终成为新文化运动的中心和五四运动的发源地，并促使封建落后的中国社会发生了划时代的变化。

除此之外，蔡元培利用自己的社会影响，在全国范围内倡议、支持和创办美术、音乐、戏曲等艺术专门学校，以培养艺术专门人才。1912 年 11 月，由刘海粟在上海创办了一所私立学校——上海美术专科学校，这是中国最早的艺术学校。1931 年，蔡元培为上海美术学校作校歌。1918 年 4 月 15 日，在蔡元培先生的积极倡导下，在北京西单京畿道成立了国立北京美术学校，这是中国历史上第一所国立美术教育学府，也是中国现代美术教育的开端。1927 年，蔡元培和音乐教育家萧友梅博士一起在上海创办了国立音乐学院。1928 年，在杭州创办了国立西湖艺术院。

蔡元培深知在美育理论基础薄弱的中国倡导美育之艰难。所以他在将美育理论付诸实践的同时，不遗余力地倡导美育，努力做普及美育知识、探讨美育理论的工作。他奔赴各地讲学，做有关美学和美育的讲演，撰写题辞，发表文章等，积极倡导美育。经过二十多年的理论探讨与实践，蔡元培对美育问题的看法日趋成熟，并取得了一系列成效。1931 年 5 月在回顾《二十五年来中国之美育》发展情况时，蔡元培总结说："最近二十五年，受欧洲美术教育的影响，始着手于各方面的建设，虽成绩不甚昭著，而美育一名词，已与智育、德育、体育等，同为教育家所注意，这不能不算是二十五年的特色。"[1] 经过 25 年的努力，蔡元培所积极倡导和践行的美育思想在美术、音乐、文学、演剧、影戏、留声机与无线电播音机、公园建设等方面都取得了卓著的成效。所以，蔡元培对中国近代美育的贡献绝不只是一套空洞的理论，而是把生活作为美育实践的土壤，并终身践行。正如蔡元

---

[1] 中国蔡元培研究会编：《蔡元培全集》第 7 卷，浙江教育出版社 1997 年版，第 79 页。

培所言:"运动不是空谈,是要实行的。""凡事空话总不如实行,大的要从小的做起。"① 从这些演说中,我们可以真切地感受到蔡元培对实践的崇尚。这种精神表现在美育上,就使他的美育思想具有了融入生活的实践性品质,而这种实践性品质正是蔡元培美育思想的特色和亮点之所在。程镇海在《试析蔡元培美育观的现代性实践品格》一文中说:"就现代性语境来说,王国维关于美术功能的思考,似乎更像是在寻找一处世外桃源,相反,蔡元培的美育观更倾向于世俗观照,拥有某些与时俱进的现代性品格。"这话很好地概括出蔡元培美育思想理论与实践相结合的特点。

第四节　越文化视野下蔡元培美育思想的当代价值

在蔡元培看来,美育的主要目的在于帮助人们构建起善于发现美、乐于创造美、勇于追求美的一种情感取向和意志力量。它有助于养成高尚纯洁的审美人格,有助于培养人们的个性与创造力,有助于移风易俗,改良社会风气。所以,蔡元培积极倡导和践行他的美育思想,不仅在中国近代社会产生了重要影响,而且对当前人才培养和社会建设也颇具现实借鉴意义。

一　蔡元培美育思想对当前教育改革的意义

对于人才培养,蔡元培提出"五育"并举的教育理念,也就是说,教育不仅要培养学生的科学精神和创造能力,更要养成学生的审美人格和精神品质。而美育有利于陶冶人的情感,完善人的道德,促进人全面和谐的发展,所以蔡元培十分重视美育,把美育列为"五育"之一,并把它放在仅次于实利主义的位置。然而,由于受诸多因素的影响,在当今教育中,美育存在被边缘化的倾向,学生审美人格的养成受到一定阻碍。事实上,在当前,塑造健全人格与良好品德显

---

① 中国蔡元培研究会编:《蔡元培全集》第 4 卷,浙江教育出版社 1997 年版,第 12 页。

得尤为重要。因为面对物欲横流、私欲不断膨胀的社会，不少学生正在变得迷茫而不知所措，对家庭、社会、国家的责任感有所下降，道德出现滑坡。越来越多的青年学子正在失去心灵的家园，精神空虚而无所寄托，身心发展不够健全。在蔡元培看来，要克服人自身的不足，节制人的欲望，促进人的全面发展，必须依靠教育，尤其是审美教育。因为美育能营造一个审美世界，使青年学子超越对物质利益的片面追求，突破狭隘、自私、利己的观念，从而实现学生的审美情趣和人格精神的提升。那么，当前我们该如何实施美育呢？笔者认为，可以从以下几个方面作出努力。

（一）重视审美教育，树立正确的人才培养理念

教育是培养人的事业，而人是推动社会进步的主要力量。所以，教育是有目的的，或者说是有目标的。在蔡元培看来，教育的目的在于培养学生，使其具有健全的人格，高尚的思想，必要时愿为国家社会贡献自己的一切。他说："教育是帮助被教育的人，给他能发展自己的能力，完成他的人格，于人类文化上能尽一分子的责任；不是把被教育的人，造成一种特别器具，给抱有他种目的的人去应用的。""教育是求远效的"，而不是求近功的。① 这是蔡元培对于教育目的的阐释。

然而，在当今社会，虽然家庭、学校和社会都十分重视教育，但他们追求的多是孩子学习成绩的好坏，而对孩子能力和人格精神的养成却有所忽视。所以，目前中国教育的一大问题就是在人才培养理念上存在较大偏误。

从家庭层面看，父母不管家里条件如何，对孩子的教育总是不甘落后，尽自己最大的努力为孩子争取优质教育资源。为了不让孩子输在起跑线上，给孩子上最名贵的幼儿园；为了给孩子读最好的小学和中学，不惜高价买下破旧的学区房；为了孩子能考上名牌大学，到处寻找路子，不惜重金，为孩子择校择班择名师。不管孩子适不适合读书，有没有读书的兴趣，都要求孩子读好书，考上好大学。所以，为

---

① 中国蔡元培研究会编：《蔡元培全集》第 4 卷，浙江教育出版社 1997 年版，第 585 页。

了孩子的成绩，双休日、寒暑假，送孩子去上各种补习班；为了孩子的发展，自己省吃俭用，花昂贵的学费送孩子去外地，甚至国外学习；为了让孩子专心读书，从不要求孩子参加家务劳动，生怕劳动会耽误孩子学习。在孩子住校之后，有的家长还特意跑到学校，为孩子洗衣送水，打扫寝室，结果使孩子失去锻炼机会，导致孩子独立生活能力差。总而言之，父母望子成龙，望女成凤，为了孩子的学习，想尽一切办法，为孩子创造优裕的学习条件。这本来是一件好事，但因家长教育观念的偏误，导致孩子的能力得不到锻炼，品德得不到锤炼，从而影响孩子的发展。

对学校和老师来说，他们重视教育，很大程度上关注的也是学生的成绩。因为学生成绩好，不仅家长高兴，而且对学校老师来说，也是好处多多。现在评价一个老师的好坏，一所学校的优劣，主要指标还是看学生成绩的好坏。所以，每年高考结束，大家关注的是：今年的高考状元落在何处？今年哪所学校的考入一本的学生数最多？这样，为了出成绩，学校压迫老师，老师紧抓学生，一方面把知识快速灌输给学生，另一方面通过成堆的练习来巩固所学知识，通过一次次考试来检测学生知识掌握程度。学生为了分数，大搞题海战术；为了不辜负家长老师的殷切期望，他们甚至弄虚作假。这样的教育，不但忽视了学生其他方面的发展，而且使其失却了学习的兴趣和诚信的品格。

正是因为家庭、学校都不同程度地存在这种急功近利的教育倾向，从而使中国当前的教育出现了不少问题。如在艺术教育方面，据了解，在小学阶段，家庭、学校都比较重视孩子艺体方面的培养。但到了初中和高中，一旦面临升学的压力，不少学校为了对付需要升学考试的科目，往往占用艺体类的课时，从而使这些艺体类课程名存实亡。不少家庭，为了孩子的学业，停止了艺术教育。如果有继续的，也是希望孩子能考出什么级别来，以便在升学考中获得特长加分。这种特长培养不再属于审美教育，已演变为一种以升学为目标的典型的功利主义教育。

又如，当今高校中，有不少学生对学习课程的选择，往往以"是否有用"作为评价和取舍的标准。对关系到自己应聘、就业的课程和考试，他们趋之若鹜，并为之投入大量的时间与精力，而对有利于自己审美人格和道德素养等"软件"因素得以"升级"的课程则关注甚少。

由上可见，不管是家庭，还是学校，其关注的都是当下的成绩，而不是未来的发展；关注的是个人的生活，而不是为社会、为国家而努力的远大理想。

蔡元培曾模仿西方"人不是为食而生活，是为生而食的"的格言，提出"人不是为生而工，是为工而生的"① 的主张。蔡元培认为教育也一样，不只是为了好成绩，也不只是为了上好大学，有好工作，过好生活；而是为了养成学生的健全人格。也就是说，教育是为了培养身心健康、有思想学识、有审美情趣和高尚品德的人才。对此，蔡元培在演说中多次提及。早在 1902 年，蔡元培在《师范学会章程》中就已提出，教育的宗旨在于"使被教者传布普通之知识，陶铸文明之人格"②。1915 年，他在提交给巴拿马万国教育会议的论文《一九零零年以来教育之进步》中又明确提出："教育者，养成人格之事业也。使仅仅为灌注知识、练习技能之作用，而不贯之以理想，则是机械之教育，非所以施于人类也。教育界中所不可缺之理想，大要如下：一曰调和之世界观与人生观……二曰担负将来之文化……三曰独立不惧之精神……四曰安贫乐道之志趣……夫以当今物质文明之当王，拜金主义之盛行，上述诸义，几何不被目为迂阔，然教育指导社会，而非随逐社会者也，则乌得不于是加之意焉。"③循此思想，蔡元培要求北大学生"抱定宗旨"，"为求学而来"；"敬爱师长"，"砥砺德行"④，"养成学问家之人格"⑤。1927 年 11 月 12日在暨南大学演说词《中国新教育的趋势》中重申："教育是培养人才的，是不可以不注意科学与艺术的。"⑥ 认为新教育之意义在于

① 中国蔡元培研究会编：《蔡元培全集》第 4 卷，浙江教育出版社 1997 年版，第 10页。
② 中国蔡元培研究会编：《蔡元培全集》第 1 卷，第 328 页。
③ 中国蔡元培研究会编：《蔡元培全集》第 2 卷，第 371—372 页。
④ 中国蔡元培研究会编：《蔡元培全集》第 3 卷，第 8—10 页。
⑤ 同上书，第 382 页。
⑥ 中国蔡元培研究会编：《蔡元培全集》第 6 卷，第 98—99 页。

（1）养成科学的头脑；（2）养成劳动的能力；（3）提倡艺术的兴趣。1928 年 1 月在《〈大学院公报〉发刊词》中也提到了这三点。1928 年 8 月 17 日，在《中华民国教育宗旨》中，"根据教育原理，订定中华民国教育宗旨如左：恢复民族精神，发扬固有文化，提高国民道德，锻炼国民体格，普及科学知识，培养艺术兴趣，以实现民族主义。"①

在蔡元培看来，健全人格和远大理想的养成，有赖于美育之助也。认为"人类所以有不应为而为的事情，大抵起于自私自利的习惯。有时候迫于贪生怕死的成见，那就无所不为了。惟有美术的修养，能使人忘了小己，超然于生死利害之外，若人能有此陶冶，无论何等境遇，均不失其当为而为，不当为而不为之气概"。② 所以，教育不只是知识的传授，更要通过审美教育养成健全人格，树立远大理想，这是蔡元培一以贯之的教育主张。蔡先生以"养成健全人格"为目的的教育观和美育观不仅是一个知识分子目睹外敌入侵、清廷无能、变法夭折等变乱之后而产生的救国必先新民、新民必先从教育着手的深刻反思，而且对我们今天的教育来说，仍然具有重要的启示意义。他告诉我们要重视审美教育，转变教育观念，树立正确的人才培养理念。家长和老师们不要只顾眼前利益和个人利益，而应引导孩子摆脱狭隘的功利主义欲求，志存高远，只有这样，才能涌现有远见、顾大局的杰出人物。例如，陆游从小就以慷慨报国为己任，把"消灭胡虏、收复中原"当作人生的第一要旨；出生在北方沦陷区的辛弃疾，青年时代就立下了"恢复中原、报国雪耻"的志向，最终陆游和辛弃疾都成为了南宋伟大的爱国主义诗人和词人；周恩来从小就怀着"为中华之崛起而读书"的大志，最终成为了我们心中最伟大的总理。

因此，不论家庭教育还是学校教育，家长和老师都要重视有利于提升孩子审美情趣和人格精神的审美教育，引导孩子摆脱狭隘的功利

---

① 中国蔡元培研究会编：《蔡元培全集》第 6 卷，浙江教育出版社 1997 年版，第 286 页。

② 中国蔡元培研究会编：《蔡元培全集》第 8 卷，第 72 页。

主义欲求，转变观念，让学生"站得高，看得远"，这样，才能培养出社会所需要的德、智、体、美、劳全面发展的杰出人才。

（二）通过家庭美育，让孩子健康快乐成长

家是孩子成长的第一站，父母是孩子的第一任老师，是跟孩子接触最早、生活最紧密的人。家庭和家长对孩子行为习惯和思想性格的养成都会产生重要影响。所以，蔡元培要求家长为孩子的健康成长创造有利条件。这种有利条件主要包括以下几个方面：

1. 注意家庭环境的布置。从母亲怀上胎儿开始，家长就要开始对孩子进行胎教，给孩子听听轻音乐，为孩子创造优美和谐的生活环境，如家中各种家具、装饰品的布置，婴儿房的设计，都要有优美的表示。对于这一点，现在的年轻家长已有所重视。

2. 重视家庭和谐氛围的营造。这对孩子的健康成长尤为重要。现代家庭，不少夫妻因双方个性较强，经常出现感情不合，甚至离婚的情况，这对孩子幼小的心灵造成的伤害尤为巨大；另外，家人经常争吵，与孩子情感交流少等情况，也会影响孩子的心理。所以，家长们应尽力为孩子营造温馨和谐、民主开放的家庭氛围，让孩子快乐安全地生活在温馨的大家庭中。

3. 家里要多组织一些健康有益的家庭娱乐活动。如闲暇时间，家长自己不要沉湎于打牌搓麻将、追剧玩网络游戏等活动，而要多带孩子出去走走，看看电影，听听音乐，观赏演出等。碰到六一儿童节或孩子生日，为孩子举行一些有益的活动，如和小朋友聚一起写字、画画、弹琴，一起写诗作文，一起讲故事作演讲等等。到了中秋时节，一起做灯笼，猜灯谜；碰到重阳节，一起去登高；逢着春节，让孩子写对联，贴门神，做窗花等。这样，不但能丰富孩子的学习生活，而且能增长知识，锻炼能力，提升孩子的审美情趣。

4. 家长要重视言传身教。榜样的作用是巨大的，而家长是孩子接触最早影响最大的榜样。所以，在生活中，家长除了为孩子提供优美的生活环境，和谐的家庭氛围外，还应当在语言、动作、音调态度、衣饰打扮、行为习惯等方面都有一种优美的表示，让孩子从父母的言行举止中受到美的浸染和陶养。在蔡元培看来，美育是终身的，所以，家长也要不断学习，不断提升自己的知识水平和审美素养，争

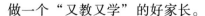

做一个"又教又学"的好家长。

（三）实施学校美育，激发学生的学习兴趣和创造力

学校美育像家庭美育那样，也要为学生营造优美和谐的学习环境。如注意校址的选择，尽量把学校建在那些周边环境比较整洁优美的地方，校内环境的布置也要让学生有美的享受，而教师的言行举止、思想习惯也要给学生以美的示范。除此之外，学校美育还应在教学内容和教学方式上渗透审美教育，把课堂教学组织得更生动有趣，让孩子在快乐中学习，从而更好激发他们的学习兴趣和创造能力。

1. 在教学内容上，要注意在各科教学中挖掘美的要素。这首先要求重视艺术教育。因为文学、书法、美术、音乐等艺术课程旨在培养和提升学生的审美感受能力，其课程中蕴含的美育因素最为直接丰富。所以，学校除重视科学教育外，也要重视艺术教育。教师应明确：艺术教育的目的不是为了考级或升学时的某种好处，而是为了给孩子以美的享受，让孩子感受生活的乐趣，进而提升孩子的审美情趣和思想修养。所以，学校方面不能因为艺术课程不需要参加升学考试，就擅自占用艺术课程的课堂，而应多组织一些有益的文体活动，丰富学生的学习生活，让他们热爱学校，乐于学习。

其次，在蔡元培看来，除艺术课程外，其他各个学科，包括理性的科学教学也蕴含审美的因子。如数学中数与数的巧合关系，几何学上的线条图案；物理化学中的光色变化；天文学上日月星斗的闪耀，以及云霞之色彩与变动；地理学上各方之名胜；历史学上各时代伟人或名人之事迹；以及社会科学中的各种和谐理论，无不于智育作用中，含有美育之原素。教师在学科教育中，如果能充分挖掘每一学科的审美因素，积极引导学生去感受和发现各学科中蕴含的美，那么，理性的科学教育就不会流于枯燥乏味，相反会激发学生的科学兴趣。而兴趣是学生最好的老师，一旦学生对所学的知识充满兴趣，就能增加他学习的主动性、积极性和创造性。因此，我们不仅要通过设立音乐、图画、文学等艺术性比较强的课程来加强审美教育，而且也要在学校其他各门课程中充分挖掘美的因子，实施审美教育。

2. 在教学方法上，要采用美的教学方式。何谓美的教学方式？所谓美的教育方式，既指教学方式的丰富多样和生动形象，又指适合接受个体的个性化教学。

首先，美的教学方式表现为对各种教学手段的灵活运用。因为教学不可成为机械的作用。譬如学书法，如果一味的去临摹古人的法帖，一点一划，也就失去了应有的生气。图画也一样，如果仅仅是临摹范本，圆的圆，三角的三角，丝毫不差，这也算不得美。对于不同的教学内容，不能只作理性知识的简单灌输，而应挖掘学科本身的审美因素，运用多元化的教学方式，把课堂教学组织得更生动有趣，这样才能激发学生的学习兴趣，让学生学习更积极主动，更富有创造力。

随着科学技术的发展，教育方式日趋多样化，如采用多媒体教学、网络教学、专业模块化教学等现代化教学手段，但对这些教学手段的运用，我们不能流于形式，更不能随意滥用，而应根据学生特点和学科教学需要适当加以运用，以切实提升教学的实效性。

其次，美的教学方式要求我们运用适合学生的个性化教学。所谓个性化的教育就是根据受教个体的不同特点，对他们提出不同的教学要求，实行不同教学内容和方法，以激发受教者的兴趣，充分发挥他们的学习优势和潜能，这样的教育才是最有效和最幸福的。

所以，蔡元培认为最好让学生以己意取材，喜欢图画的就教他画画，喜欢雕刻的就教他雕刻，不能划一，更不能强人所难。但在当前的教育中，客观上还存在强调共性教育、忽视个性教育的趋势。这具体表现为教育目标和教育方法的保守划一。中国有句古话，叫作"三百六十行，行行出状元"。但是，当前中国的家长们不管孩子喜欢什么，适合什么，一门心思要孩子走的就是一条路——读书上大学。中国古代提倡"学而优则仕"，言外之意是，学习优秀的可以走读书做官的道路，而学习不优秀的可以早早从事各行各业。这样，读书就成了会读书、适合读书的人的事情。如蔡元培家里，几个兄弟，有经商的、读书的、守家的。家长们常常根据孩子的性格特点作出相应的安排。在蔡元培父亲看来，元培是读书的好苗子，于是就培养元培走读书之路。但现在，家里孩子少了，挨家挨户都是独身子女，家长不舍得孩子去做体力活，所以，都要求他们读书上大学。会读书的要读，不会读书的也想着办法把孩子的成绩提上去。这样，对有些不喜欢读书，或者不擅长读书的孩子来说是相当痛苦的。一方面家长坚持"硬按牛头喝水"，通过培训班、辅导班，提升孩子学习成绩，弄得孩子痛苦万分，失去了无忧无虑的生活乐趣。另一方面，学校狠抓升学率，老师对这部分学生往往会流露出不甚喜欢的情绪，有些学生还会遭到老师和其他学生的歧视，甚至被挖苦和羞辱；而有些老师对这些孩子则放任自流，对他们不抱希望，也不提要求，由他们自己去。孩子成绩不理想，本来就自卑，现在又得不到身边人的认可和关心，最终一个个地走上厌学或叛逆的道路。其实，这些孩子尽管学习不好，但做其他事情也许很适合，甚至可能做得非常出色。所以，如果老师和家长们能用心去发现他们的长处，并适时加以引导和培养，让他们各尽其才，也许他们就是另一方面的成功人士。所以，强制式教育不但达不到理想的教学效果，反而会使孩子走上错路，甚至绝路，使其在其他方面也得不到发展，从而影响人才的选拔与培养。但遗憾的是，现在不少家长和老师仍为应试教育所困，他们的注意力多集中在孩子的成绩上，至于孩子的兴趣点在哪里却不甚清楚。教师多按照教科书和学校既定的教学安排把知识传授给学生，而不注意了解学生的个性特征，不注重对学生兴趣爱好的培养，不注重对孩子人格精神的塑造。在高等教育中，学校为了提高办学效益，往往优先考虑大班化教学；在课程考核上，往往采用统一的考试方式，很少关注学生的个体差异，审美教育常被忽视。正是基于这样的教育模式，学生的健全人格得不到塑造，学生的个性特长得不到发展，创造潜能得不到发挥。这样，当然不利于人才的发现和培养。所以，蔡元培倡导的审美教育要求我们根据学生的特长爱好，制定不同的教育目标和内容，以便更好地发展孩子的个性特长，更大程度地发掘孩子的创造潜能，让每个孩子都能人尽其才。

除此之外，个性化教学还要求教师采用适合学生年龄和个性特点的教学方法。1918 年 5 月 30 日，蔡元培在《新教育与旧教育之歧点》中指出：旧教育"是教者预定一目的，而强受教者以就之；故不问其性质之动静，资禀之锐钝，而教之止有一法，能者奖之，不能者罚之，……新教育则否，在深知儿童身心发达之程序，而择种种适当之方法以助之。如农学家之于植物焉，干则灌溉之，弱则支持之，畏寒则置之温室，需食则资以肥料，好光则复以有色之玻璃；其间种类之别，多寡之量，皆几经实验之结果，而后选定之；且随时试验，随时改良，决不敢挟成见以从事焉。"① 认为懂教育的老师往往能根据孩子不同的年龄特点、不同的接受能力和性格特征施以不同的教育方法，反对简单划一的机械化教育。蔡元培说："因而知教育者，与其守成法，毋宁尚自然；与其求划一，毋宁展个性。"② 但在当今教育中，不少家长不了解自己孩子的个性爱好，不少老师不知道学生的个性特征，只知道简单划一地授课。这样，面对家长学校的厚望，面对刻板无趣的教学方法，孩子们学习的主动性和积极性得不到激发，最后不少坐不了冷板凳的孩子纷纷掉队，乃至厌学。所以，蔡元培要求师长们俯下身去，了解孩子，顺应孩子的个性特征去教育他们，以便使孩子的个性特长和创造潜能得以充分发展。

可是，为什么不少师长们往往做不到这一点呢？这在很大程度上是因为师长们的教育观念有问题。如前所述，家长们都指望自己的孩子通过读书考上好大学，老师们都希望孩子有好成绩。所以，不管是家长还是老师，教育目标都没有放在孩子兴趣特长的培养和健全人格的塑造上。而蔡元培的美育思想启迪我们，不论家长、教师，还是教育管理者，都要转变观念，把培养学生的学习兴趣和创造能力，把养成学生健全人格作为教学的主要目标；在教育实践中，家长要放正心态，老师和学校要抛开升学压力，真正从掌握知识、发展能力和养成精神的角度，充分挖掘学习生活中蕴含的美的因子，根据学生不同的兴趣爱好和学习能力，给出不同的要求，运用个性化、趣味化和审美化的教育方式，让教育成为传播美、散发美和创造美的活动。那么，中国孩子的书包会更轻些，学习会更愉快些，身心发展会更健全些，杰出人才会出现得更多些。

---

① 中国蔡元培研究会编：《蔡元培全集》第3卷，浙江教育出版社1997年版，第337—338页。

② 同上书，第338页。

二　对于环境建设的意义

环境影响人，1923 年 5 月 31 日蔡元培先生《在上虞县春晖中学的演说词》中曾说："凡人行事，虽出于自己，但环境也是支配人底行为。人受环境影响，实是很大。孟母三迁，就是为此。譬如我们，如果置身于争权夺利的人群中，不久看惯了，也就会争权夺利起来，不以为耻了。此地白马湖四周没有坏的事情来诱惑我们，于修养最宜。"① 可见，蔡元培相信环境对人的巨大影响。认为优美的环境不仅在感官上给人以美的享受，使人身心愉悦，还能陶冶人的情感，净化人的心灵。所以，他十分重视环境建设，希望通过努力，营造一个适宜于人们生活和工作的优美和谐的环境。在现代社会，随着社会经济的发展，工业化进程的加快，人类的生存环境日益受到破坏。科技的进步，给人们带来了丰富的物质财富的同时，也助长了人们对物质利益的追求，从而导致人与人、人与自然，人与社会，甚至人自身发展关系的失衡，并导致人情感的匮乏，精神的空虚，主体的遗失。要改变这种现状，在蔡元培看来，优美的环境是消除人自私自利思想的一剂良药。所以，蔡元培的环境美育理论为当代社会出现的严重的生态危机问题提供了宝贵的精神资源。

（一）保护好优美的自然环境

中国幅员辽阔，有着一处处奇山异水，这些奇山异水是大自然赐予我们的宝贵资源，高山、大漠、平原、草地、丘陵、山脉、丛林、河流、洞穴、沟壑构成了一道道奇异的景观。在蔡元培看来，美丽神奇的大自然最适宜于陶养人的情感。所以，他主张顺应自然，让人们生活在优美的自然环境之中，把胎教院、幼稚园、学校建造在风景优美的地方，让人们在美丽的大自然前得到情感的净化和陶冶，使人与自然处于一种平等亲近的关系之中。所以对陈春澜在美丽幽静的白马湖畔建立春晖中学，蔡先生赞不绝口。他说："春澜先生出钱办学，不办在都会，而办在这风景很好的清静的白马湖，这尤足令人快意。……此地白马湖四周没有坏的事情来诱惑我们，于

---

① 中国蔡元培研究会编：《蔡元培全集》第 5 卷，浙江教育出版社 1997 年版，第 55 页。

修养最宜。风景底好，又是城市中人所难得目睹的，空气清爽，不比都会的烟尘熏蒸。"① 认为此地有很宽大的运动场，有可朝夕赏玩的山水，有研究生物的标本，有研究地理的材料；"天上的星辰，空中的飞鸟，无一不是供给诸君实际上的知识。此地底环境，可以使得诸君于品格上、身体上、知识上得着无限的利益，我很羡慕"②。正因为幽美宁静的自然山水不仅为人们提供了美好的生活环境，而且有利于增长知识，陶养感情，所以，蔡元培要求我们保护好美丽的大自然，实现人与自然的和谐相处。

（二）营造良好的人文环境

人文环境包括硬环境和软环境。蔡元培要求我们不论在硬环境的建设上，还是在软环境的营造上，都要合理规划，科学布置，以便为城乡居民提供整洁有序、健康美观的生活环境，让他们生活在文明和谐的环境中，从而实现人与人、人与自然、人与社会，以及人自身的和谐相处。

1. 城市道路、街道、建筑、公园、广场及上水管和下水管等硬环境要布置得整洁美观。对于这一点，现在各级政府部门均做得不错。城市都实行了统一的规划，都建有美丽的公园、广场、喷泉、博物馆、图书馆、电影院等公共文化娱乐场所，城市规划已较成熟。美丽乡村建设活动也在如火如荼地展开，陈旧的不合法的违章建筑、墓地正在拆除。硬件建设上已取得不小的成绩，但也存在不少问题。如在建设美丽城乡的过程中，地方政府为了某种经济利益和政绩工程，一座座青翠的小山头被夷为平地或劈掉一半，一条条清澈的小河被填埋，取而代之的是一幢幢耸入云霄的高楼大厦，一根根直逼天空的烟囱，使自然生态环境遭到严重破坏。而蔡元培要求这些硬件设施建立在顺应自然的基础上，而不是建立在对自然环境肆意破坏的基础上的，更不主张为了经济利益或某领导的政绩而破坏自然生态。所以，他的城乡环境美育思想启迪我们：美丽城乡的规划和建设应在遵循自

---

① 中国蔡元培研究会编：《蔡元培全集》第5卷，浙江教育出版社1997年版，第55—56页。
② 同上书，第56页。

然、保护自然的基础上，对城乡环境作整体的安排、规划和布置，以便呈现出整洁、秩序与和谐。

2. 要营造良好的具有审美情趣的人文环境。在这方面，我们似乎做得还远远不够，如走在城市的街头巷尾，两边多棋牌室、美容院和典当铺；走进农贸市场及附近，各种菜摊、食品摊杂设，市场、街道污水横流，掺杂着各种异味，街道边的菜摊子不仅影响美观还影响交通，人声混杂，时而传来刺耳的吆喝声和不和谐的争执声；走在街头，还会时不时地碰到流浪者或乞丐；走进小区，总能见到不少居民为了方便而把垃圾往路边或角落一扔的现象；走在公园也能见到不少健身客随地乱扔垃圾乱吐痰的现象；一些遛狗族每天牵着心爱的小狗逛公园大街，同时顺便让小狗解决大小便。这种种现象的出现，究其原因，主要有两点：一是政府部门在管理制度的制定上还不够完善，环保方面的宣传教育和监督执行的力度尚不够有力；二是市民在环境卫生、社会公德和审美方面的意识不强。所以，为了我们的生活环境更加优美，政府部门可以像新加坡那样制定出更为严格的环保制度和措施，对一些破坏环境的行为作出相应的惩罚；同时，也要加强稽查和执行的力度，对违规市民进行宣传教育，执意不从者予以依法惩处；设立收容所和习艺所，以收留贫苦、流浪或残疾之人，教他们技能，使他们于能力所及之范围为社会稍作贡献，以偿其所享受；设立成人学校，利用闲余时间免费为市民们上课或作讲座，以提升他们的环保意识、公德修养和审美情趣。蔡元培认为，这些城乡环境美育的思想不仅适合于建设新城乡，而且对于一些"旧有之市乡，含有多数不合美育之分子者"也适用，我们可"于旧市乡左近之空地，逐渐建设，以与之交换，或即于旧址上局部改革"。认为"美育之道，不达到市乡悉为美化，则虽学校、家庭尽力推行，而其所受环境之恶影响，终为阻力，故不可不以美化市乡为最重要之工作也"①。

3. 在文化建设方面，努力营造健康向上的文化氛围。文化环境对人心灵的影响尤为突出。蔡元培曾说："近来学生多有为麻雀、扑

---

① 中国蔡元培研究会编：《蔡元培全集》第 6 卷，浙江教育出版社 1997 年版，第 603—604 页。

克或阅恶劣小说等不正当之消遣，此固原因于其人之不悦学，尤以社会及学校无正当之消遣，为主要原因。甚有生趣索然，意兴无聊，因而自杀者。所以吾人急应提倡美育，使人生美化，使人的性灵寄托于美，而将忧患忘却。……人是感情的动物，感情要好好涵养之，使活泼而得生趣。"① 因为不正当的消遣活动会消磨人的意志，所以，不论家庭、学校还是社会，都要共同致力于健康洁净、文明和谐的文化环境的营造。坚决抵制那些妨碍健康、消磨意志以至损害道德的不正当的消遣活动。家庭、学校、社会应多开展一些有益于人们身心健康的文化娱乐活动。蔡元培说："于学校中可实现者，如音乐、图画、旅行、游戏、演剧等，均可去做，以之代替不好的消遣。但切不要拘泥，只随人意兴所到，适情便可。如音乐一项，笛子、胡琴都可。大家看看文学书，唱唱诗歌，也可以悦性怡情。单独没有兴会，总要有几个人以上共同享乐，学校中要常有此种娱乐的组织。有此种组织，感情可以调和，同学间不好的意见和争执，也要少些了。"② 当然，还要加强对人们的宣传、教育和引导，让国民都参与到营造健康优美的文化环境的活动中来，为社会营造健康向上、文明和谐的文化环境而尽自己的力量。同时，政府部门应查禁一些不正当的娱乐场所，加强对歌厅、舞厅、影厅、游戏厅等文化娱乐活动场所的检查。如"设出版物检查所，凡流行之诗歌、小说、剧本、画谱，以至市肆之挂屏、新年之花纸，尤其儿童所读阅之童话与画本等，凡粗犷、猥亵者禁止之，而择其高尚优美者助为推行。设公立剧院及影戏院，专演文学家所著名剧及有关学术，能引起高等情感之影片，以廉价之入场券引人入览。其他私人营业之剧院及影戏院，所演之剧与所照之片，必经公立检查所之鉴定，凡卑猥陋劣之作，与真正之美感相冲突者，禁之。婚丧仪式，凡陈陈相因之仪仗、繁琐无理之手续，皆废之；定一种简单而可以表示哀乐之公式"③。可见，蔡元培在实施美育的过程中，十分重视文化的育人作用。主张通过设立各种机关和组织各种有

---

① 中国蔡元培研究会编：《蔡元培全集》第 4 卷，浙江教育出版社 1997 年版，第 286 页。

② 同上书，第 286 页。

③ 中国蔡元培研究会编：《蔡元培全集》第 6 卷，第 603 页。

意义的活动来营造一种良好的文化氛围。同时重视对文化的监督检查，以摒弃那些低俗的、卑劣的文化艺术活动，择取那些高雅的、健康而优秀的文化艺术活动。

当前，中国文化事业发展面临着新的形势。文化建设逐渐向市场开放，投资主体朝多元化的方向发展。这使得文化在得以大力发展的同时，也暴露出诸多问题。一方面，片面地以经济利益为导向，低俗、恶俗的文化盛行，高雅而富有民族特色的文化不断被侵蚀。另一方面，随着网络技术的应用和推广，文化市场中一些"文化快餐"大行其道，一些被称为"电子鸦片"的网络游戏、粗制滥造的动漫对青少年产生了不可轻视的负面影响。这种种现象对中国当前的文化建设提出了严峻的挑战。

在这样的社会背景下，蔡元培关于"文化运动不要忘了美育"的呼吁正好提醒我们：在当前的文化建设中，我们也不能忘了美育。优美、高雅的文化环境对于人们思想素养的提高，起着细雨润物的作用。因此，首先，我们要积极开展健康而有审美价值的文化活动，如体育竞赛、棋类比赛、书画比赛、音乐会等一些有意义的活动，以丰富人们的生活，满足人们精神文化生活的需求，促进公民素质的全面提升。其次，要加大对文化传播机构的扶助力度。如加大对艺术团、博物馆、图书馆等文化机构的财政投入，以促进先进文化建设。再次，要加强对各类刊物和网络文化的检查、监督和管理，坚决抵制和清除那些与健康发展格格不入的恶俗的、消极的、愚昧的、落后的垃圾文化，大力弘扬健康进取、文明和谐的文化精神，以养成国民积极向上、豁达乐观的心胸，寄托美好的人生理想。不把文学艺术当成个人的消遣品和功利品，而应充分体现文学艺术的社会价值。对此，蔡元培曾批评中国文学史上的大多数作品缺乏积极的社会意义，很多文人抱着利己、自私的动机，把文学当作"贡媚""进身"的工具，讨好统治者，以图自己升官发财，或者以"消遣主义的眼光进行写作，不管对社会是否有益"，真是"不知文学为何物"。正是从这种文学艺术观出发，蔡元培高度评价鲁迅作品所取得的成就，认为鲁迅能"蹊径独辟，为后学开示无数法门，所以鄙人敢以新文学开山目之"（《鲁迅全集·序》）。最后，蔡元培对中西文化艺术作了比较，其目的是在固有文化的基础上，取长补短，择善相从。他对中西艺术的比较不仅揭示其异同，而且揭示其存在异同、优劣的文化根源，提出现代艺术创新的途径和方法，并最终实现发展与创新。所以，面对外来的先进文化，我们要学习吸收，不断创新，为我所用，同时也要保持自己的特色；而对于一些外来的垃圾文化，我们要坚决抵制。青少年是国家的希望，他们的人生观和世界观正处在形成的关键阶段，容易受到不良文化思想的浸染。所以，中国的文化艺术机构、教育工作者，乃至全国人民都要为营造一种健康向上、文明进步、和谐优美的文化氛围尽自己最大的努力，为国人，尤其是为当代青少年的健康成长营造良好的文化环境，促成其审美人格和良好品行的形成与发展，推动社会朝着文明和谐的方向快速发展，以早日实现民族复兴的"中国梦"！

参考文献

康德：《判断力批判》，宗白华译，商务印书馆 1964 年版。

汤志钧编：《章太炎政论集》，中华书局 1977 年版。

（清）悔堂老人：《越中杂识》，浙江人民出版社 1983 年版。

蔡元培：《蔡元培美学文选》，北京大学出版社 1983 年版。

聂振斌：《蔡元培及其美学思想》，天津人民出版社 1983 年版。

周天度：《蔡元培传》，人民出版社 1984 年版。

蔡建国：《蔡元培先生纪念集》，中华书局 1984 年版。

（东汉）袁康、吴平辑录：《越绝书》，上海古籍出版社 1985 年版。

朱有瓛主编：《中国近代学制史料》，华东师范大学出版社 1989 年版。

上虞县志编纂委员会：《上虞县志》，浙江人民出版社 1990 年版。

高平叔编：《蔡元培教育论著选》，人民教育出版社 1991 年版。

聂振斌：《中国近代美学思想史》，中国社会科学出版社 1991 年版。

（汉）赵晔编：《吴越春秋》，江苏古籍出版社 1992 年版。

诸暨县志编纂委员会：《诸暨县志》，浙江人民出版社 1993 年版。

聂振斌：《中国美育思想述要》，暨南大学出版社 1993 年版。

钱穆：《中国文化史导论》，商务印书馆 1994 年版。

绍兴市地方志编纂委员会：《绍兴市志》，浙江人民出版社 1995 年版。

辜鸿铭：《中国人的精神》，海南出版社 1996 年版。

中国蔡元培研究会编：《蔡元培全集》，浙江教育出版社 1997 年版。

蔡元培：《蔡孑民先生言行录》，山东人民出版社 1998 年版。

高平叔撰著：《蔡元培年谱长编》，人民教育出版社 1998 年版。

绍兴县地方志编纂委员会：《绍兴县志》，中华书局 1999 年版。

沈雨梧：《浙江师范教育》，天津古籍出版社 2002 年版。

吴中杰：《中国古代审美文化论》，上海古籍出版社2003年版。

章玉安：《绍兴文化杂识》，中华书局2003年版。

何信恩：《绍兴名人述评》，浙江人民出版社2003年版。

王云根主编：《中华世纪坛绍兴四名人·蔡元培档案》，方志出版社2003年版。

张晓唯：《蔡元培与胡适——中国文化人与自由主义》，中国人民大学出版社2003年版。

蒋梦麟：《西潮与新潮》，团结出版社2004年版。

陈桥驿、颜越虎：《绍兴简史》，中华书局2004年版。

邹志方：《绍兴名胜诗谈》，新华出版社2004年版。

费君清：《中国传统文化与越文化研究》，人民出版社2004年版。

浙江省社会科学联合会主编：《浙东学派与浙江精神》，浙江古籍出版社2006年版。

祝兆炬：《越中人文精神研究》，百花洲文艺出版社2006年版。

郑德全：《蔡元培教育思想研究》，中国矿业大学出版社2006年版。

浙江省社会科学联合会主编：《浙东学派与浙江精神》，浙江古籍出版社2006年版。

王建华：《鉴湖水系与越地文明》，人民出版社2008年版。

蔡元培：《蔡元培讲国学》，华文出版社2009年版。

陈平原、郑勇编：《追忆蔡元培》，三联书店2009年版。

张伟：《浙东思想家评传》，海洋出版社2009年版。

崔志海：《蔡元培传》，红旗出版社2009年版。

金雅主编：《中国现代美学名家文丛：蔡元培卷》，浙江大学出版社2009年版。

王建华主编：《中国越学》，中国文联出版社2010年版。

朱志勇：《越文化精神论》，人民出版社2010年版。

潘成玉：《中华文化格局中的越文化》，人民出版社2010年版。

陈望衡：《越中名士文化论》，人民出版社2010年版。

刘梦达、章融：《越地经济文化论》，人民出版社2010年版。

蔡元培研究会编：《蔡元培与现代中国》，北京大学出版社2010年版。

郭勇:《蔡元培美育思想研究》,华中师范大学出版社 2011 年版。

蔡元培:《蔡元培自述》,人民日报出版社 2011 年版。

梁启超:《中国近三百年学术史》,商务印书馆 2011 年版。

(明)王守仁馔,吴光、钱明、董平、姚延福编校:《王阳明全集》,上海古籍出版社 2011 年版。

聂振斌:《蔡元培美学思想研究》,商务印书馆 2012 年版。

高丽华主编:《越文化散论》,中国社会科学出版社 2013 年版。

张晓唯:《蔡元培评传》,百花洲文艺出版社 2015 年版。

段虹:《蔡元培与审美教育》,《北方论丛》1999 年第 3 期。

王列盈:《蔡元培美育思想发展时期划分的探讨》,《湛江师范学院学报》(哲学社会科学版)1999 年第 3 期。

宫承波:《蔡元培美育思想的基本内容》,《山东大学学报》2000 年第 1 期。

陈望衡:《美是一种价值的形容词——简评蔡元培的美本体论》,《安徽师范大学学报》(人文社会科学版)2000 年第 4 期。

王朴:《近代心学思潮与中国文化危机》,《船山学刊》2001 年第 3 期。

苏莉莉、徐嘉恩:《蔡元培与近代绍兴人才群》,《绍兴文理学院学报》2001 年第 1 期。

汤广全:《试论蔡元培的哲学观》,《玉溪师范学院学报》2004 年第 11 期。

范国保:《蔡元培美育思想及其对大学素质教育的启示》,《南华大学学报》(社会科学版)2005 年第 4 期。

程镇海:《蔡元培美学选择和美育实践的传统生成性》,《宁夏社会科学》2006 年第 11 期。

李莎莎:《论蔡元培美育思想及其现代意义》,硕士学位论文,山东师范大学,2007 年。

翁再红、李健:《蔡元培美育思想的当代意义》,《新疆社科论坛》2007 年第 5 期。

魏娜、张荣国:《大学生审美人格的形成及培养》,《高教发展与评估》2009 年第 6 期。

后 记

　　蔡元培先生是我国近代颇具声望的越地名士。对于中国而言，他在近代新式教育体制的建立，以及近代美育思想的倡导和践行方面均作出了巨大贡献。目前，尽管关于蔡元培教育思想和美育理论的研究文献已较为丰富，然而，蔡元培作为一位名副其实的越地名士，对先生本身及其教育美育思想形成、发展之地域因素的剖析，却较少有人关注。鉴于此，本书主要把蔡元培及其美育思想与越文化结合起来考察，探讨越文化对蔡元培及其美育思想的影响。因此，本文在论及蔡元培及其美育思想时，不是将其从近代历史发展的时域、场域中剥离出来进行标本式的研究，而是力求把蔡元培及其美育思想放在越文化视野下加以探讨。

　　在本书第一部分，主要是对越地的地域文化精神作了阐释，旨在明确越文化的精神特征，以便为越地名士蔡元培及其美育思想的探讨奠定地域文化背景。在明确地域文化背景之后，在本书第二部分，重点探讨了蔡元培在越地的生活、接受的教育、以及与越地山水、越地名士和越地文化艺术之间的关系，旨在说明越地生活教育、自然山水和文化艺术对蔡元培美育思想的影响。本书第三部分重点探讨了越文化对蔡元培人格精神的影响，认为蔡元培爱国为民、博大包容、理性务实和刚柔并济的人格精神的形成离不开越地山水自然和文化精神的哺育；第四部分则旨在说明越文化背景下蔡元培美育思想的理论渊源、形成发展、特征影响等问题。

　　在此，还要特别说明一下本课题研究和书稿撰写过程中遇到的一些人和事。本课题研究的思路始于 2009 年 4 月的一次关于"蔡元培与五四运动"的研讨会。在研讨会上，郭世佑教授建议把蔡元培放在绍兴这一地域环境中来考察，以不断扩展蔡元培的研究空间。受此启发，萌发了做本项目研究的想法。在查阅相关资料后，笔者发现迄今为止还没有把蔡元培及其美育思想与越文化联系起来予以研究的文章。于是，本课题组一方面收集关于蔡元培美育思想的研究资料，另一方面，也注重收集关于越文化的研究资料，并对这些资料作了认真的分析，考察蔡元培及其美育思想同越文化之间的关系。直至 2011年，恰逢本校越文化研究基地的课题申报时间，考虑到本项目研究主题与越文化联系较为紧密，于是就抱着试一试的态度申报了越文化基地的研究课题。后来，虽然没能如愿获批立项，但是为 2012 年浙江省哲学社会科学规划课题的申报创造了条件。在经过一系列前期准备后，2012 年，本项目如愿被浙江省哲学社会科学规划办公室立为年度研究课题。

　　课题获批立项后，高兴之余也倍感压力。因为当时虽然已收集了不少关于蔡元培及其美育思想和越文化的研究资料，但要完成一部研究专著，肯定还需要做大量的后续研究工作。另一方面，需要提及的是，在本研究项目获批的当年，因学校工作需要，本人由绍兴上虞市调至绍兴越城区，而先生那时正在北京一部门挂职锻炼，儿子正好在上虞市某中学读初一，为了不因自己的工作调动而影响儿子的学习、生活，在接下去的四五年时间里，一直奔波于上虞市和越城区之间。而在此期间，好动的儿子经常在学校受伤，父母身体也出现了一些不小的问题，加之来元培学院后又接纳一些新的课程，生活的忙碌和工作的劳累在一定程度上影响了课题的研究进度。后来，征得学校和省规划办同意，课题申请延期一年。2016 年底，在课题组成员钱斌老师和家人的大力支持下完成课题研究初稿，后来几经修改，今日终于得以出版。

　　因此，笔者首先要对省规划办和校科研处的支持和包容表示感谢，同时对自己未能在规定时间完成课题研究深表歉意。其次，书稿得以出版，离不开本项目组成员和诸多同仁、出版社编辑同志、以及家人的大力支持。在这里，特别感谢课题组钱斌老师，她为本课题研究提供了很多宝贵的文献资料，并给予全力指导；衷心感谢中国社会科学出版社的萝莉、周晓慧等诸位编辑老师，他们为本书的出版付出了辛苦劳动；同时也要感谢先生的鼎力帮助，感谢父母的大力支持和儿子的全力配合。在课题研究过程中，以及本书稿撰写过程中，参考了诸多研究成果，请允许笔者向各位学界先进表示由衷的感谢！另外，由于本人才疏学浅，本书肯定还存在诸多不足之处，希望诸位方家在阅读过程中多提宝贵建议，不吝赐正。

马芹芬

2017 年 7 月 30 日

于上虞丰泽园寓所